ciscopress.com

ITaaS框架完全指南

The IT as a Service (ITaaS) Framework

Transform to an End-to-End Services Organization and Operate IT Like a Competitive Business

[美] 贾斯汀·曼（Justin Mann）CCIE #27040 著
魏航 译

人 民 邮 电 出 版 社
北 京

图书在版编目（CIP）数据

ITaaS框架完全指南 / (美) 贾斯汀·曼
(Justin Mann) 著 ; 魏航译. -- 北京 : 人民邮电出版
社, 2019.7
ISBN 978-7-115-51101-0

Ⅰ. ①I… Ⅱ. ①贾… ②魏… Ⅲ. ①IT产业－商业服
务－指南 Ⅳ. ①F49-62

中国版本图书馆CIP数据核字(2019)第071473号

版权声明

◆ 著 [美] 贾斯汀·曼（Justin Mann）
译 魏 航
责任编辑 陈聪聪
责任印制 焦志炜

◆ 人民邮电出版社出版发行 北京市丰台区成寿寺路 11 号
邮编 100164 电子邮件 315@ptpress.com.cn
网址 http://www.ptpress.com.cn
北京鑫正大印刷有限公司印刷

◆ 开本：787×1092 1/16
印张：13.5 2019 年 7 月第 1 版
字数：326 千字 2019 年 7 月北京第 1 次印刷
著作权合同登记号 图字：01-2018-7652 号

定价：69.00 元

读者服务热线：(010)81055410 印装质量热线：(010)81055316
反盗版热线：(010)81055315
广告经营许可证：京东工商广登字 20170147 号

内容提要

ITaaS 是一种以混合云为基础来提供数字服务的方法，可确保工作负载以适合的成本在适当的地点运行。它有助于 IT 部门以业务为中心，推动业务策略与创新价值的实现。

本书是一本规划、实施和运营 ITaaS 的完整指南，全书分为 12 章，内容包括 IT 转型与 IT 即服务（ITaaS）的案例、Cisco ITaaS 框架与服务转型项目、变革领导力并确保转型成功、服务交付的分类和服务的定义、企业技术功能需求的映射、服务设计和 IT 服务组合的建立、服务交付的角色和职责、测量 IT 服务的性能、建立 IT 服务交付的总成本模型、沟通 IT 服务的价值、完成服务转型、快速 IT—企业 IT 部门的既定未来等，旨在将实践、模板和其他工件结合起来，引导读者学习服务转型。

本书适合开发人员、运维人员、IT 技术运营、IT 服务人员以及对 ITaaS 感兴趣的人员阅读。

推荐序 1

说到 IT（Information Technology，信息技术），大家似乎都很熟悉。2019 年的两会期间，IT 也俨然已成为热点。那 IT 到底是什么呢？

其实公众对 IT 的认识，在过去的几十年间也发生了很大变化。20 世纪 80 年代初，托夫勒的《第三次浪潮》(《The Third Wave》)带来了第一次信息时代的启蒙，为什么这么说呢？因为那个年代，人们常见的办公用具是纸和笔，通信靠书信、公用电话和电报，而托夫勒却展现了不同的画面，提供了一个全新的角度。他在书中写道："从这个州到那个州，在私人家庭的客厅、厨房、卧室，到处都有这种计算机在嗡嗡作响。"那时候我们对 IT 的认识就是"计算机"，背后的技术推手是计算机技术。

第二次启蒙的标志性著作是尼葛洛庞帝的《数字化生存》(《Being Digital》)。数字化生存是现代社会中以信息技术为基础的新的生存方式，尼葛洛庞蒂总结了数字化生存的四大特质——分散权力（去中心化）、全球化、追求和谐和赋予权力，自此我们对 IT 的认识升级为"网络"，网络学习、网络聊天、网络游戏、网络购物、网络就医等刻画出别样的生活方式，这种方式是对现实生存的模拟，更是对现实生存的延伸与超越。这个阶段的技术推手主要是计算机和通信技术的融合——ICT 技术，尤其是移动互联网的发展。

IT 发展到今天，又翻开了新的篇章，2018 年，全球市值前十的公司被美国和中国垄断，其中，七家是互联网科技公司，包括两家中国公司——阿里巴巴和腾讯。但 2008 年的世界十强中却没有一家是互联网科技公司，也没有中国公司。不过十年而已，世界到底发生了怎样的巨变？这背后有什么力量在推动？

答案就是数字化，由 IT 技术和 OT 技术的融合带来的业务重塑。这次的数字化，不同于尼葛洛庞帝所讲的"数字化生存"，它基于原生数字化（Been Digital）来打破传统业务的断点和传统行业的竖井，并重新定义行业。比如新零售——亚马逊的 Amazon Go，打破了原来人、货、场及收款的业务断点，利用 IT 技术实现无人售货、拿了就走（Just Walk Out）的新业务模式。

早在 2015 年，一项由瑞士洛桑管理发展学院（IMD）和思科联合开展的调查报告《数字旋涡》(《Digital Votex》）显示，一场数字化转型的漩涡正在展开，未来 75%的企业会被颠覆。你能想象哪几个行业处于这个漩涡的中心，并受到越来越强的冲击？处于这个漩涡中心点的前 3 个行业分别是高科技、媒体娱乐和零售行业。对于这几个行业正在发生的数字化转型我们已经感同身受。

从 2010 年开始，我有幸陪同政府官员及中央企业高管人员参加了由北京大学光华—思科领导力研究院与国家发改委及国资委组织的"创新与领导力培训"交流项目，学习了思科是如何进行数字化转型的，思科采用了实现数字化转型的基础架构模型"BOST"，B 是 Business 业务，

O 是 Operation 运营，S 是 System 系统，T 是 Technology 技术。首先，决定转型方向的是业务，而不是技术，即使我们是一个科技公司；其次是根据业务方向，重新梳理运营及业务流程，明确哪里需要简化及实现自动化；然后确认需要什么样的系统或者平台去支撑新的业务流程和业务发展；最后考虑的才是技术，并且需要基于最新的技术发展，去思考怎么优化系统及运营，以更好地支持业务的转型和发展。

基于思科过去多年的数字化转型经验，作为思科数字化转型的架构师，Justin Mann 先生从 IT 及业务遇到的挑战开始，给出了 ITaaS——IT 即服务的解决思路和方法论，IT 服务的价值定义、分类、考量、性能评估、成本核算及交付，特别是领导层的全力支持及文化的转变是数字化转型成功的关键。

IT 对企业、行业的重塑才刚刚开始，而重塑的目标不仅仅是业务及流程，更重要的是我们本身，是服务的意识和文化，以及带给员工及客户的数字化体验！

海广跃

思科大中华区资深副总裁

2019 年 4 月 3 日

推荐序 2

不管有没有做好准备，我们都已经生活在一个数字化的世界中。在这个世界中，我们的生活正以极快的速度经历着改变。我总是提醒我自己以及我的团队，这个改变将会发生——由我们主导着发生、发生在我们身上，或者我们被迫接受这个改变。我的职业生涯告诉我，当我们处于改变中的时候，最好能主导着改变的发生，并且为接下来持续的改变打好基础。在接下来的内容中，我们将与您分享在 Cisco 成为一家数字化组织机构的过程中极为重要的一部分，这个部分让我们可以一直处于行业领先的地位，并且非常重要的一点是，它可以确保我们的发展更快速且更安全。我们在这里说的不仅仅是技术和流程上的改变，最困难的改变在于文化，也就是人们必须主动做出改变。在 Cisco 成为数字化组织机构的过程中，技术只是加速器，而驱动力来自于文化。因此，建立一个强健且持久的基础至关重要，对于我们来说这个基础就是文化，我们称其为“架构为先，服务至上”。

运维一家企业的 IT 组织架构，是一项充满了挑战、激励和机遇的独特任务。作为 Cisco 的 IT 部门，我们的首要工作是确保企业能够提供高水平的业务服务，因此服务提供者意识和“服务至上”的思维方式已经成为我们工作的助力。Cisco 已将 IT 部门作为一项投资，以此帮助企业获得世界一流的运维工作，并使用顶尖技术改变企业自身的业务。因此我们需要把 IT 作为一项业务（IT 部门的业务），并展示出我们代表 Cisco 所做工作的价值与成果。这种文化的基础是赋权问责制，由个人问责制框架进行驱动，赋权给服务总经理（也就是世界一流的服务所有者）。

由 ITaaS（IT 即服务）实现的问责制框架实际上是一个架构策略。它为我们展示了一个愿景、一个观点和最终的路线图，描述了我们在业务、技术和组织方面的未来发展期望。为了奠定基础并将思维方式转变为面向服务，我们需要简化工作流程，比如要如何运营自己的业务架构。我们先要了解业务之间的依赖关系，然后使用技术进行加速，这种做法改变了游戏规则，并不断促进我们自身的提升和创新——使用 Cisco 自己的架构实现我们大部分业务架构的自动化，这个工作成果极大地展示了 ITaaS 对于大型企业的价值。我们可以使用这个框架来协调业务架构和技术架构，确保所有投资和活动都包含在相同的路线图中，并以实现企业战略目标和预期成果为最终目的。

“架构为先，服务至上”的文化加速了数字化变革的速度，我们使用了灵活的持续交付（Continuous Delivery，CD）运行模式和扩展云（Extending the Cloud）来实现持续的自动化。它确保了我们建立的架构是正确的，并且建立的过程是快速、高效且安全的。如果没有这个框架，单凭 IT 本身是无法完成这些工作的。通过在 Cisco 公司中传播这种思维方式，并建立结合业务人员和 IT 人员的动态团队，我们能够重点关注成果，而不考虑责任制度。我们会在快速反馈的基础上不断作出改进，并通过不断的创新为客户提供稳定的价值。在我们的思维和工作中加入灵活敏捷的方法，这是一个根本的文化改变，组织机构中的每个人都要接受这个改变，并且它是让我们保持竞争力的唯一途径——在提供速度和敏捷性的同时，保障安全性。

达成这个目标的过程可能会令人望而生畏。重要的是，我们要打下坚实且持久的基础。不断进步的 Cisco IT 部门能够成为服务提供者并非一蹴而就，它也是从重要的第一步开始前进的。第一步是建立服务管理方法，这样做会使架构变得成熟，并使我们成为战略合作伙伴。在本书中，我们会介绍与第一步相关的重要内容，并展示如何开展你自己的改变进程。祝你好运！

Guillermo Diaz

Cisco 首席信息官

作者序

能够与中国的 IT 和业务转型读者分享本书中的观点，我深感荣幸。通过这篇序言，我将传达未曾与英文版读者分享的重要观点。

2017 年 11 月，我保存了这本书的最终稿，并将其通过电子邮件发给了编辑，然后几个月以来第一次开着卡车去骑马。直到今天，我还在为那一年里对周遭事物的冷漠麻木而后悔，当时我往返于各地，白天要指导多项服务转型工作，晚上在不同的酒店写作。这绝对没有反映出我最初工作时的激情，也没有表现出一直以来我在现场与客户沟通时的兴奋。

那天我记得最清楚的事就是骑马。11 月的德克萨斯州刚刚开始变冷，清新的空气加上几个月以来缺乏良好的照顾，我的马显得非常焦躁。策马奔驰之后，我从与大自然的独处中得到了恢复，并重新感受到了久违的在 IT 转型思绪中才有的兴奋。与此同时，深感遗憾的是，我已经寄出了最终稿，并且知道这些稿件无法进一步更新，而针对成功的服务转型我还有很多内容想要分享。当与客户研究 ITaaS 之外的 IT 转型要素时，我也后悔没有充分利用第 1 章的内容更全面地探讨它们相互连接和相互支持的方式，以及 ITaaS 是如何发掘敏捷和精益 IT（Agile and Lean IT）原则更大的价值潜力的。第 12 章在很大程度上仍然是学术性的，它并没有反映出数字战略的许多重要现实因素，这是实现快速、积极的商业数字化所必需的。

毫无疑问，许多作者也有同样的感受，虽然我不能大量地修改章节或添加实质性的新内容，但这篇序言至少提供了一个与您分享最新演进和扩展想法的机会。

纵观全局，IT 转型意味着将 IT 部门从传统的运营模式变迁到完全不同的形式上，这种形式可以被描述为一系列数字化业务的关键要素。在这些转型中我们需要取得 3 类成果。

- 把 IT 打造为值得信赖的业务数字化平台。
- 把 IT 运营得像一个有竞争力的企业业务。
- 把 IT 文化转变为专注于业务价值创造和客户体验的文化。

关于第一点，我想强调的是，我们的目标绝不是让 IT 集中拥有所有技术和相关创新，而是让各行各业的技术人员与 IT（服务负责人）合作驱动创新，并在有价值的层面上把 IT 作为可信赖的平台来使用。随着时间的推移，管理技术堆栈中涉及特定功能交付的不同要素的平衡将成为 IT 和业务之间交互的主题。关键是企业要理解并信任以不同的方式利用 IT 平台为其提供最佳成果的优势。

采用端到端服务模型是成功进行 IT 转型的基础，它创建了与服务相关联的 IT 资产、资源和预算的并行视图，而服务则专注于通过技术向业务交付价值。ITaaS 框架是一个经过验证的端到端服务模型，它包括一系列策略和流程，用于理解、评价和建立围绕 IT 为业务创造价值的双向对话。服务转型还提供了一个难得的、独有的机会来发起和维持 IT 部门的文化转型。虽然许多 IT 领导者忽略了“像业务那样运营 IT”这一关键基础，但是本书可以确保您至少收获一种现有的能够成功实现服务转型的详细计划。

但接下来会发生什么呢？

一旦您的 IT 即服务组织（ITaaSO）走上正轨，服务负责人就会开始研究并改进他们所交付的产品及功能的质量和速度，同时也会管理风险并改善客户体验。简而言之，他们正在寻求变革服务交付的方式。幸运的是，已经有许多经过验证的解决方案来支持我们想要的结果。事实上，在某种程度上您很可能已经在企业中引入了它们。

利用精益和改善原则的服务负责人可以让服务交付所涉及的价值链直观可视，识别浪费，并推动流程的改进。敏捷原则有助于进一步转变服务负责人的思维方式，使其将重点放在产品和增量交付上，同时在服务负责人、开发团队、敏捷 PMO（项目管理办公室）和结合敏捷方法的企业架构实践之间建立共通的语言和文化。DevOps（开发运营一体化）和 CI/CD（持续集成/持续交付）实践将进一步改进服务交付的各项要素。关键是要认识到，过去这些实践和原则的影响力被传统竖井化的 IT 所限制，是 ITaaSO 释放了它们全新层面的价值。

来看服务交付的另一方面，在更广泛的 IT 和数字化转型讨论中，云始终是一个敏感话题。我们面临的挑战是，整个行业围绕这些话题的讨论在很大程度上不是由体验驱动的，而是由供应商针对自己产品和服务的定位所驱动。在大多数情况下反复出现这样的思维——IT 和数字化转型问题可以通过把一切迁移到云中来轻松解决。

云是一个革命性的平台，它影响了我们交付服务的方式，并开启了全新的功能和消费模式。它是 IT 转型的一个重要元素，但不是所有挑战的最终解决方案。IT 领导者必须有一个明确的战略，以便利用云来为业务带来更大的价值。在这方面，它与 IT 领导者权衡的任何其他解决方案没有什么不同。然而，很多企业制定的云实施目标缺乏有价值的主张。做到真正的 IT 转型并支持数字化业务，需要全面的云战略和按业务价值形态定制的支持流程。这样的战略可以准确地呈现哪些功能、服务和消费模式将带来价值；IT 服务负责人与云架构师的合作一次又一次地被证明是塑造真正云战略的最佳资源组合。

架构转型实践是 IT 部门的另一个主要需求。正如本书前几章所提到的，IT 转型的目标是快速敏捷，但同时我们也知道，不遵守架构标准肯定会带来许多负面影响。这里的挑战在于大多数企业架构（Enterprise Architecture，EA）在实践中所利用的模型和流程不足以支持数字化业务。在这方面，ITaaSO 提供了一个机遇，通过将大部分的架构模型和流程变迁到服务架构（Service Architecture，SA），总体企业架构就可以过渡成为一套轻量级“防护体系”，从而使投资重点基于业务战略，并尽量避免重复建设。在过去的一年里，我所做的最令人兴奋的工作是将服务架构与敏捷和精益原则一起引入到架构实践中。IT 转型不应该在盲目追求高速创新的过程中排斥 EA 实践，而应该提升和重建 EA，确保其作为 IT 运营模型关键功能的地位，因而关键还是在于确保 EA 能够跟上数字化业务的步伐。

技术运营也需要转型。运营团队和领导者熟悉传统的 ITSM（IT 服务管理）标准，该标准按照技术域（如 99.999%的网络正常运行时间）为运营设定目标。熟悉的技术运营策略和流程首先会被 ITaaSO 转型打乱，然后服务负责人会因为急需推动业务价值和客户体验而提出全新级别的运营需求。一旦 DevOps 和相关的服务交付变革被引入，传统的 ITSM 策略就会遭遇另一轮打击。虽然 IT 运营团队会以不同的方式努力适应这些变化，但我发现，即使是最灵活的团队也很难完全成为转型的 IT 组织。如果不花时间去支持一个正式的转型计划，让自顶而下的战略与新的运营模式保持一致，那么我们就是在给这些团队帮倒忙，这导致我看到的大多数运营团队在转型中被强制拖着走，并逐渐失去控制。

最后，数字化战略是另一个流行词，它被过度滥用，以至于阻碍我们为行业总结出一套必要的有现实意义的价值实践。没有 CIO、CFO 和 COO 参与的战略不可能成为数字化战略。数字化企业必须重新进行全面的思考，从如何报告收入、如何让资本规划周期具备敏捷性，到如何维护管理跨 IT 和业务领域的创新技术人才，而又不会限制那些努力变革和颠覆行业的人员。

这一切的关键在于 ITaaSO 为所有这些概念实现了更高层面的价值。我曾遇到许多 IT 高管本以为许多要素已经实现，多年后才意识到在很大程度上他们仍然与传统 IT 部门没什么两样，只是多了一些花哨的功能。端到端服务模型的深远影响意味着，启动服务转型是 IT 领导者在承诺真正对其组织实现变革时所能做出的最强有力的声明。这并不是说这些努力不会逐项实现，而实际上它们并没有相互连接而产生真正的变革影响力，在现实中这样的情形我已经见过很多次了。

在英文版发布后的一年里，我寻找了许多论坛来继续分享这些最新演进和扩展想法。您可以找到我写的许多文章，它们对 ITaaS 要素提出了更深入的见解，并对 IT 转型的其他要素进行了广泛的探讨，后者在此也仅仅是做了初步的涉及。我也参加了一些行业会议并分享了更多的想法，其中“IT 服务负责人 Tough-Love 训练营” 迄今为止得到了最强烈的反响。最重要的是，能继续与不同行业的各类规模的客户合作，而这些客户在将这些概念付诸实践和实现价值成果时都提出了各种独特的挑战，这对我而言是难以置信的绝佳机会。

我真诚地希望，这本书只是我们对话的开始。我最期待的赞美就是收到尽可能多的读者来信并有机会与您共事。虽然许多建议都可以为这些话题提供好的想法，但是有价值的想法应将经验置于理论之上，实际可行并且能够以创造价值、真正支持数字化业务的方式被现实的 IT 部门所采用。学术有它的价值，但执行是实现价值成果的关键，这也是我的激情和专长所在。

正是本着这一原则，我与中国读者分享一则消息：我最近决定离开 Cisco 并创立 Digital Business Consulting 这家公司。这家咨询公司可以让我自由地组建一支能够融入客户的团队，以指导客户实现基于真实业务成果的 IT 和业务转型。我在 Cisco 已经工作了 10 年，离开并不是一件轻松的事，但我可以非常高兴地说，这一规划是在我的领导团队的密切参与下制定的。对此，以及多年来得到的支持，我将永远心存感激。

我真诚地希望，在未来拥抱数字化业务的广阔前景之时，这本书对您和广大行业能够有巨大的价值。如果您想了解更多关于 ITaaSO 的主题，Cisco 和我在 Digital Business Consulting 的新团队将随时恭候。

Justin Mann
Digital Business Consulting LLC 合伙人

作者简介

Justin Mann（CCIE #27040）是 Cisco 高级服务部门的高级业务和技术架构师。在从十几岁便开始的职业生涯中，他一直致力于了解客户的业务，甚至为了向石油和天然气领域的客户提供支持，参加了海上生存培训和 HUET（直升机水下逃生培训）。这一背景使他成功胜任早期的 Cisco 合作项目，通过 Cisco IT 部门开创的工作方法，为希望实现其 IT 组织变革的客户提供服务。通过 IT 团队和业务团队的全方位合作，以及长期接触不同的行业和企业，Justin 开发并完善了当前的 ITaaS 框架和服务转型计划，帮助 IT 组织机构过渡到端到端服务组织架构，并真正开始像竞争激烈的业务一样运营 IT 部门。

在空闲时间里，Justin 是一个冒险旅行家、图书收藏家、漫画和视频游戏爱好者。周末他经常会去骑马，马的名字叫 Lucas。只要有可能，Justin 就会凭借他对旅行和骑马的热情，在马场 ManeGait 陪伴（国际和本地）有特殊需要的孩子。作者的部分收益也会捐赠给 ManeGait，我们积极鼓励、欢迎并真诚地感谢对此感兴趣的读者为 ManeGait 捐款。

技术审稿人简介

Robert Roffey 目前是 Cisco 公共事业高级服务团队的主管，主导 Cisco 的云咨询实践（Cloud Advisory Practice）。在担任现职之前，Robert 曾担任区域 IT 团队的战略和规划总监。在这个职位上，Robert 负责制定和实施统一的战略和运营模式，以此集合 4 个区域的负责人及其分布在全球的团队。他的主要目标是通过采用一个通用的服务模型来改善区域内 IT 使用者（术语称为“IT 消费者”）的客户体验。在担任此职位之前，Robert 曾在另外两个 Cisco IT 部门担任战略规划和运营负责人。在这些职位上，他负责财务、人力资源、计划和供应商管理等工作，并主导各种企业 IT 计划，例如 Cisco 的服务转型计划。

加入 Cisco 之前，Robert 在勤德咨询公司工作了 8 年，负责为不同的客户提供 SAP、Oracle 和 Ariba 实施。事实上，Robert 的所有咨询服务都是面向业务的，通过技术实现了主要的组织机构转型。Robert 的经验包括高科技制造、半导体、移动电信、服务提供商电信、媒体和娱乐、石油和天然气、医疗保健和制药业。

在从事咨询工作之前，Robert 曾在网络和半导体行业领导采购的组织工作长达十年之久。Robert 拥有商业学士学位和管理学硕士学位。

译者简介

魏航，Cisco 客户解决方案架构师，拥有 23 年的 IT 技术和咨询经验，其中在 Cisco 工作至今 15 年，是数据中心和云计算技术方面的专家，也是中国区第一个入选 Cisco 全球名人堂的企业架构师。他历年来参与了政府、电信和金融等多个大型重点项目的 IT 建设，主导设计和建设了全国第一个基于数据中心以太网技术（IEEE DCB/CEE）的新一代数据中心，是国内第一个在生产数据中心实现应用策略驱动的 SDN 技术的主架构设计师。他是中国科技大学计算机科学专业硕士，拥有 3 个 CCIE 认证（路由交换/安全/运营商，#9832）、VMware VCP 认证和 EA TOGAF 认证等。

献辞

这是我的第一本出版物，我把它献给那些帮助过我的人。我的父母做出了非常大的牺牲，不论情况如何，我总是能够获得他们的爱和支持，如果我能够在他们的牺牲和支持下获得幸福，他们也就别无所求了。没有了恐惧或其他影响，我能够自由地追求激情和梦想，并充实自己的生活。感谢你们。我珍惜生命中的一切，同时因为你们我真的很开心。但愿每个孩子都能享受到同样的自由和支持，并追求自己的幸福……

致谢

首先要感谢庞大且才华横溢的 Cisco IT 团队，他们所做的工作是这个框架和本书的基础。相信 Cisco IT 团队创造的成果将成为未来所有成功企业的 IT 部门中必不可少的一个组成部分。虽然 ITaaS 框架和服务转型计划与最初的 Cisco IT 工作存在或大或小的差异，但如果没有他们最初的设想并将这项工作付诸实践，这个计划就不会存在。我只是在实际的行业愿景中实现了这些想法，经过深思熟虑后，我仍然无法找到适当的词汇来表达对 Cisco IT 团队工作和努力的尊重与赞赏。

我还要感谢 Cisco 团队中的其他朋友和同事，限于篇幅，无法一一罗列他们的名字，他们中的许多人肯定都没有意识到自己为我带来的影响或提供的支持，但他们无疑在这个最终正式推出的 IT 服务交付框架的塑造过程中提供了帮助；这个框架来自于他们最初与客户之间达成的服务协定。然而，其中最重要的是一位名叫 Tony Court 的英国绅士。现在这个时代，越来越多的顾问只会采用傲慢和激进的方式，以几乎没有任何实际经验的概念给出一些高级“建议”；而 Tony 代表了那些日渐稀少的真正的顾问——在工作中，直到为企业贡献出了自己的价值，并与客户一起取得了一系列理想的成果后，他们才认为自己的工作圆满完成了。在与 Tony 合作之后，我对何为成功顾问的理解完全改变了，而且我对本书寄予了很多希望，更为理想化的一点是，希望本书能够为我们提供一个推行这种业务咨询方法的平台，从而引导新一代的顾问把注意力集中在业务成果上。当其他顾问团队高高在上地提供“建议”时，我们将永远与客户共同战斗。

我还想感谢 Cisco 团队中的一些其他成员，Keith Weaver 在收集整理“Cisco IT 服务转型计划的背后”材料方面发挥了重要作用。我要特别感谢 Guillermo Diaz、Eleanor Tullis、Terry Clark、Alice Saiki、Kory Nguyen，以及其他很多 Cisco IT 负责人，他们分享了各自在 Cisco IT 服务转型工作中的经验。

我还要感谢 Pearson 出版团队，感谢我的编辑 Robert Roffey，所有人在审校和指导我的工作时，都表现出了巨大的耐心，他们还允许我采用与之前任何 Cisco 图书都截然不同的方法编写本书。他们给我提出的每一项建议都很不容易，特别是当我试图坚持注入自己独特品味的幽默时，我恰好知道 Robert 对此表示支持，但那也只是在他喝到第二杯伏特加马提尼酒之后。

最后我要感谢英国石油公司 Lower-48 Shale 子公司的 Toby Everett 和她的团队，他们在其他人之前把握了这个机会，在 IT 部门中使用了 Cisco ITaaS 框架，不但保持了业务相关性，而且将其作为一个企业业务的关键部分，即使在最严峻的市场环境中也坚持了下来。Toby 和她的团队不断推动这个框架的发展，无论是使用相应的战略来迎接市场的挑战，还是重新思考 Cisco IT 原始工作的组成部分，使其有效应对一个拥有 1200 名员工的页岩油公司。与这个团队的合作为本书带来了许多故事，这段经历真的很棒，并且乐趣横生。

前言

从在德克萨斯州西部小镇开始我的青少年生涯之时，我从未想象过 20 多年后自己会著书立说，专注于阐释 IT 部门为其业务创造的价值，并将 IT 文化（而不仅仅是 IT 技术）转变为专注于业务成果的工作。虽然可以说 IT 行业在多年前已经接受了这一事实——为了给企业创造价值，我们所需要做的可不仅仅是单纯地减少每年的 IT 预算——但我们现在已经到了不能一味忽视这一事实的地步；所有这一切都需要我们重新思考应该如何设计并提供 IT 服务。

本书最重要的目标是为 IT 部门提供真正的资源，以便将其转变为端到端服务组织，并通过采用 Cisco ITaaS 框架得到宝贵成果。也就是说，我不仅会提供理论，还会基于经验提供指导，以便将这些概念付诸实践并获得一系列符合预期的结果。

考虑到这一点，应该注意到的是，我和 Cisco 团队都没有假装得到了所有答案，本书的内容也并不是我们在解决当今行业中遇到的各种驱动因素和挑战时得出的唯一答案。相反，我们只是提供了一个选择，尽管有大量且正在快速增长的现实世界成功案例在支持这个选择。

最后，我想分享一下我对此的清晰认知，我不得不在编写本书的过程中慢慢接受这一点：我们永远无法以最清晰的方式完全探索这一类主题，即使我花数年时间精炼出了一本篇幅是本书数倍的巨作。当逐步阅读完本书的内容时，读者肯定会发现一些没有回答的问题和未解决的主题。我不得不无情地抛弃了战略和其他有价值的主题，因为要讨论的主题太多，我一直计划在快速 IT 的最后一章中深入挖掘这些内容。

为了回应这一考量，我想强调一点，本书只是 Cisco 用来分享这些主题知识的众多途径之一，而且我们的团队已经准备好并且渴望为读者及其组织提供额外的指导，但仍然请求读者对于本书中不符合预期的那些部分多多包涵。

本书目标读者

我真诚地希望这本书能够成为未来 IT 行业中所有领域和各个层级的 IT 专业人士的宝贵阅读材料。正如读者很快会发现的那样，ITaaS 框架同样关注于 IT 部门的文化，它会重新确立 IT 在企业中的目的和义务，并建立一个传达 IT 服务价值的结构，因为 ITaaS 是关于设计服务组合和目录的框架。在这方面，我相信本书的内容对 IT 部门内的每个成员都是有价值的。

CIO（首席信息官）和高级 IT 负责人在塑造框架方面发挥着关键的作用，之后他们会利用一系列战略杠杆，以敏捷且具有竞争力的方式引导 IT 部门的发展。IT 服务管理和企业架构（EA）团队将在服务转型计划中发挥重要的作用，并构成潜在的 IT 转型团队。从那时开始，ITaaS 框架的成功将取决于服务角色（如服务所有者、服务主管等）的成功引入，以及 IT 部门专业人员所采用的服务角色。最后，真正的端到端服务组织要求部门中的每个成员，甚至那些不会推动服务交付的角色成员，都要认识到他们的日常活动如何促进 IT 服务的交付，并实现其最终的价值。简而言之，虽然本书最初的目标读者是 CIO、高级 IT 负责人和服务管理团队，但要想成功采用 ITaaS 框架并将其作为快速 IT 的基础，部门中的每个成员都需要支持并熟悉新的 IT 服务方法。

本书特点

本书主要关注如何在 IT 部门中定制和实施 Cisco ITaaS 框架，为此我们要使用独特的方法来分享 Cisco 积累的所有信息和经验。读者会在每章中找到两个独特的部分，它们分别为相关主题提供了额外的背景、见解和实际经验。

“Cisco IT 服务转型计划的背后”部分分享了几位 Cisco IT 负责人的故事和经验，他们曾任职于最初的 Cisco IT 服务转型部门。这部分内容中包含了很多有趣的故事，读者也可以把 Cisco IT 部门所面临的挑战和成功经验，与自己的服务转型工作联系起来。

“一位 ITaaS 顾问的日记摘要”部分提供了更多的背景信息，这些内容直接来自于我在过去几年中对客户提供的服务转型指导经验。在写作过程中，我发现自己越来越期待这些内容，因为它们不仅可以让我通过真实场景引导出重点内容，还可以突出强调这样一种现实——在与大型团队合作时，高度复杂且主动的工作内容可能与他们已有的技术工作模式相矛盾。在实践中，这意味着我要在这些部分展现个人魅力和做法，把这些概念引入到客户的团队中，就像把 19 世纪晚期的法国戏剧引入到 20 世纪 80 年代的经典电影中那样。我希望这些不同于平铺直叙的传统写作风格的内容会是一个令人愉快的突破，我们要强调的是读者不仅需要理解 IT 服务设计的理论，还要学会与复杂组织中的不同人员达成合作，以真正实现一个成功的 IT 服务交付框架。

本书的组织结构

第 1 章“IT 转型与 IT 即服务（ITaaS）的案例”：本章介绍了快速 IT（Fast IT）的概念，以及向端到端服务组织的转变，这种转变是实现快速 IT 和推动文化变革的重要基础。

第 2 章“Cisco ITaaS 框架与服务转型项目”：本章提供了 Cisco ITaaS 框架和服务转型计划的概览。

第 3 章“变革领导力并确保转型成功”：本章强调了领导方式的转变对于成功实现服务转型的重要性，并展示了一些重要的最佳实践。

第 4 章“服务交付的分类和服务的定义”：本章讨论了每个转型团队所采用的服务定义，以及它会如何影响最终的服务交付框架；本章还介绍了 IT 服务的各种特点。

第 5 章“企业技术功能需求的映射”：本章描述了如何开发企业技术功能映射图，这个内容是 IT 服务设计的关键所在，使 IT 服务设计能够促进业务的运营。

第 6 章“服务设计和 IT 服务组合的建立”：本章使用前面的主题来设计端到端的服务组合。

第 7 章“服务交付的角色和职责”：本章对服务的角色和职责进行了定义，服务是 ITaaS 框架的基础。

第 8 章“测量 IT 服务的性能”：本章介绍了一套完整策略，以此创建全面的 IT 服务性能视图，从而与业务客户产生共鸣。

第 9 章“建立 IT 服务交付的总成本模型”：本章介绍了一种策略，它能够计算交付 IT 服务的总成本，本章还介绍了相关的最佳实践和基本财务概念。

第 10 章“沟通 IT 服务的价值”：本章提供的工具包括 Cisco ITaaS 框架，它为高效通信提供了架构支持，并从架构上检验了 IT 服务所提供的价值。

第 11 章“完成服务转型”：本章讨论了服务转型的最后一个阶段，其中包括端到端服务的检验、服务交付的优化，以及端到端服务的组织架构。

第 12 章“快速 IT——企业 IT 部门的既定未来”：本章对快速 IT 战略进行了介绍，并深入探讨了如何将服务转型作为其基础。

资源与支持

本书由异步社区出品，社区（https://www.epubit.com/）为您提供相关资源和后续服务。

提交勘误

作者和编辑尽最大努力来确保书中内容的准确性，但难免会存在疏漏。欢迎您将发现的问题反馈给我们，帮助我们提升图书的质量。

当您发现错误时，请登录异步社区，按书名搜索，进入本书页面，单击“提交勘误”，输入勘误信息，单击“提交”按钮即可。本书的作者和编辑会对您提交的勘误进行审核，确认并接受后，您将获赠异步社区的 100 积分。积分可用于在异步社区兑换优惠券、样书或奖品。

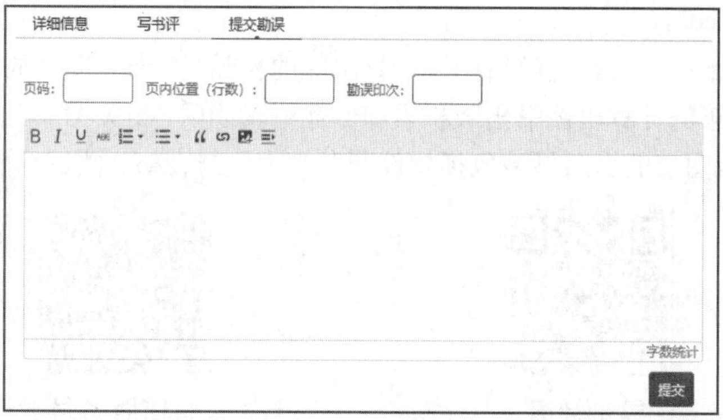

扫码关注本书

扫描下方二维码，您将会在异步社区微信服务号中看到本书信息及相关的服务提示。

与我们联系

我们的联系邮箱是 contact@epubit.com.cn。

如果您对本书有任何疑问或建议，请您发邮件给我们，并请在邮件标题中注明本书书名，以便我们更高效地做出反馈。

如果您有兴趣出版图书、录制教学视频，或者参与图书翻译、技术审校等工作，可以发邮件给我们；有意出版图书的作者也可以到异步社区在线提交投稿（直接访问 www.epubit.com/selfpublish/submission 即可）。

如果您是学校、培训机构或企业，想批量购买本书或异步社区出版的其他图书，也可以发邮件给我们。

如果您在网上发现有针对异步社区出品图书的各种形式的盗版行为，包括对图书全部或部分内容的非授权传播，请您将怀疑有侵权行为的链接发邮件给我们。您的这一举动是对作者权益的保护，也是我们持续为您提供有价值的内容的动力之源。

关于异步社区和异步图书

“异步社区”是人民邮电出版社旗下 IT 专业图书社区，致力于出版精品 IT 技术图书和相关学习产品，为作译者提供优质出版服务。异步社区创办于 2015 年 8 月，提供大量精品 IT 技术图书和电子书，以及高品质技术文章和视频课程。更多详情请访问异步社区官网 https://www.epubit.com。

“异步图书”是由异步社区编辑团队策划出版的精品 IT 专业图书的品牌，依托于人民邮电出版社近 30 年的计算机图书出版积累和专业编辑团队，相关图书在封面上印有异步图书的 LOGO。异步图书的出版领域包括软件开发、大数据、AI、测试、前端、网络技术等。

异步社区　　微信服务号

目录

第 1 章

IT 转型与 IT 即服务（ITaaS）的案例

当前，企业 IT 部门所扮演的角色正在以前所未有的速度发生变化，整个行业都应该对未来在企业中成立 IT 部门的初衷、必要性和价值重新进行评估。如今，企业只有依赖 IT 部门才能实现业务的数字化、解决 IT 故障、拥有应对变革的能力，而这些能力是使其能够在市场中占据一席之地的基础。无论是在日常业务方面，还是在那些重要盈利业务的执行流程方面，IT 部门都占据着核心的地位。在不久的未来，一家企业是否能够在行业中扮演领导者的角色，将直接取决于其 IT 架构是否迅捷高效。这也就是说，IT 技术需要同时按照多条业务线的步伐前进，而不能将整个企业的机遇固定到 IT 部门的前进速度上。要想为此做好准备，IT 部门必须在自己运营的方方面面实现提速。速度、敏捷性、效率、通过 IT 服务交付来实现企业所需效果的能力，以及对于这些（提供给企业的）IT 服务价值的理解，所有这些因素共同组成了未来 IT 部门极为重要的能力。很多行业的思想领袖都认为，对当今 IT 部门进行彻底的改造势在必行——而改造 IT 部门的目的则是实现快速 IT（Fast IT）。

快速 IT 的理论如今已然变得越来越时髦。然而，关于快速 IT 部门在实际环境中具体应该如何运作，以及如何让时下的 IT 部门转型到快速 IT 操作模型，这类详细说明仍然付之阙如。不仅如此，目前还是有很多 IT 部门仍然受到那些传统问题的困扰——如何调整投资额、如何管理运维成本、如何让复杂的技术架构与它支持的业务战略相吻合等。同时，这些部门也在面临着层出不穷的新问题：业务负责人发现，他们只需要把“影子 IT”和云服务结合起来，就可以摆脱自己对内部 IT 部门的依赖了。当今 IT 部门的员工文化还在面临另一种挑战：很多 IT 专业技术人员的观念，依然停留在如何部署和操作复杂的技术架构上，他们对这些技术平台为业务提供的支持效果毫不关心。

时至今日，仍然没有根据实践经验编纂的指导方案可以指导 IT 部门去解决上述问题，并且改革或者保留企业中的员工文化。对于今天的 IT 部门来说，还没有一种行之有效的途径，可以让它们启动向快速 IT 的转型。

人们一般认为，Cisco 自身的异常复杂的全球 IT 部门就是行业的领导者之一，它已经引入了快速 IT 和对应的策略。在诸如 Cisco Live 这样的论坛中，人们对 Cisco IT 部门的实际转型经验（以及其中涉及的原则）兴趣渐浓，他们希望与 Cisco IT 负责人进行沟通。这些拥有开拓精神的 IT 负责人一直强调，要成为一个快速 IT 部门，需要的不仅仅是接受那些时髦的方法（如 DevOps）、采取可编程架构或者更新云战略，虽然这些做法同样可以提升 IT 运营的效率和反应速度。快速 IT 需要建立一种基石，这种基石就是由架构引领的端到端服务（end-to-end Service）组织或者 IT 即服务组织（ITaaSO）。架构可以确保 IT 与企业战略路线图保持高度一致，而端到端服务则允许 IT 创建基于服务的运维视图。这就清楚地展示了 IT 资源、资产和预算是如何用来实现那些业务所需的功能和效果的。

思科的 IT 即服务框架是将当今 IT 部门转型为端到端服务机构的一种行之有效的解决方案，这个框架是通过 Cisco IT 自身的服务转型过程所开发的。这个开发过程的重点是实现两大关键效果：一是让 IT 部门成为企业业务可以信赖的顾问；二是为让 IT 部门成为各个企业内部值得信赖、反应快速、经济高效且具有竞争力的部门，而提供的一种有效的机制。

这个框架重新审视了当前用来设计和提供 IT 服务的战略、流程和工具，并且提出了度量所有这些服务价值的一套完整策略。ITaaS 框架把服务价值定义为“按照企业要求的性能水准来提供企业所需技术功能的总体成本，并按照这些功能的重要程度对这个成本进行加权的结果”。此框架中还包括了让各个服务来验证这个结果的机制，这包含了用一种易于理解的模型来报告服务总体成本的流程，以及利用一些（能够说服业务负责人，并且能够突出展示 IT 服务提升了业务绩效的）概念来测量服务性能的策略。

基于 ITaaS 框架来完成服务转型，也能够让 IT 部门的员工文化产生变化，并且让这种变化长期保持下去。这个框架是建立在人员基础上的，这里的人员既包含了普通技术工作者，也包含了承担个人服务的总经理。这些服务负责人（Service Owner）负责考察服务各方面的性能、管理运维成本和演示投资价值，并主动实现企业未来对于新功能和服务扩展方面的需求。最终，他们要对服务的价值负责。

将 ITaaS 框架与 Cisco 的服务转型项目（Service Transformation Program）结合起来，就可以按照特定行业和企业来定制自己的框架，同时根据最佳实践和之前转型时的经验教训，来指导人们使用 ITaaS 框架。本书的宗旨并不单单是与读者分享实现 IT 服务设计的概念性方法，更是为了向读者介绍各种能够实施这种框架的方法，确保实施过程达到预期的效果，从而使该框架得到广泛的应用，并且给 IT 部门及其所属企业不断创造价值。

本章会对 IT 转型和快速 IT 的概念进行介绍。为此，我们会介绍对于当今企业来说，要想实现服务转型并且过渡到端到端服务机构，第一步应该做什么。首先，我们会介绍 IT 转型的驱动因素，以及那些妨碍大多数企业成功实现转型的传统因素和新兴因素。接下来，我们会重新审视在企业中成立 IT 部门的基本目的和必要性。这些内容乍看起来相当简单，但是本章介绍这些内容的目的在于鼓励读者从外部来重新审视 IT 部门，也就是从自己所在部门的业务资源需要依赖 IT 服务及其性能的角度来重新看待这个问题。这些原则会在本书中不断出现，这和 IT 部门的文化密切相关。本章最后几节会介绍为什么使用 ITaaS 框架过渡到端到端服务机构，就可以满足 IT 转型的驱动力、解决 IT 转型面临的挑战。

在这一章中，我的目的并不是说服读者，让其相信 Cisco 的 ITaaS 框架是唯一一种能够给快速 IT 打下基础的服务转型解决方案。不过，ITaaS 确实是一种已经被实践彻底证明了的方法。在那些实践中，我对这个框架能够成功的原因，也产生了不同的看法。在开发 ITaaS 框架和引导 Cisco 服务客户实现自身服务转型的那几年时间里，我渐渐意识到，在 IT 和企业业务之间建立牢固关系的秘诀其实始终只有一个，而恰恰就是它决定了一切关系的成败——沟通。

Cisco ITaaS 框架给所有 IT 机构带来了真正的机遇——*能够针对 IT 服务的价值进行沟通*。

1.1 IT 转型的驱动力

IT 转型和快速 IT 的驱动力有很多，如果要对其进行全面的介绍，那么这些内容可以占满一本书的篇幅。然而，这些主题往往又很有意思，并且在 IT 行业的很多领域中得到了广泛的讨论。建议读者自行找相关文章来读一读。本书不会重复这些内容，只会在下面简单地强调一下较为重要的几大驱动力，然后再介绍一下这些驱动力对当今 IT 机构的影响。

1.1.1 数字化

在企业业务的语境中，“数字化”这个词是指将资产、信息和流程都过渡到数字平台上——而数字化一般会让企业的效率显著提升。可以设想一下，一个现场运维小组由使用纸笔转而使用移动端上的 App，工作效率自然不同。虽然过去很多年，企业的大量业务都在进行数字化转型，但“数字化”这个词主要代指通过多种新技术组合来实现业务流程数字化，让效益得到显著提升的最新进展。关键在于，各个企业都在迫切地拥抱数字化潮流，让越来越多的业务部门通过数字化操作来提升效率。如其不然，企业就有可能会被时代甩在身后。那么这种趋势对于 IT 部门来说又意味着什么呢？

这意味着所有企业都希望它们的 IT 部门能够管理和加速数字化进程，要是 IT 部门还能引领这个进程，那更是求之不得。这同时也意味着，企业中越来越多的重要业务流程都需要借助 IT 部门提供的技术支持才能够正常运作。对于当今大多数业务负责人来说，这种趋势带给他们最强烈的感受并不是兴奋，而是担忧。

1.1.2 数字革命

提到数字革命，人们一般都会想起电子图书革命。电子图书革命并非始于数字格式图书的出现，因为人们一直都能够浏览和交换小说长度的数字文本，这一点读者不要受到“电子图书”这个名称的影响。（其实，一些同事有时候就会通过电子邮件给我发送电子图书。）数字化转型是由多种功能的出现而造成的。在这个案例中，导致电子图书出现的因素包括数字格式图书的问世，诸如智能手机、平板电脑、电子图书阅读器这类设备的涌现，以及电子图书商城的上线。电子图书的出版、发行、消费和共享的行业标准流程已经发生了翻天覆地的变化，而且这些变化来得相当之快。

至于企业业务，数字革命关注的是数字化所带来的威胁，因为数字化已经在不知不觉之中极大地改变了各行各业的运作方式和市场环境，让企业只能在新的市场环境中继续适应竞争力早已大不如前的传统市场。那些努力去拥抱数字化大潮的业务则面临着巨大的风险，这会影响选择了另一种解决方案（而不是那些真正能够让企业实现转型的解决方案）的企业。

首先，我承认数字革命带来的威胁被过分地夸大了，它已经成为了人们恐惧的焦点，而恐惧数字革命的人往往还没有看到那些华丽的新技术平台，或者只是在小范围内做了一点咨询而已。同时，重要行业的数字革命所带来的威胁确实存在，有些领域的数字革命会让一些行业领导者一夜之间就变得不名一文。在任何一个领域，人们都可能面对这种突如其来，甚至是地震级的变化。这类变化还会不断发生，它们会让那些依赖 IT 部门的业务快速实现转型，并且适应快速变化的市场。

1.1.3 物联网

物联网（IoT）张开双臂迎接了万物互联的概念，联网对象从厨房用品到穿戴设备不一而足——只要它能够建立连接并且交换数据就可以了。IoT 的概念关注的并不仅仅是哪些设备可以与网络建立连接，还包括“可以通过交换这些数据达到什么目的？”。接下来，我们会把一个互联设备池，以及新设备上的信息收集和应用，称为 IoT 解决方案。IoT 解决方案是一种特定形式的数字化趋势，这种趋势可能会引发一场新的数字革命。

IoT 解决方案可以给企业业务提供巨大的机遇。这类解决方案往往可以让企业中的重要业务流程实现转型，从而显著提升企业的效率，将可操作智能性提高到一个全新的水准。但这些解决方案存在一些特殊的挑战。

首先需要考虑的是，大多数企业的物联网解决方案都会与业务操作进行深度集成，但这些解决方案需要借助复杂的技术架构才能为企业提供完整的功能和良好的扩展性水平。至于那些完全按照业务需求打造的 IoT 解决方案则功能有限，其中有些解决方案甚至完全规避了 IT 技术的参与。这样做的结果是，某个解决方案在早期概念验证和有限试验阶段完全可以胜任企业的需求，但因为它是和企业的 IT 架构及 IT 标准相隔离的，所以几乎不可能达到企业预期的水准。反之，那些由 IT 主导的解决方案则往往会因为实现这个解决方案的人员对业务本身不够了解，而导致其无法实现预期的价值。我们还应该考虑到，很多 IT 部门都在努力让自己能够准确地理解、汇报或者规划出技术解决方案的整体运营成本。IT 部门往往会重复建设企业已有的技术功能，而导致开发物联网解决方案的成本不断上升。

对于很多 IT 机构来说，快速 IT 的重要组成部分之一，就是拥有一个能够开发并扩展物联网解决方案的企业战略。要想开发出高效且成功的物联网解决方案，不仅需要 IT 部门具备运维能力，还需要其能够与业务部门之间建立紧密的合作关系，而这对当今大多数企业来说都是遥不可及的。要想对最终交付的解决方案进行有效的管理，就需要明确物联网的性能，并且能够理解这个项目所需（但当今服务管理战略中缺少）的总体成本。

1.2 IT 转型的挑战

在现实生活中，大多数 IT 领导人都知道自己应该对组织的运营方式做出转型，以实现组织的数字化，并且应对数字革命的到来。不过，这些领导者都面临着一系列重大的挑战，其中一部分挑战由来已久，另一部分挑战则刚刚涌现出来，但这些挑战都会转移并阻碍人们为转型所付出的努力，最终让转型无法进行。鉴于这些挑战以及它们的应对之策都足以单独成书，本书只会着重介绍其中较为重要的主题。建议广大读者自行找一些关于这个主题的内容来读一读。

1.2.1 IT 部门面临的传统挑战

因为当今绝大多数企业的 IT 部门都面临着大量的传统挑战，所以企业中的 IT 部门在给自己的企业提供支持时，往往会面临着来自很多方面的制约因素，给这些制约因素寻找一个行之有效的解决方案是整个 IT 行业多年来孜孜以求的目标。但这些问题由来已久，显然不可能一夜之间就彻底解决。同时，这些问题又必须予以解决，这样 IT 部门才能为企业做出贡献，并且最终实现快速 IT。

1. 让 IT 服务与价值和客户的需求相吻合

一项服务提供的功能或带来的效果必须能够满足某个客户提出的需求，而且我们也应该从客户的角度来看待这项服务所带来的价值。然而，如今很多 IT 部门都会给客户指定某些服务，而这些服务只能反映出他们提供的一小部分功能，业务部门也几乎无法看到这些服务给他们带来的价值。

大多数 IT 部门所指定的 IT 服务都只能反映出诸如个人计算、电子邮件、办公软件应用以及通信与协作平台这类和效率有关的需求。这意味着当今 IT 部门为了实现业务流程而提供的大量功能（如通过某个物联网解决方案提供的功能）根本和服务无关。对于这些与服务相关的功能，服务设计与管理哲学更多强调的是技术平台，而并不重视客户使用的功能。如果一个 IT 部门对于自己需要提供的技术功能并不具备端到端的视野，那么这个 IT 部门又怎么能够证明自己的资产、资源和预算都与这些需求完全匹配呢？

服务的交付往往和其实现的价值息息相关。价值考虑的不只是与这个服务相关的成本，同时也会把性能、客户体验和其他因素包含在内。请记住，虽然价值最终是由客户来决定的，但是提供服务的一方必须理解客户是如何看待这个价值的，这样才能采用一种策略来衡量和汇报自己对价值所做出的初步判断。然而从客户的角度来看，IT 技术的价值往往是这些 IT 部门的盲点。如果没有一种策略来衡量服务的价值，IT 部门又怎么能取得进步呢？

2. 从客户的角度理解服务的性能

IT 部门一定要掌握 IT 系统方方面面的操作性能，这里的 IT 系统包括其管理的复杂系统、平台和架构。当今企业中的 IT 部门都拥有海量的技术度量标准和分析结论，这些数据对于成功管理底层系统和平台至关重要。这里的问题在于，这些度量标准基本上无法帮助 IT 人员理解各类 IT 技术是否共同为客户提供了他们所需的功能，以及在性能上是否达到了客户要求的标准。判断服务价值需要从客户的角度来理解这些服务是否实现了他们期待的性能，以及最终的服务性能是高于、达到还是低于他们的需求。

在这里要考虑的主要因素是，这些平台的底层性能会对提供给客户的功能以及客户的使用体验造成影响，同时（在有些情况下）导致错误的描述。可以想象这样一种情形：客户对于一项服务越来越担忧，但对 IT 性能进行监测的结果显示一切正常。其实，系统正常工作时间和平台的其他测量标准，与系统中启用的功能没有太大关系。这就是技术度量标准无法单独呈现出一项服务所提供的功能是否达到了理想性能水准的原因。

下面针对这类情况举一个例子进行说明：假如有人下单表示自己需要在指定时间乘坐出租车到达某个指定地点。在这种情况下，如果一直没有车接单，或者需要很长时间才能有车来接人，抑或司机选择的路径让乘客无法按时抵达目的地……那么这项服务就没有满足这个客户的需求。此时，哪怕油压、引擎温度、胎压这些参数都在正常范围以内，也改变不了这项服务没有满足客户的需求这个事实。企业业务客户首先会指望 IT 部门给他们提供对应的功能，而 IT 部门则还是会把注意力放在测量底层系统和架构上。

3. 对提供 IT 服务的总成本进行准确的沟通

多年来，IT 项目负责人都在面对着客户的质询和不满，客户关注的重心是 IT 开支，同时他们的不满情绪也越来越强烈。来自客户的压力让人们把越来越多的精力放在了论证 IT 投资的合理性和优先级上。虽然 IT 投资相当重要，但现实情况是，IT 投资往往只占 IT 预算的 20%～30%，而 IT 部门通常难以理解并有效管理占预算较大比重的部分的日常运行开支。

我们应该意识到，IT 支出方面的压力会导致人们只单纯地关注如何不惜代价地削减成本。如果 IT 部门无法了解技术架构如何实现业务所需的功能，也无法从客户的角度去看待他们对性能的需求，那么削减开支会进一步影响客户的体验。当今的 IT 项目负责人一定要记住这一点：削减开支并不意味着 IT 部门或者企业业务的价值也要降低。

很多客户其实只想知道自己到底从 IT 开支当中获得了哪些回报。说实话，我认为很多关于

IT开支方面的顾虑都是这类客户提出来的。明确给企业中某个团队支出的预算，对于我们估计给客户提供的功能需要多少总体开支并无裨益，而开支又是判断价值的一项重要的因素。于是，我们就进入了这样一个恶性循环，企业业务客户竭力想要了解IT部门创造出来的价值，然后他们就可以借机表达出自己对于某项IT开支的不满。这会导致IT部门放缓投资，降低运营费用。如果没有这样一种框架，让我们能够把服务和客户需求对应起来，或者从客户的角度来测量性能，那么IT部门能够为客户提供的功能就会更少、性能用户的体验也会更差。最终，人们对IT部门越来越失望，从而导致开支进一步削减，以此类推。

4. 理解部门、操作和流程所面临的挑战

IT部门的工作是管理多个复杂的共享架构。在很多情况下，这会导致IT部门的资产、资源和预算也变得相当复杂。企业客户往往会认为这些因素对他们的业务构成了阻碍，但实际上，这些因素根本不应该展现给客户，更不应该影响客户。

试想这样一个场景：业务团队在市场中发现了一个难得并转瞬即逝的机会，但需要IT部门支持才能开发和实施解决方案。在预算周期、控制权变更和其他操作进程等因素的综合作用下，这样的机遇常常无法及时得到支持，有时候这些因素会在不同的IT团队之间轮流出现。IT资产、资源、进程和预算等多种因素结合在一起，给企业业务带来的更多是负面的影响，而不是帮助这些业务实现新的功能和价值。

1.2.2 IT部门面临的全新挑战

随着科技和行业市场的变化，IT部门及其支持的业务之间相互背离的问题也在发生变化。不过，无论是IT技术所面临的全新挑战，还是业务部门对于技术功能的期许，这些因素都在将IT部门推向一个临界点。如果不做出改变，这些IT部门与业务部门之间的关系就会渐行渐远，最终导致业务部门绕过IT部门来执行工作流程。在这部分内容中，我们会对重要的新兴挑战进行介绍，同时介绍这些挑战如何相互结合，让业务部门的负责人有机会绕过IT部门来工作。

1. 影子IT

在业内，对影子IT并没有十分准确的定义。一般来说，人们认为影子IT是指企业用来提供和支持自身技术功能的资源。影子IT的范围很广，小到一些简单的应用，大到复杂的系统，这些资源都没有得到企业IT部门的正式支持。影子IT源自于一种观点，即IT部门没有能力提供让业务部门正常运营的技术功能，于是业务负责人就只能鼓励自己的团队来开发和实现自己所需的功能。

人们对影子IT的担忧，在于它会给企业带来一些固有的风险。在开发解决方案的过程中，企业往往会忽略那些由IT部门处理的大量架构层面、操作层面和安全层面的标准。这会增加业务团队停运，甚至是企业网络中出现安全漏洞的风险。即使依靠一个成功的解决方案，这类风险的增加仍然不可避免。影子IT还会导致这样一种场景：当一种流行的解决方案必须依靠IT技术才能实现扩展并得到长期支持时，这个解决方案就会给IT部门带来严重的互操作问题（甚至根本无法实现互操作），同时让IT部门面临巨大的挑战。

一位ITaaS顾问的日记摘要

Cisco的服务团队会定期与客户合作，来指导其实现服务与IT的转型计划。这些Cisco服务团队所使用的架构，都是本书重点介绍的ITaaS框架和服务转型项目，但这些小组同时也在很大程度上依靠自己积累的知识和实际项目经验。因此，Cisco服务团队可以确保服务转型的成果在指定时间范围内兑现。本书各章中的这些“日记摘要”是为了与读者分享我们从多年参与实际项目的经验中获得的一些洞见。当然，本书会在叙述中省略掉用户的具体信息，我们的目的是把本书的内容与实际工作背景结合起来，让读者更加准确地感知自己在领导服务转型的过程中，有可能会面临的实际决策和挑战。

本书第 2 章会对服务转型项目（Service Transformation Program）进行介绍。这个项目的第一步是“发现与设计”，其目的是收集和阅读大量关于 IT 和业务的考量因素，以便改善交付服务的理想目标框架。在这一步中的关键操作是评估整个企业中影子 IT 的实例。在这项操作中，充当中立外部团队的 Cisco 服务团队往往会大获成功。我们之所以需要发现并且理解影子 IT 的存在，同时明确它们产生的原因，是因为这样可以给那些 IT 支持工作已经难以为继的业务提供一些更有说服力的指标，毕竟有些业务部门已经到了希望彻底避免与 IT 部门合作的地步。

在一次转型工作中，IT 团队和业务联系人都在迫不及待地向我们倾诉自己的故事，故事的内容都和企业通过影子 IT 实例实现的一项创新功能有关，而这项创新功能遇到了困难，并且没有得到解决。各种业务功能所使用的海量资源把一系列此前相互隔离的数据连接到了一起，然后创建了一个完全自定义的前端，让人们可以建立信息映射。实际上，他们创建了一个创新性的信息来源，而且企业对于这个工具的访问量迅速飙升。

这里的问题在于，企业及其所在的行业都受到了广泛的监管，而且这家企业的安全要求比大多数企业都高，这会让 IT 部门在所有标准的客户设备上都部署安全水准更高、操作更受限制的系统镜像。然而，这个影子 IT 工具是在一个高度自定义的虚拟机环境中开发出来的，开发过程中使用的浏览器、插件、扩展和配置都不是标准镜像所能支持的。这意味着当前的设备标准是无法支持这个工具的。

于是，升级的需求和越来越多的请求（即投诉）促使 IT 部门快速更新了浏览器环境，并且在标准系统上推出了其他特性。然而，如果企业中有很多重要业务的 App（包括财务计费应用）都因为更新问题而无法正常使用，则会给企业中的各方都带来严重的问题。IT 部门认为自己受到了不公平的对待，同时自己又毫无胜算，而业务团队则会认为 IT 部门连管理一个简单的平台都做不好。

诸如前面介绍的这类情况在实际工作中相当常见，它们最终全部都可以通过 ITaaS 框架和 IT 转型来得以处理。然而，在这些案例中却仍然出现了大量出乎意料的结果，这些结果都与影子 IT 息息相关。

虽然很多 IT 部门负责人都会设法避免企业中出现影子 IT，以免影子 IT 给企业的业务带来风险，但 Cisco 仍然建议人们对影子 IT 采取一种开放的态度。虽然影子 IT 会给企业引入一些风险，但是它也可以给企业带来重大的，甚至是有转折点意义的机遇。那些在业务需求的主导下开发出来的技术功能可以让 IT 人员更加清晰地看到，IT 部门应该为业务中的哪些方面提供支持。

相反，IT 部门负责人应该设法去理解影子 IT 的资金来源是什么、影子 IT 存在的原因是什么、它们会给企业带来哪些潜在的风险和机遇，以及 IT 部门如何才能尽可能地优化自己的服务交付战略等。在了解了这些信息之后，IT 部门再去邀请业务部门采取一些过渡方案，来建立与 IT 部门之间的长期合作关系。Cisco 快速 IT（Cisco Fast IT）推荐人们进一步发展这个概念，建立一个称之为“客户主导的 IT”的概念，这个概念我们会在本书第 12 章中进行详细介绍。

2. 云

多年以来，业务负责人对于他们的 IT 部门一直都很失望，却也无可奈何。但现如今，这些业务负责人可以从越来越多的云供应商那里采购一整套的企业级技术功能。虽然一开始，这些功能只能满足一些相当普通的需求（如电子邮件），但现在可以通过延展后的平台将其完全实现，提供所有企业中常见的业务功能服务（如销售、人力资源或财务）。现在，业务负责人早已不再依赖企业 IT 部门来完成复杂而又冗长的项目，比如不再依赖 IT 部门来实施一个大规模的企业资源计划（Enterprise Resource Planning，ERP）平台以及之后对这个平台的管理，相反他们会选择直接订购这些功能。不仅如此，很多业务负责人都会认为这种采购技术功能的方式，远远优于同企业 IT 部门合作——公有云提供商代表的形象，恰恰就是这些业务负责人长期希望自己企业 IT 部门扮演的角色。

就这些新兴的挑战而言，当今 IT 部门面临的真正威胁在于，业务负责人一定会将影子 IT 和公有云提供商结合起来，以便完全绕过 IT 部门来实现他们所需的全部功能。与其坐等成为局外人，IT 部门不如立刻开始向快速 IT 转型，转型的第一步是了解如何在整个企业中设计和交付 IT 服务，并且针对这些服务的价值展开沟通。

1.3 IT 部门的目标与文化

在这一节中，我们鼓励读者重新思考一下企业业务的根本目标是什么，以及 IT 部门对一家企业的意义何在，然后再认真地反思一下当今企业中 IT 部门的文化。对比这些概念可以看出一些问题，而这些问题表明 IT 部门需要进行文化转变，让自己成为一个端到端服务部门。

1.3.1 回归业务基础

本书后面的很多章节都会首先对章节目标进行说明，无论这一章的重点是服务分类还是沟通 IT 服务价值的原则。在多年担任顾问的生涯中，我发现这种方法不仅可以帮助我们更加积极主动地解决问题，让我们在执行一项颇具挑战性的工作中更有把握，还可以尽可能早地使团队保持一致。在此，希望读者暂时把 IT 部门（尤其是 IT 技术）放在一边，同时开始考虑企业业务的根本目的。

*企业业务的目的是通过生产商品和提供服务，参与到一个或者多个行业和市场中，以便实现一系列的成果（如让利润最大化）。*虽然很多企业所关注的主要成果都是利润，但也有一些公共事业和非营利机构追求利润以外的成果。

企业会通过执行主要功能或者一组相关的业务流程来实现各类成果。通过任意数量的部门、团队和资源都可以执行这些流程，给业务成果提供支持。当今企业中的组织结构多种多样，而这些结构可能会受到企业所属行业，以及企业的规模和复杂程度的影响。为了简化本书后面的内容，我准备把企业业务部门分为两种类型。

在一家企业中，LoB（业务线）是指执行直接实现业务成果的功能的部门。这些团队与它们的工作，在其所在行业和市场中都是独一无二的。比如，一家油气公司中负责开发石油和天然气的团队或者一家汽车制造商中负责汽车生产的团队，都各自代表了一个 LoB。

此外，有一些部门的工作在各行各业中都会用到，比如人力资源、财务、法律和 IT 部门，我将这类部门叫“BU（业务单位）”。BU 会给 LoB 和整个企业提供重要的协助，包括允许制造部门提供培训并支付所需的资源，或者允许企业支付税收。同时，这可以直接或间接地给业务的预期成果提供支持。企业中的 IT 部门也是一种 BU，而且它们的目标也是类似的。

IT 部门的目标是为企业提供业务部门所需要的技术功能，并且按照流程给业务成果提供支持。

1. 企业业务部门的责任

所有企业部门（无论 BU 还是 LoB）都承担着两项基本的责任。

- 支持业务成果。
- 确保部门高效运作。

这两项责任适用于所有企业的全体部门，无论这个团队或者部门的具体职责是什么。

在前面我们介绍了（像 IT 部门这样的）BU 是如何通过执行相关的流程和功能，来为业务成果（直接或者间接）提供支持的。现在，我们不妨这样认为，只要一个 BU 多次都无法成功地给这些业务成果提供支持，那么这个 BU 对于这个企业来说也就没有存在的意义了。这时，IT 负责人和业务负责人考虑的内容也就变成了："企业中的 IT 部门，到底是和业务的成果保持一致，还是单纯地应用和执行技术？"切记，IT 部门的根本目的绝对不是操作那些技术平台，而是通过操作这些平台，来给企业提供足以支持业务成果的功能。

所有企业部门也同样有义务持续进行高效的运作。如果不能在各方面进行有效运作，则这个部门最终就很难实现预期成果（如利润最大化）。即使是极其关键的 LoB 也必须高效运作，否则企业就会面临重要资源流失的风险。这里再次强调 IT 负责人需要考虑的一项重要因素——当今 IT 部门的工作效率到底如何？

回顾前面介绍过的挑战，不难发现：如今的 IT 部门都在竭力履行自己对企业业务应尽的责任。要想解决这些问题，就要进行转型，而转型必须把 IT 部门的目标和责任放在首位。

2. 牢记服务提供方与客户之间关系的本质

对于当今很多 IT 部门来说，它们并不是忘记了谁是它们的客户，而是根本没有意识到自己还有客户。

客户是提出需求，并且最终给企业提供的产品和服务付费的团队/个人。一个企业是不是能够存活，取决于它们满足客户需求的效率，以及它们是不是可以提供比其他竞争者更优秀的成果。对于一家企业来说，客户构成了企业销售商品和服务的市场。对于企业的业务部门来说，它们的工作就是给企业提供竞争力，它们就是真正的服务提供方，而客户就是希望获得这些服务并且愿意付费的那些资源。*IT 部门就是企业中的服务提供方，而 IT 部门的客户就是这家企业中那些通过消费 IT 部门提供的技术，来提升自身工作效益或者维持业务流程的部门。*

要注意，IT 部门的客户不仅仅包括其他业务部门，还包含 IT 部门自身。IT 人员会利用与其他部门相同的技术功能来提高工作效率，并实现相互协作。此外，在管理客户案例、运维基础设施、交付 IT 服务，甚至针对 IT 服务的价值进行沟通时，IT 人员也会通过这些功能来执行业务流程。另外，有些 IT 部门可能会给外部的企业业务提供服务，比如为合作伙伴或者外部承包商提供技术服务。

今天的 IT 从业者和 IT 负责人都应该重新审视 IT 部门的一项核心原则：在讨论企业中那些会使用协作基础设施、请求内部设备与应用、提出并且升级支持案例的企业人员时，应该如何称呼他们呢？将他们称为"客户"？还是有什么别的叫法，比如说"用户"？

其实，在服务提供方和客户的关系之中，隐含了 IT 部门的职责、服务优先级和预期。服务提供方需要提供客户所需的服务，并改善客户的满意度。无论何时，服务提供方都需要主动去理解客户群和他们的需求，然后评估是否还有机会给客户提供价值更高的服务。在客户群对他们获得的服务和价值不满意的时候，IT 部门需要做出回应，甚至应该向客户表达自己的歉意。但如果不把自己的客户称为"客户"，其实就是在弱化这层关系，同时弱化自己的角色。只要 IT 部门还在将自己的客户叫作"用户"，它就是在弱化自己应该对客户承担的职责。一个服务提供方在把资源分配给"客户"和"用户"时，方式是不同的。

一位 ITaaS 顾问的日记摘要

Cisco 服务团队的工作包括支持 Cisco 的客户实现服务转型。这个团队所关心的一项重要内容就是如何实现和加速 IT 部门文化的转型。虽然本章介绍的这些内容很重要，但通过 Cisco 服务团队顾问的持续指导才能实现理想的结果，我使用了大量创新的方式来达到这些目标。

关于重建"用户即 IT 服务的客户"这一点，我用大量实际策略向 IT 从业人员展示了一系列将客户改为其他称呼的实例，甚至在模拟服务评估期间通过敲钟来分散应试者的注意力。这种做法的意义在于为那些努力做出改变的人们提供奖励。

为了体现这个概念的重要性，本书乃至我口中都不会再出现"用户"这种称谓——除非有人能证明这种称谓于 IT 部门提供的服务无碍。

1.3.2 对当今 IT 部门文化的坦率观点

在阅读了前面关于 IT 部门职责的内容之后，读者可能会认为企业部门都应该拥有一个资源社区，这个社区的成员既具备实现业务所需成果的知识，又能够描述自己的部门是如何为这些成果提供支持的。

下面我们花点时间来思考一下，读者所在 IT 部门的成员是不是有能力对下列问题作出回答。

- 企业业务的预期成果都有哪些（如利润最大化）？
- 当前企业用以支持这些成果的战略有哪些？
- IT 部门如何对这些成果和战略提供支持？
- 请对所在企业的行业、价值链和市场进行简单的描述。
- 请描述科技如何影响该行业及其市场趋势。
- 请描述企业业务的主要功能，并且介绍支持这些功能或者流程的特定 IT 服务。

注意，在第 2 章中，本书会具体介绍 ITaaSO 的理想文化，同时介绍服务交付角色，以及如何修改领导战略来对这种变化提供支持。在这里，读者应该掌握的重点在于，当今 IT 部门的员工文化与理想的员工文化之间极有可能存在着不小的差距，这道鸿沟既是 IT 部门无法达成目标、履行责任的原因，也是 IT 部门向快速 IT 转型时面临的巨大困难。

一位 ITaaS 顾问的日记摘要

服务转型项目的"发现与设计"这一步还有另一种工作流程。这种工作流程的重点在于对 IT 部门当前的服务交付策略进行深入评估。这种策略评估也包括通过各种会谈的方式来研判当前 IT 部门的员工文化。在与一家大型石油天然气公司进行会谈的过程中，这家公司 IT 团队的资深员工分享了一个让我们眼界大开的看法：

"20 世纪 80 年代末到 20 世纪 90 年代，这个部门的每一位员工都知道自己是在一家石油公司工作，那时大家对不同业务部门的工作都有一些基本的知识，会追踪这个行业的新闻，至少都明白自己的工作是如何帮助这家企业完成油气勘探发掘，并且把产品推向市场的。但 21 世纪初以来，技术中心论的业务观迅速而彻底地占领了 IT 部门，如何应用技术变成了我们唯一关心的话题。不久之后，我们实施一个技术项目的目的变成了实现这项技术本身。似乎在不经意间，我们已经把自己当成了一家技术公司的员工，而这家公司为了给自己领导的 IT 项目筹到资金，只好和某个所谓石油行业的企业进行合资。"

切记，当今 IT 部门在很大程度上都是由那些单纯因为具备技术专长，就获得雇佣和晋升的人员所组成的。而对于 IT 从业人员来说，在业内提升个人价值（以及报酬）的一种简单方式就是学会实施和操作复杂的技术，这一点让很多 IT 团队把驾驭复杂技术的优先级置于一切工作之上。

当然，IT 负责人并没有完全对上述问题视而不见。很多 IT 部门都聘请了专门的员工，负责在选定的 IT 人员和各个业务团队之间建立联系。这些人员往往拥有一定的行业背景，他们会努力从客户的角度去理解其对 IT 部门的感受，然后处理客户关注的内容，并且按照客户的优先级顺序进行处理。不过，在大多数情况下，这些角色的工作权限和目标都是有限的，他们缺乏一种根据业务成果来衡量和沟通 IT 服务价值的战略，同时也没有足够的权力让 IT 部门做出改善。

此外，虽然目前很多企业的 IT 部门中包含了一个小的服务管理团队，这些团队会根据标准来设计服务，而这些标准可以在一定程度上反映 IT 部门运作的情况，但既没有一套完整的战略，也缺乏合理的工具将这些服务与服务所支持的业务成果关联起来。成功的服务转型不仅需要端到端的服务框架和用于衡量服务价值的战略，同时也需要建立一个广泛的 IT 资源社区，社区的成员都能理解 IT 服务是怎样来支持 IT 部门的目标和责任的。

客户对于 IT 部门的感受

服务提供方还有一项重要的任务，那就是从客户的角度看待自己提供的服务。在理想情况下，服务提供方内部社区的成员都应该了解客户群所关注的各事务顺序、客户所担忧的情况以及机会，这样自己提供的服务才能创造出价值，并且打造未来的服务与产品。

今天，有多少 IT 部门采取了全面的战略来了解客户对 IT 的感受呢？如果这么做了，客户又会对 IT 部门做出什么样的评价呢？认为 IT 部门是值得信赖的顾问，还是订单承接方，又或者是既没必要且昂贵的服务代理方？

一位 ITaaS 顾问的日记摘要

虽然我们担任顾问的每一家企业通常都会提供一些独特的反馈意见，但其中有很多都十分雷同，最终成了众人皆知的主题。关于客户群体如何看待自己这个问题，虽然对于导致他们形成这种态度的那些环境和挑战，IT 从业者无疑会保留自己的观点，但作为服务提供方，IT 部门必须认可客户对自己的看法，并且持续了解客户对自己的感受。

在与企业业务部门及其业务团队进行会谈的时候，我们经常会听到下面这些反馈意见。

- 我们根本等不及 IT 部门来帮忙，所以干脆自己来解决问题。
- IT 部门把技术推给我们，然后在强迫我们采用了他们选择的平台之后，就来索取大量的资金，但这种技术我们其实并不需要，我们无法自己来选择理想的平台。
- 我们想对自己的系统进行升级，但 IT 部门告诉我们，还得花钱来搭建一个数据中心，同时对网络进行升级。比起单纯地购买系统许可证（License）并支付运维费用，这样的项目需要花费 10 倍的费用，但他们却无法向我们解释清楚，为什么必须花费如此巨额的资金。
- IT 部门的决策，似乎都是在让我们采用某些会给自己业务带来重大影响的划时代技术，但我们的业务团队或者业务部门高层从来没有参与其中。
- 我们知道 IT 部门把很多支持工作外包给了某些厂商，但这样会让我们更难获得技术支持，而且我们也不觉得这样做能给公司省下多少资金。
- IT 支持团队太看重 SLA 了，SLA 本身简直就是他们的工作目标。而且他们拒绝承认这些 SLA 与技术对业务并没有什么贡献。
- IT 部门不断演示一堆参数标准，但这些标准对我们自身、对于处理事务的优先级顺序以及业务流程毫无意义。他们好像也不想理解我们对这些功能的性能，到底有什么要求。

- 我们收到了一笔来自IT部门的高额扣款，但他们既没法说清楚这笔开支，也没法解释这笔费用为什么如此之高。

如果专门而且不断地致力于了解客户对于自己的看法，那么IT部门往往会大吃一惊，因为客户所认定的事务优先级顺序很可能与其完全相反。

一位ITaaS顾问的日记摘要

我们会为了明确目前IT部门与业务部门的目标是否一致，而与业务部门举行会谈。在这类会谈的过程中，我从一位运营副总裁那里得到了一个重要的反馈：

"对于IT部门，我最不满意的地方是，他们没有提供我们这个团队运营所需要的功能，即使偶尔提供了一些，也会在关键的时候失灵，但IT部门要我们为这些功能支付的费用却是一个天文数字。每当我表达这个观点的时候，他们只会讨价还价，但这么做的效果却是火上浇油。因为如果我们真的能随时使用这些功能，而且它们也达到了预期的目的，那么我们其实也不是不能接受这个费用，甚至有可能还会加大投资来采购其他功能呢。"

切记，抛弃那些关于IT技术和部门的成见，单纯地从客户对（他们被迫选择的）服务提供方的角度来看待这个反馈。这位客户认为服务提供方没有提供他需要的功能，而IT部门提供的那些功能在性能上无助于客户解决问题，同时IT部门还为这些"服务"向客户收取天价的费用。

如果把这些陈述换一个语境，我们可以想象一下，自己在约会的时候走进一家酒吧，点了一杯伏特加马提尼，给自己的约会对象点了一杯玛格丽特和一份开胃菜。但酒保却给你端上来一杯廉价的啤酒、一份龙舌兰和一杯酸橙汁，并且没上开胃菜。你马上就问酒保："这是我点的吗？"酒保说："废话，一共300美元（约2031元）……"酒吧提供这种服务当然让人没法接受，企业业务团队也很难接受这样的服务。

欢迎来到IT服务交付俱乐部

这位副总的反馈为ITaaS框架带来了巨大的贡献，也极大地改变了我通过服务转型项目培训IT团队的方式。尤为重要的是，它改变了服务交付的优先级顺序。我开始把ITaaSO中的服务交付团队称为俱乐部。而且，这家俱乐部也有一系列的规章制度。人们必须遵守这些制度才能成功实现服务交付。换言之，只遵守最后两条规则而不遵守第一条规则也无法达到客户的预期。IT服务交付俱乐部的规章制度如下。

- **服务交付俱乐部条例1**：提供客户需要的技术功能，让这些功能发挥出应有的作用，并兑现业务成果（如利润最大化）！！！
- **服务交付俱乐部条例2**：站在客户的角度去理解他们对服务性能方面的需求，要测量有意义的数据，并且不断进行改进。
- **服务交付俱乐部条例3**：明确按照客户期望的性能来提供这些功能，需要的总体开支到底是多少。

这些制度可能取代不了那些伟大的技术文献，但它们可以有效地告诫IT从业者在ITaaSO框架中交付服务的优先级顺序。

1.4 对当今IT部门的启示

在这一章中，我们介绍了一系列驱动IT部门向快速IT转型的动力，同时介绍了阻碍当今

IT 部门成功实现转型的历史问题和新兴挑战。本章也重新确立了 IT 部门对母公司的基本目的和职责，并且把这些内容与当今很多 IT 部门的员工文化进行了对比。接下来我们会探讨，让一个 IT 部门过渡成为一家端到端的服务组织或者 ITaaSO，为什么可以帮助其解决所面临的问题，同时给实现快速 IT 打下良好的基础。本书的第 2 章则概述 ITaaS 框架，并且进一步解释这个框架为什么可以解决这些困难，支持 IT 部门达成自己的目标和职责。

然而，必须承认这样一个事实，那就是解决这些困难并且成为快速 IT 部门的方法，并不需要采用某一个特定的新技术工具或者新平台。这一点我必须先说清楚：当今的 IT 部门所能掌握的各种技术足以使其成为快速 IT 部门。支持物联网功能的传感器、控制设备，甚至可穿戴设备都已经相当普及，它们可靠而且便宜。可扩展的跨平台设备开发框架让 IT 团队可以并行地跨企业计算设备、智能手机和平板电脑来快速搭建并部署 IT 工具。完全可编程基础设施可以快速敏捷地变更那些在过去看来相当复杂且难以更改的基础设施，并且迅速做出反应。快速 IT 的工具都是现成可靠的，而且都已经准备就绪。我们只是不知道如何使用这些工具，或者如何利用这些工具来支持业务成果。

除非技术能够改善自己对业务成果的支持力度，否则企业业务部门也就没有什么意愿会继续运营技术并且在技术上进行投资了。其实，在建立技术与成果之间的联系前就进行高额的投资，只会让 IT 部门和业务部门之间的脱节变得更加明显，让 IT 部门的效率显得更加低下。这就是我们应该采用端到端 IT 服务的原因。

这种服务可以给 IT 部门提供一个机会，让其在业务成果与 IT 操作之间建立起联系。

我们可以思考一下服务的基本概念和利用服务可以给人们带来的价值。服务只不过是一个逻辑结构，但服务可以给建立管理区带来好处。特定服务可以让 IT 部门将一些相关的客户需求汇总到一个区域中，然后再给这些需求提供专门的支持。这种服务还可以满足某个指定客户群体的事务优先级顺序，回应他们的顾虑，并帮助他们把握机会。建立一项服务可以让交付团队更好地管理客户体验和技术给业务带来的价值。

服务的定义和构成是相当灵活的，这一点和人们一般的看法正好相反。不同的服务设计理念决定了这项服务可以支持的功能与可以实现的成果。

虽然选择某项服务就可以让一个客户群体受益，但是要想解决本章中着重介绍过的那些问题，还是需要 IT 部门采用一种端到端的服务框架。IT 部门首先要理解即将为企业业务提供的功能，以及这些功能可以给企业业务带来的成果，然后才能指定一整套服务来满足这些需求。接下来，IT 部门需要将所有的资产与资源都投入到一项或多项既定的服务当中。要注意，这并不表示当前这个部门的组织结构或者资产/预算所有权发生了变化。我们只是根据服务建立了另一种并行的组织描述方式。这种基于服务的部门组织结构可以在资源与需要给企业业务提供的功能服务之间建立起清晰的联系。比如，服务成本核算可以展示出一个部门在所有服务中分配的预算，让每项成本要素分别和这个部门交付的一项服务建立起对应关系。

对于企业 IT 部门来说，在指定一项 IT 服务之后，就可以通过交付该服务，在客户提升业务成果所需的功能与下述内容之间建立起逻辑联系，也就是交付应用、网络、计算堆栈甚至运营这些资产的资源。一旦 IT 服务建立起来，服务交付团队就可以把注意力放在理解客户对价值的判断上，并且开发出一系列战略来衡量服务的性能是否能够满足客户的需求。于是，这些团队也就可以理解提供一项服务所需要的总成本，并且更好地实现成本管理了。这里所说的成本管理，包括优化运营成本或者利用投资费用来提升服务的价值。服务交付团队现在可以针对不同的 IT 功能团队、流程和预算来推广他们的服务，而这些问题不会再成为服务交付团队支持业务成果的阻碍。

对于一家端到端服务组织或者一家 ITaaSO 来说，它的 IT 运作应该关注以下 3 点。

- 由业务价值驱动（优先对业务成果提供支持）。
- 将客户视为中心（优先提升客户的满意程度）。
- 实现高效地运作。

在开始进行服务转型，并且对上述重点方面提供支持的时候，我们也就实现了 IT 部门员工文化的转型。只要拥有合理的战略，而且能够得到高层领导的支持，员工文化就可以发生变化，而且新的文化也可以一直延续下去。

虽然实现服务转型可以给企业带来诸多助益，但普遍被提及的是与采用 Cisco 的 ITaaS 框架相关的三大战略性价值成果，具体如下。

- 让 IT 部门获得企业业务部门的信赖，并充当他们的顾问。
- 实施一系列的机制（包括那些以实现预期成果为目的的战略工具），使 IT 部门成为一个重视业务、反应迅速、开销合理，而且具有强大竞争力的“企业部门”。
- 在整个 IT 部门启动员工文化的转型，并且让新的文化也延续下去。

关于达成这些战略成果的话题，本书还会不断提及，但在这里需要强调一点：只是按部就班地完成 Cisco 服务转型项目中的步骤，并不能保证达到预期的成果。虽然这样可以兑现框架中所有核心的战略，但是这些战略需要在企业中得到优化。IT 部门的员工文化实现转型，可以为这些战略成果提供支持，但文化转型需要时间。这里的关键在于，服务转型届时已经启动了。

Cisco 自身 IT 服务转型的背后

ITaaS 框架与 Cisco IT 负责人多年的创新工作成果息息相关。这些业界的思想领 袖们开发了一种新的 IT 服务交付模式，然后将其付诸实践，并且不断地进行完善。这种服务交付模式与当时的很多新兴标准之间存在着巨大的区别，但它可以为当今的 IT 部门解决大量新旧问题，并且给快速 IT 提供支持。由于这些 IT 负责人是行业的先驱，因此他们并没有被实践证明的可靠框架或者程序可以照搬，也没有成功的模版可以参考。这表示如果我们回过头来审视这个项目，就会发现 Cisco IT 服务转型项目的开发历程中包含了诸多壮举、教训和深刻的洞见。

本书的这个模块和“一位 ITaaS 顾问的日记摘要”模块类似，它的目的也是给读者提供一些来自于真实项目的知识，让这些复杂的内容更能契合读者的需求。这个模块中的材料大多数来自我与 Cisco IT 负责人的会谈，他们在会谈中针对本书正在讨论的话题，自由陈述自己的直接经验、反馈信息和观点。说实话，这部分内容只包含了许多思想领袖以及 Cisco IT 广博知识的一小部分。希望读者能够充分利用这些与服务转型有关的重要信息。

在成为这个行业最早的快速 IT 组织之前，Cisco IT 部门也和其他企业 IT 部门一样，把自己当成了一个技术部门。它只关心如何部署和运用技术，而并不重视为业务成果提供支持。这些团队并没有努力去理解客户需求、客户体验以及客户期待实现的功能，他们只关心最新的软/硬件版本。Cisco IT 部门认为 CCIE 证书和行业认证就代表了资源创造的价值，他们对人们在支持业务成果方面发挥的价值不屑一顾。

随着业务的爆炸式增长，Cisco 需要频繁地收购企业，并不断进入新的市场，由此推动的对新功能的持续需求，以及“客户投资模式”导致应用广泛而大量的部署，这些都给 Cisco 的 IT 部门带来了巨大的挑战。所谓“客户投资模式”指的是，由业务部门投资成立的各类团队或者业务单位，有可能会让 Cisco IT 部门提供某种形式的支持，这种支持被一位负责人称为“给你钱，这是我要的功能，这些是我要你做的事”的模式。这种模式让采购方更加强势，同时也让服务与被服务关系变得更近似于一种主仆关系。结果是，Cisco IT 部门提供了很多不同的应用，也付出了繁重的工作，而这些应用的功能却常常相互重复。

Cisco IT 部门启动转型的方式和很多企业 IT 部门差不多——他们发现各类新旧问题必须得到解决，为了解决这些问题需要对 IT 部门进行转型。这需要脚踏实地的改进。Cisco IT 部门应该摆正自己的位置——自己是公司的服务提供方。Cisco IT 部门如何对项目进行投资、如何与客户进行交互、如何构建服务，这些都需要以一种不同于以往的方式进行思考。

在转型启动时，Cisco IT 部门的领导团队对这个部门有一个战略愿景，他们希望这个部门：架构为先，服务至上。Cisco IT 部门未来所做的一切工作，都是为了提供服务，同时这些工作也会和架构路线图保持一致。虽然口号不错，但 Cisco IT 部门的负责人很快发现要想实现这个战略，他们不能只采用一些新的流程和工具，还需要改变 IT 部门的员工文化。不仅仅是处理 IT 技术方面的文化，还包括事务优先级方面的文化，以及与业务部门交互的文化。IT 部门需要证明自己不但有能力解决技术故障，而且也可以更加主动，把自己和企业的价值绑定在一起。对于 Cisco IT 部门来说，这也表示该部门需要实现集中化管理，不能再按照投资的业务部门分别建立独立的团队，因为这样会让工作内容大量重复，也会让 IT 部门把自己当成一个接单团队。

服务可以被看作是让 IT 部门与业务需求挂钩从而进一步改善客户体验的契机。Cisco IT 部门的负责人把转型为端到端服务模型视为是解决这个部门所面临的各种困难的基础，同时这个服务模型也可以给另外一些操作提供支持，而这些操作可以实现快速 IT。以服务为基础的理念与快速 IT 的哲学存在不少区别，因为后者过分关注于把所有服务都搬到云端这一点。

有一位 Cisco IT 部门的负责人曾经这样说："很多人认为快速 IT 只是把服务搬到云端。这样做的问题在于，如果你没有对自己提供的服务进行清晰的界定，那就无法让其在功能、性能和成本上与客户的需求保持一致。如果不先定义服务，那你就会不断推出服务再进行修改，但永远也无法解决业务的真正需求，也无法改善客户的体验。"上面所说的内容会带来很多根本性的改变，这些改变包括服务如何与客户需求保持一致、如何对服务进行度量、如何给服务定价、如何让底层的部门和流程为服务提供支持。一旦 Cisco IT 部门开始真正理解他们通过服务给客户提供的功能到底可以带来哪些价值，就可以沿着自顶向下的顺序（从应用层面到底层平台和基础设施）来简化和优化这些服务，并且实现这些服务的自动化了。

有一个人曾经描述过他真正理解"服务部门"这个概念的那一刻。在全球 IT 管理场外研讨会中，一位演讲人比较了 Cisco IT 部门和一家通过云来给企业提供服务的（正处于快速增长期的）企业，强调了作为一个有竞争力的服务部门的运作理念。当时这家公司的市值差不多是 15 亿美元（约 102 亿元），而 Cisco IT 部门想要汇集并且管理的预算比这个数目要大很多。他说："现在，你能相信他们连自己有多少客户都不知道吗？你能相信他们不知道这些客户什么时候需要升级吗？你能相信他们不知道客户体验什么时候有所下降吗？你能相信他们不知道客户使用这些服务的频率吗？你能相信他们不知道这些客户都能从竞争对手那里购买到类似的服务吗？现在再来想一想我们自己，我们知道这些吗？我们是公司的一个部门，我们有自己的客户，也有义务像他们一样给客户提供有竞争力的服务，而且我们比那家公司大多了，但我们甚至连这些问题都不想了解。这就是我们必须成为一个端到端服务部门的原因。"

1.5 服务转型需要考虑的因素

在进一步介绍之前，我们必须承认，要实现服务转型并且采纳 Cisco 的 ITaaS 框架，有很多因素都需要进行考虑。虽然这些内容本书在后面的章节中还会进行深入介绍，但我认为最好早点把重要的考虑因素呈现给读者。

采纳 ITaaS 框架不需要对 IT 部门的任何团队进行重组。这个框架并不在乎部门采取的组织结构层面是什么样的。在组织结构这一方面，我唯一希望强调的考虑因素是，要尽量建立一个单一的、集中的组织部门。IT 部门一旦分散就会面临各类挑战，其中最大的问题是工作内容会大量重复。不过，即使对于那些组织结构略显分散的部门，仍然可以从过渡到端到端服务组织的过程中获得大量价值。

Cisco 的 ITaaS 框架会给 IT 服务交付带来一些新的概念，特别是一些能够测量和报告 IT 服务价值的战略。要实现与 ITaaS 框架相关的成果，要求这个团队重新审视自己之前设定的服务交付战略、流程以及工具（包括服务产品、服务清单等）。在后面几章中，我们会重新审视这些概念并进行详细的说明，重点解释这些方法为什么能够实现更多潜在的价值。

我们将在 ITaaS 框架中不断找到惊喜，无论是在 Cisco 独特的服务和设计方法中，还是在优化客户满意度的服务交付优先次序中。每当出现这种情况时，一定要让自己对这个框架抱有一个开放的观点，然后再进行阅读。因为在每一章中，我们都会对某个内容的目的进行重点解释。切记，我们开发 ITaaS 框架的目的是方便未来的快速 IT 部门提供 IT 服务，以及改变部门中 IT 从业者的文化和观念，因此这个框架显然会和当下这个部门的服务提供方式之间存在冲突。最后，要认真思考一下本章中重点介绍过的各个概念。提醒自己企业业务的目标是什么、IT 部门的目的和职责是什么以及支持 ITaaSO 需要什么样的部门文化，因为这样做可以帮助我们理解 ITaaS 对服务交付制定各项规则的理由。

转型到 ITaaSO 会对提供服务的战略和工具产生影响。这个转型将各种过时的 IT 操作模型转变为“服务感知”（Service-Aware）模型。这意味着我们需要对各类 IT 流程、工具进行更新，尤其是更新反映服务水平的报告机制，比如应该在报告中增加 Services 这样一项，来阐述服务报告的信息。试想，如果一个 IT 部门的大部分工作都无法感知到服务的情况，那这个部门怎么才能真正成为一个端到端服务部门或者 ITaaSO 呢？在本书的第 11 章中，我们会详细介绍如何保证 IT 运作模型中的所有必要方面都符合服务感知的标准，以及在这个过程中需要考虑的因素。

本章已经多次强调了改变 IT 部门员工文化对于成功实现服务转型而言具有多么重要的作用，这一点我们还会在本书的其他章节中不断进行强调。请记住，ITaaS 框架以及这个框架的服务转型项目可以改变部门文化，但要想成功套用这个框架并且给企业创造价值，也需要依赖员工文化的转型。这两者是不能割裂的。

即使不考虑成为 ITaaSO 需要对文化进行转变这一点，服务转型也仍然是一个漫长而又复杂的过程。对于大多数 IT 部门来说，实现服务转型项目一般需要 16~24 个月的时间，同时需要各个 IT 部门乃至企业其他部门的通力配合。要注意，Cisco 服务转型项目的目的是实现价值的提升，因此 IT 部门和企业业务部门都会在这个项目进行的过程中看到成果，而不是只有在项目完成之后才能感受到它的价值。

服务转型的时长和复杂程度，以及其他很多会在第 3 章中进行探讨的因素，都取决于这个项目是不是能够得到 CIO 以及其他 IT 部门资深领导的支持。如果得不到 IT 部门最高级别领导的鼎力支持，那么让服务转型项目达到应有的成果自然也就无从谈起。

应该切记，过渡成为一家端到端服务部门并不是企业 IT 部门的最后一个步骤：到这一步为止，我们才刚刚具备了支持快速 IT 的基本前提。虽然 ITaaS 框架可以让 IT 部门获得企业业务部门的信任，并成为他们的技术顾问，但是快速 IT 则可以让企业 IT 部门成为业务部门“变革的推动者”。

1.6 总结

企业业务部门要想占领未来的市场，就必须张开双臂拥抱数字化时代。无论是企业数字的增长，还是数字化环境出现故障的风险，这些都意味着企业业务越来越依赖这些技术才能正常运作并且实现价值增长。向快速 IT 转型需要当今企业中的 IT 部门更加关注企业的业务，加速数字化进程，并且快速了解导致数字化环境出现故障的实例。Cisco 认为过渡到一个由架构主导的、端到端的服务组织是实现快速 IT 的基本前提，而 ITaaS 框架则是一个能够让 IT 部门过渡到服务部门（ITaaSO）的模型。这种模型是经过实践证明行之有效的。

企业 IT 部门面临着很多新旧矛盾，这些因素都在阻碍部门实现转型。很多 IT 部门提供的服务只能反映出他们交付的一小部分功能，而且这些部门也没有策略可以衡量服务给业务带来的价值，他们既不了解客户是如何看待这些服务的，也不了解这些服务支持业务成果所需的成本。

企业 IT 部门的根本目的是提供技术功能并支持业务流程以提升企业效益。IT 部门对于企业业务来说拥有两大基本职责，这两大职责与其他企业部门没有任何区别，即为业务成果提供支持和高效完成部门运作。然而，当今 IT 部门的底层文化往往与 IT 部门的目标和职责并不匹配，因此必须在向 ITaaSO 过渡的同时改变这种部门文化。

ITaaS 框架及其配套的服务转型项目都是为了让 IT 部门能够过渡为一个端到端的服务部门（ITaaSO），同时实现三大战略成果。

第 2 章

Cisco ITaaS 框架与服务转型项目

套用 Cisco ITaaS 框架可以让当今的 IT 部门过渡成为一个端到端的服务组织，同时启动员工文化的转型，并让新的文化延续下去。此外，ITaaS 框架也可以为实现快速 IT 打下良好的基础。在本章中，我们会对 ITaaS 框架及其包含的元素进行介绍，它们可以为企业的业务成果提供支持。

首先，我们会简单地介绍 IT 运营模型，以及所有 IT 部门的一系列主要职能。我们会对 IT 部门的服务交付职能及其构成进行解释，并且说明这些内容是如何影响 IT 部门其他职能的[如 IT 技术运营职能和企业架构（EA）实践职能]。

在对服务交付功能进行解释之后，我们会介绍 ITaaS 框架，并且回顾这个框架中所包含的一些基本组成部分、核心战略，以及它们如何为服务转型提供支持。我们也会解释，为什么需要在整个企业的 IT 服务交付框架中贴上"即服务"（as a Service）这个标签，说明 ITaaS 框架中的服务如何创建出一个简化的抽象分层，而且借助这个分层来改善客户的体验。介绍这些内容的目的是为读者提供一个简要的框架，然后在后面的章节中展开深入介绍。

最后，虽然 IT 服务交付框架在理论上可以为我们带来巨大的收益，但是如果现实中各行各业的 IT 部门无法成功套用这个框架，那么它也毫无意义。因此，Cisco ITaaS 框架有一个配套的服务转型项目，这个项目是一个经过实践验证的完整工作流程，它可以指导 IT 部门套用这个框架，同时保证服务转型的成果能够最终得到实现。

2.1 IT 运营模型

在开始介绍 Cisco ITaaS 框架之前，有必要从宏观上了解 IT 运营模型以及 IT 服务交付框架是如何为 IT 部门的其他职能提供帮助的。这样做的目的并不是推荐或者深入解析某种 IT 运营模型，而是希望读者去了解当今运营模型的通用标准。在掌握传统 IT 运营模型之后，思考本书第 1 章中介绍的那些 IT 转型的驱动力与困难。这样就可以进一步理解 ITaaS 框架为什么能够让 IT 部门和企业业务有效实现预期成果，以及这个框架为什么可以给未来支持快速 IT 的运营模型打下坚实的基础。

IT 运营模型是 IT 部门运作方式的逻辑表示。这类模型一般可以给成百上千种功能和流程提供信息化、概括化和图形化的展示方式，而这些功能和流程都是 IT 部门日常工作中的重要组成部分。目前，IT 运营模型的种类不一而足，不同 IT 运营模型的复杂程度有着天壤之别。有些 IT 运营模型只展示部门提供的关键功能，其目的是突出 IT 部门负责人想要强调的那些核心战略与流程。IT 模型中有可能会包含用于资源管控、资源组织、资源管理或者项目生命周期管理的部分。

不过，所有 IT 运营模型都有一些共有的组成部分，这里列出所有 IT 部门都包含的 3 项职能。

- **IT 技术运营**：这一项内容包含了标准、操作和流程，其目的是展示技术平台和架构的日常运营——这些技术平台和架构是实现 IT 服务的前提（包括用于变更控制流程、事件与故障管理的流程）。
- **IT 服务交付**：这一项内容包含了一系列框架、流程和工具，它支持和实现各个技术功能的设计、实现与管理，并以 IT 部门提供服务的方式展现出来。Cisco ITaaS 框架中也包含了测量 IT 服务（针对企业）价值以及针对 IT 服务价值进行沟通的策略。
- **企业架构**：其中包含开发和管理架构模型的标准和方法。这些模型可以说明该技术架构为什么与企业的运作及战略相一致，其中包含了利用该模型来判断投资优先级、制定收购计划和其他战略决策的流程。

图 2-1 显示了与各个职能相关的一些组件、流程和工具。注意，其中有一些项目大家都很了解，也有一些项目（尤其是 IT 服务交付职能）则是由 Cisco ITaaS 框架提出或者重新修订的。

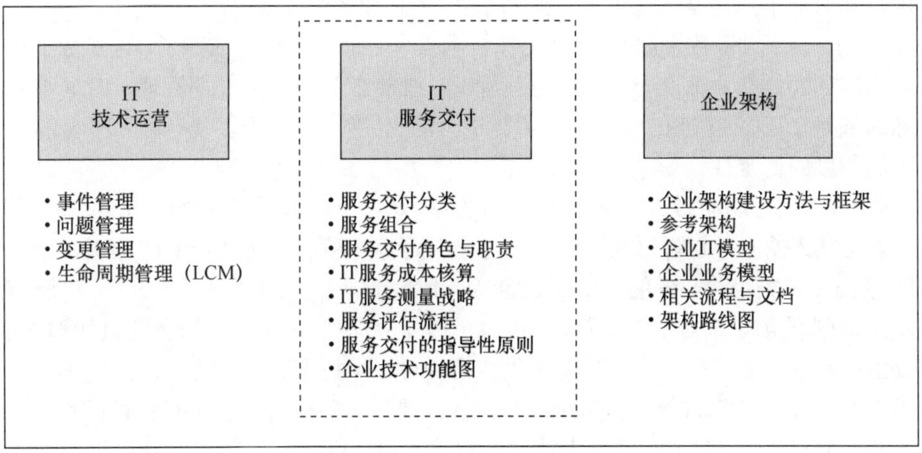

图 2-1　常见的 IT 运营职能

我用这种方法来分类企业 IT 部门的主要职责是有原因的。这种方法可以针对每个领域设立唯一的目标和预期成果，同时也会在这些领域之间划分出一条明确的界限，并且找到它们彼此的逻辑交叉点。但主要原因在于，这样做可以让 IT 部门将重点放在设计和提供 IT 服务的方式上，而不依赖于部门运营技术平台。这一点与当前的很多标准形成鲜明的对比，后者往往会把 IT 运营与 IT 服务交付合并在一个职能当中，称为“IT 服务管理”。

IT 服务管理标准相当流行，很多 IT 从业者对此耳熟能详。这些标准为技术操作引入了很多方法，可以帮助技术从业者来管理复杂的基础设施，同时它们也给 IT 服务交付引申出了一些常见概念（如服务组合与分类），并把基本服务交付的概念引入 IT 领域。设想一下，如果 IT 服务交付是一个 IT 部门中唯一的职能会发生什么情况，我们就可以更好地理解应该如何对设计和交付 IT 服务的传统方法进行改进，并借此解决当今 IT 部门面临的各种困难，为 IT 转型和快速 IT 做好充分的准备。这就是为什么 Cisco ITaaS 框架重新提出了很多 IT 服务设计与交付的传统概念，同时引进了一些全新的战略（如那些旨在针对 IT 服务价值进行测量和沟通的战略）。

在下一部分内容中，我们会对这些 IT 部门运营的主要职能分别进行深入的介绍，同时研究 IT 部门的目的和成果，以及它们如何相互联系和补充来帮助 IT 部门为企业提供更多有价值的功能。最后，本书第 12 章也会从另一个角度解释，为什么必须对这些功能进一步升级，才能让 IT 部门具备成为快速 IT 部门的基础。

2.1.1 IT 技术运营

IT 技术运营职能关注的是，哪些最佳实践、工具和流程可以保障企业技术架构的稳定性与可用性。这个职能可以确保在一个复杂的环境中安全地实现变更，同时又不给这个环境带来任何的影响。此外，它还可以确保在影响已经出现的情况下，事件和故障可以得到有效管理，并且采取一系列的措施来保障未来不会再出现这类影响。换言之，IT 运作模型的这部分工作，重点在于操作和管理技术平台与架构，而这些技术平台与架构正是 IT 服务提供和管理技术功能的基础。

这里要注意的是，企业 IT 部门必须在技术运营方面达到并保持一个高度成熟的水准，这样服务转型才有可能得到落实。简而言之，如果 IT 部门维护的技术平台频繁地出现性能问题或者服务中断，那么这个部门显然就不可能给 IT 服务带来什么业务成果。

幸运的是，当今大多数企业的 IT 部门在技术操作方面已经非常成熟了，这多亏了过去几十年间涌现出来的各类行业标准与案例。这些标准让变更控制、生命周期管理、时间与问题管理这些成熟的战略在很多 IT 部门中变得相当普及，而且当今企业的很多复杂技术平台和架构已经实现了更高程度的稳定性。

*IT 部门技术运营职能的目的是高效地管理和操作各类技术设备，确保 IT 服务所提供的技术功能可以为客户所用，这些功能的性能也能够满足客户所需。*成功实现 IT 运营的成果是，IT 服务、IT 部门和各类企业业务的需求都更容易得到满足。

IT 运营职能的需求来自于 IT 负责人和 IT 服务，尤其是后者，IT 服务会直接传达 IT 客户对功能提出的需求。接下来，这些功能必须转换为对底层技术和设备的操作。理解这一点非常重要，因为在过去，很多 IT 部门都会给 IT 运营设置各式各样的需求，而从真正的客户群体那里得到的却非常有限，并且只把注意力放在运用技术和执行特定平台 SLA 上，这种做法在业界相当常见。在 ITaaS 框架中，服务的负责人和执行主管会组成 IT 负责人的一个扩展共同体，他们会在整个 IT 部门（特别是技术运营职能团队中）推广自己的服务。同样，IT 部门的这个职能团队也需要给服务交付职能团队提供大量的信息，以便对 IT 服务性能进行测评和报告。这些职能之间的高效交流对于服务交付至关重要，这样才能和 IT 客户之间建立信任关系，给提供更受欢迎的快速 IT 战略打下了良好的基础。

2.1.2 IT 服务交付

在 IT 部门中，IT 服务交付职能的主要工作是，在企业中设计、交付和管理 IT 服务。在整个 IT 运营模型中，Cisco 的 ITaaS 框架所关注的就是这个部分。Cisco ITaaS 中并不包括针对技术运营或者企业架构的战略、流程或者工具的建议，但 ITaaS 可以提供大量与这些职能进行互操作和信息交换时应该考虑的因素。

与技术运营不同，很难用一两句话把 IT 部门运营模型中服务交付的意图、目标和成果界定清楚。这是因为虽然我们都很清楚哪些常用工具与服务交付这项工作有关（如服务组合和服务目录），但是很多 IT 部门和 IT 负责人从来都不是很重视这部分内容。然而，如果 IT 部门真的希望自己能够成为值得企业信赖的顾问部门，那么 IT 负责人就必须彻底重新评估 IT 运营模型中的这部分内容。

IT 服务交付的战略最终决定了企业客户是如何看待 IT 部门的。在 IT 部门的 IT 服务交付战略中，包含了与客户群体交互的绝大部分内容。鉴于此，IT 部门中的其他任何职能都不会对客户看待 IT 及其服务的态度产生这么大的影响。服务交付战略可以改善客户的体验，这种战略可以提供一种展示服务价值和提升客户满意度的工具。

服务交付的目的，是指定和管理（那些与企业中端到端交付技术功能相关的）IT 服务，这个团队的目标是不断给 IT 部门和企业业务部门带来价值。

这也就是说，IT 服务交付职责中，包含了主要用来支持服务交付和管理的战略、流程和工具。到目前为止，这表示我们需要开发 IT 服务组合、目录，甚至电子商城的供应与管理。Cisco ITaaS 框架保留了这些元素，但它重新审视了每个元素的意义和价值，并且在某些情况下会对当前的流程和工具应用新的方式。同时，ITaaS 框架还给设计和管理 IT 服务引入了一些新的元素，如 IT 服务分类系统（IT Service Taxonomy）。IT 服务分类系统可以给服务蓝图的战略管理建立一个多层结构，为 IT 负责人提供一套新的战略工具，以便达成预期的成果。

Cisco ITaaS 框架对这个职能的一大贡献在于，它提供了一套完整的战略，来理解服务交付方给企业带来的价值，然后再和客户利益相关人群来沟通和完善对价值的评估。

Cisco 把服务价值定义为“首先判断按照指定性能交付服务所需的总成本，然后乘以这项服务给业务成果带来的价值权重”。从上面这段价值定义中，我们或许能够正确地推断出 ITaaS 框架中所包含的性能策略和服务交付总成本模型，但这个框架中也包含了针对 IT 服务价值进行沟通的策略，这是借助一种叫作服务评估（Service Review）的程序化的正式对话来实现的，而这种对话的过程需要由那些能够理解业务利益相关人群的关注点和优先级顺序的 IT 服务负责人来主持。

虽然 Cisco ITaaS 框架所引入的那些服务价值测量与沟通战略在目前的 IT 部门中还没有得到广泛采用，但现实情况是，如果没有这些战略，IT 服务提供的价值及其为业务成果带来的影响就很值得商榷了，而且 IT 部门或者业务部门也不太可能看到这些价值和成果。其实，这意味着当今很多企业都存在一个战略上的盲点。毕竟，如果不理解这些功能给业务成果带来的价值，那么几乎所有和提供技术功能有关的决策充其量也只能算是一种猜测。这就是为什么 Cisco 认为，如果没有合理的战略，也没有适宜的工具和机制能够促成 IT 与业务之间持续的服务价值沟通，那么这个企业 IT 服务交付的框架就一定是不完整的。

服务交付会与 IT 运营模型中的很多不同组成部分进行交互，包括 IT 部门中的另外两个常见的重要职能，如图 2-2 所示。对于 IT 技术运营职能来说，这种交互信息包括，服务交付把可用性和性能方面的需求提供给他们，并且依靠运营职能提供的重要信息来报告 IT 服务的效果。

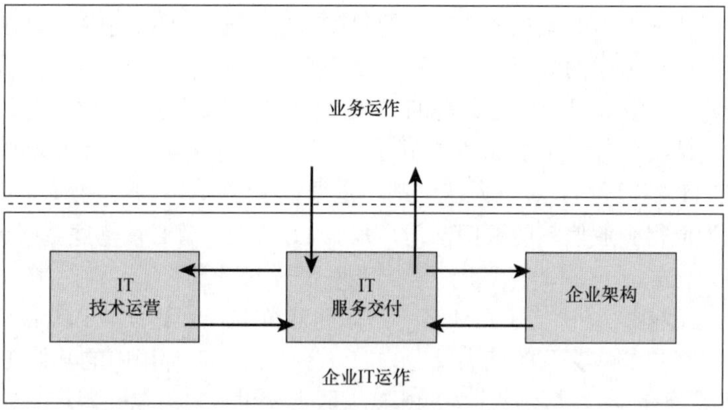

图 2-2 IT 服务交付的交互方式

在 IT 服务的最初设计阶段，企业架构（Enterprise Architecture，EA）实践或许就能提供一些有价值的信息，然后再为引入新的服务功能提供重要的优先级顺序和监管。这可以保证这些功能与企业业务计划保持一致，而且企业中也不存在重复的功能。

从服务交付职能的角度来看，Cisco ITaaS 框架对应的服务转型项目中，包含了开发一个企业技术功能（Enterprise Technical Capability，ETC）映射图，这是服务设计的一项关键输入。ETC（和通过 ETC 得到的服务组合）可以提醒我们 EA 模型的存在，甚至直接链接 EA 模型中的很多元素。在 ETC 中，IT 服务可以在战术层面上对未来的服务功能需求做出规划。在可能的情况下，IT 服务可以迅速对那些能够引入转型功能的机会做出响应。服务交付必须和 EA 实践随时共享这些迅速变化的功能，以确保不会有重复的功能出现。

虽然在 IT 运营模型中，服务交付职能相比其他职能曾经并不是很受重视，有时服务交付甚至会被合并到技术运营中去，但 Cisco 的 ITaaS 框架将这个职能独立出来并给予了很高的优先级，重新审视了现有的元素，并且引入一些新的战略。切记，IT 部门在其运营模型中如何确定与处理服务交付框架的优先级，会在很大程度上决定客户的体验度，也决定了横亘在 IT 部门和企业业务之间的，是难以逾越的藩篱，还是彼此交流的桥梁。

2.1.3 企业架构

快速 IT 需要以一个由架构主导的、端到端的服务部门作为基础。虽然详细讨论企业架构远远超出了本书的范围，但是这对于我们理解企业架构的意义、企业架构与企业 IT 部门服务交付职能的区别以及企业架构为什么可以给服务交付带来提升，具有重要的意义。

建立企业架构这种方法越来越流行，这是因为 IT 部门和企业业务部门的事务优先顺序之间的鸿沟越来越大。企业架构的目的是建立一种实践方法，它可以在技术架构和技术操作之间、技术架构和不断变化的企业战略之间，以及技术架构和企业业务的优先级顺序之间建立联系。

设想一下，我们的面前有一个多层的企业业务三维模型，它类似于一个建筑模型。这个模型的最顶端是企业业务的核心构成元素，比如价值链、产品、企业提供的服务、各类客户、企业所参与的市场，以及企业中的部门资源。该模型也会显示这些元素之间的相互关系。在模型的最底部，是由 IT 部门管理的各类技术架构，在这一层中各种大不相同的技术架构共同组成了一个复杂的系统和平台，来实现某些技术功能（或许其中有些技术功能被打包进了 IT 服务当中）。从这里可以链接下一层中的业务流程，这些流程与主要的功能、操作，甚至业务项目相关联。而最终，这些元素都会链接到模型最顶层的那些元素。

有了这样的模型，我们就会发现，要想给企业业务功能不断提供支持，就一定要建立一个技术架构。可以把建议的业务策略放在模型的业务层当中，让业务和 IT 能够预先确保所需的组件处于对应的层级中，并且在模型的每个部分对业务战略提供支持。这可以进一步帮助企业指定更好的投资规划，确保支持那些与正式业务战略关系最为密切的项目与倡议，只要模型是完整并且准确的，那么这些都可以实现。这是一项复杂的工作，需要 IT 和企业业务部门提供通力配合。

企业架构的目的就是开发和维护这类模型，然后再利用它们来使用所需的技术并执行企业的业务规划。企业架构可以让 IT 部门和业务部门的负责人制定出投资的优先级方案，评估技术平台是否已经就绪，能够给新的业务战略提供支持。高度成熟的企业架构甚至可以用来建立一个预测模型，给企业的并购计划提供支持。

服务架构与企业架构

架构主导的部门可以提升不同业务的灵活度，允许其根据客户群体的需求迅速实现升级改造，但这要求所有服务都遵照总体战略架构路线图的规划。服务架构是企业架构的一部分，但服务架构发挥作用的层级和阶段都与企业架构不同。

如果进行类比的话，它们之间的差距有点类似于城市规划和某个社区（如一个小区或商业中心）规划之间的区别。在城市规划层面对这些单独的社区进行规划和建设，这样做只会阻碍城市变化的脚步，同时也会分散整个城市规划的重点。对各个社区的设计必须与整个城市设计方案相符合，同时也要意识到社区的设计取决于这个城市整体的基础设施建设和扩展。

这一点在企业架构（城市规划）与服务架构（社区规划）中得到了体现。我们的目的是让服务能够随着客户的需求进行升级，同时服务架构也要与企业架构相符，并且按照企业架构设计的投资优先级来完成。这可以让 IT 服务与客户对于数字化和升级改造方面的需求挂钩。同时我们也必须意识到，在服务层面如果变化太快或太多，也可能会导致企业中出现重复的资源，最终与顶层的企业规划、优先级顺序和战略产生严重的分歧。

随着 ITaaS 框架的问世，IT 服务变成了端到端的服务，这可以让企业架构路线图驱动各个服务的升级改造，同时也允许服务架构在与企业架构路线图不产生冲突的前提下按照自己的步调进行升级。本书第 7 章会介绍服务架构的角色，并且进一步讨论这部分内容。这些角色是连通企业架构与服务交付的桥梁，也是与服务负责人在服务功能路线图的开发和管理方面进行合作的基础（关于这一点，本书会在第 5 章中进行介绍），更是每一项服务通过服务架构相互连接来扩展企业架构战略的前提。

Cisco 自身 IT 服务转型的背后

在 Cisco IT 部门向架构主导的方向进行过渡的时候，规则已经制定好了，那就是所有资金都需要架构批准才能推进。但在此之前，Cisco IT 的资金来源都是各个孤立的职能团队。过渡为架构主导的投资规划意味着，整个路线及与这个路线图相关的项目和整批计划都可以得到批准，而不是只能获得一次性的投资。很多 Cisco IT 负责人都曾经多次强调，在拥有了 EA 定义的整批计划和（架构）路线图之后，投资模型才真正开始发挥作用。

这就像一位 Cisco IT 负责人说的那样：“只有你开始投钱了，行为才能开始发生变化”。

2.1.4 功能“即服务（as a Service，aaS）”

读者或许想知道：为什么企业业务的 IT 服务设计与交付框架，必须采用这样一种在各类云平台上经常使用的字眼呢？过去，“即服务”这个概念容易让 ITaaS 的确切含义变得令人混淆。考虑到这一点，我们必须对“aaS”这个概念进行一个简单的介绍，同时解释一下为什么这个标签很适合 Cisco 的服务交付框架。

在过去十年的时间里，“即服务”成为了一个流行的标签。这个概念常见的用法是，把它与那些通过云架构提供的平台和功能联系起来。随着虚拟化技术的兴起和发展，这个概念也变得越来越流行。虚拟化在硬件和软件之间增加了一个抽象层，这个概念消除了历史上软件与硬件之间复杂的依赖关系，让系统的操作变得更加简单了。数据中心和网络技术的发展，以及这些环境的编排与管理解决方案，弥补了当前的虚拟化架构，让大量核心技术功能可以按照之前无法想象的方式实现部署、扩展和管理。

对于那些投资使用（或称消费）这些核心技术功能的客户来说，这让他们的使用体验发生了翻天覆地的变化，因为现在这些功能都可以采用基于订阅或称订购的模式来提供了，而且可以根据客户的需求随时进行扩展，这个模型的好处还远远不止这些。于是，“即服务”成为表示这种全新的共同交付方式的一个专用术语。人们也就自然把这个词和这种技术功能交付方式带来的优势联系了起来。这个术语主要用于以下几种情况。

- 基于订购方式进行访问的技术功能，让技术可以按需进行扩展。
- 只用极短时间就可以快速提供并且交付的功能。
- 基于使用量的成本模型，这个模型可以让客户只为自己使用的功能付费，而开销则可以由更大的用户群体集体承担。
- 大量对于 IT 和客户都有价值的数据和指标，它们可以让用户更加明智地做出决策，更准确地对使用环境进行容量规划。
- 高效使用底层基础设施的资源来提供的各类功能。
- 大大降低管理的难度。

“即服务”相关功能的客户体验也发生了重要的转型。客户现在可以毫不犹豫地迅速访问他们所需要的功能，了解使用这些功能需要支付的成本，并且获取足够的信息来确认他们购买服务的价值。重要的是，“即服务”（aaS）这个流行的概念，暗示了这项功能是通过一种既有益于客户，也有益于服务提供方的方式提供给客户的，同时也强调这项服务改善了客户体验。

Cisco ITaaS 框架的目的是端到端地交付 IT 服务，在提供功能的同时，实现“即服务”模型的简化效果和优势。接下来，我们会介绍 Cisco 的 IT 服务设计方式是如何把重心放在给客户提供所需功能，并且在客户和复杂的 IT 部门之间建立一个抽象简化层的。IT 服务组合作为一个简化层，与用于服务交付的战略以及技术人员对 ITaaS 框架中所含服务的理解联合起来，就能够给客户提供与云服务相同的体验，这个框架由此得名。

2.2 Cisco IT 即服务框架简介

Cisco ITaaS 框架旨在给 IT 部门提供一个经过实践验证的、适用于真实环境的框架，让这些部门可以过渡成为端到端的服务部门（ITaaSO），同时为其提供一系列战略，来了解这些服务给企业业务创造的价值。这个框架的目的是让 IT 部门成为值得企业业务部门信赖的技术顾问，并通过实现一系列机制成为一个有竞争力的“业务中的业务部门”（Business Within a business），同时促使 IT 部门的员工文化发生转型，让 IT 部门为业务成果提供支持，并且提升客户的满意度。

图 2-3 展示了 ITaaS 框架以及这个框架中的核心战略与组成部分。我常常在白板上把这张架构图绘制出来（这个结构是一个由地基和支柱支撑着的建筑）。

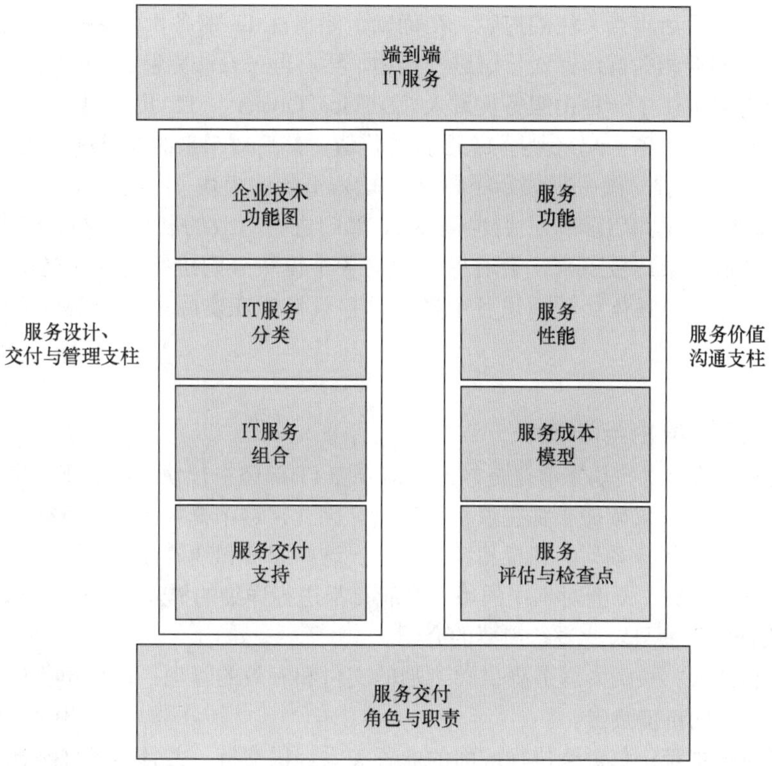

图 2-3 Cisco ITaaS 框架

如图 2-3 所示，服务就是这个框架的顶端，是 IT 部门向客户群体交付技术功能这个框架的塔顶。这些服务可以提升企业的效率，并实现业务成果。虽然人们越来越关注 IT 服务的设计与交付，但对 ITaaS 框架进行介绍时一定要从地基开始。

Cisco 的 ITaaS 框架是建立在人的基础之上的。地基部分建立了一系列的服务交付角色和功能，它们都需要通过企业中那些负责执行服务交付的 IT 专业人士来实现。服务交付角色的目的是对这些人员实行分片问责制，以便提升企业的效率并创造业务价值。同样，这些人员也会负责管理端到端的风险与安全。这种以人员为基础的框架也可以起到转型和维持 IT 部门文化的作用，而 IT 部门员工文化转型正是实现服务转型的价值成果并让这个部门最终过渡到快速 IT 的必备前提。

在地基之上支撑着这个 ITaaS 框架的是两大支柱（核心战略），这两大支柱支撑着 IT 服务交付和这个框架的目标。其中第一根支柱（即服务设计、交付与管理支柱）的作用是（通过企业技术功能映射图和其他工具与流程）确保服务始终与业务需求保持一致；这根支柱还可以通过服务组合的方式以及引入服务分类的概念，来对整个服务蓝图执行战略管理；这根支柱也可以通过服务目录设计这种方式和针对客户门户网站（如企业电商网站）方面给出的建议，来对服务交付和可用性提供指导流程和工具。此外，IT 部门有很多服务都要成为服务感知的操作，该战略也考虑到了这方面的需求。

第二根支柱是 Cisco ITaaS 框架所特有的，它所引入的项目对于从客户的角度来理解 IT 服务的价值，以及不断对该价值进行测量和管理，都具有重要的意义。它还可以确保双方能够针对 IT 服务的价值进行有效的沟通。正如我们在本书第 1 章中谈到的那样，IT 部门会固定地给企业业务带来重要的价值，但它过去一直难以用和客户产生共鸣的方式来证明这些价值，这就是此支柱中各个项目所重点关注的内容。在确立了要重视 IT 服务价值这一点之后，IT 部门应该与高级客户的利益相关群体针对价值进行沟通，然后再去设法完善 IT 服务的价值。因此，这个支柱也建立并且提供了一种由服务负责人（Service Owner）、IT 负责人和业务负责人组成的三方定期会谈模式，大家一起来判断 IT 服务的价值，然后对未来的需求进行规划。

这里值得注意的是，图中只展示了框架中较为重要的模块，同时这个框架中也包含了大量支持性的战略、流程和工具，它们也需要 IT 部门进行有效的利用，这样 IT 部门才能实现 ITaaS 框架的价值成果。接下来，会对框架中的各个模块分别进行说明（提供一个仅供参考的概述）。此后几章将具体展开阐述各个模块，并且针对在实际工作中采纳这些模块提供一些最佳实践。

2.2.1　服务交付角色与职责

ITaaS 框架能够实现的基本前提是，人员需要在 IT 部门中行使自己的职责来交付和管理有价值的服务，而不能仅仅依赖于那些流程和工具。因此，这个框架定义了下列服务交付角色，其中每个角色都包含了一系列的职责和绩效标准，这些职责和绩效标准分别对应到 ITaaS 框架的不同方面。本书的第 7 章会对其中的每一个职责都进行详细的描述，同时分析如何给 IT 部门确定最佳的人选。下面只对此进行简要的介绍。

- **服务负责人：**负责为服务提供端到端的交付和有效的管理；这个角色只对服务给企业业务带来的价值负责。
- **服务执行主管：**负责给执行层面的业务关系提供支持，并且提供战略视角、规划，同时给一系列相关的 IT 服务指定战略。他们还负责根据 CIO 或者客户利益相关方的指示，来推动整个服务组达到目标成果，这是这个角色的绩效标准。
- **服务架构师：**负责一项服务或者一个服务组的端到端架构，与服务负责人共同确保服务架构与企业架构、企业规划、服务战略开发计划相吻合。这个角色按照服务负责人的指示来实现系统的服务功能。
- **服务产品经理：**有时也称为服务经理，负责通过某个服务特定方面的战术操作来支持服务负责人，这些操作往往与服务产品有关。这个角色需要服从服务负责人的指示，同时对服务的成果负责。

在这里应该注意这些角色与正式工作职位之间的区别。虽然它们很容易混为一谈，但我们可以把工作职位看成是与个人在企业中的责任、个人和企业的利益一致性，以及与个人薪酬结构相关的一个术语。这个概念和“角色”是有区别的，“角色”是从工作职责中抽象出来的结果，它指一组逻辑任务和职责的组合。这也就是说，一份工作可以扮演多个角色，而不同工作分配的资源也可以满足某个相同的角色。因此，我们可以灵活地选择最好的资源来履行服务交付角色的职责。这种区分方式有助于让 ITaaS 框架被任何 IT 机构套用，而无论其组织结构的形式是什么样的。此外，利用它也可以在不影响服务交付职能的情况下对 IT 部门进行重组。

还有一个重要的概念，那就是服务的所有权，这与管理和操作各类资产/人员来保障服务交付的职责没有关系。服务负责人与其他服务交付角色都应该鼓励应用程序负责人、系统管理员和技术支持团队来确保这些服务功能的需求能够不间断地得到实现。这种方式的成功之处在于，它需要整个 IT 部门都意识到服务交付团队的请求有多么重要，并且根据这些请求来调整事务的优先级。

ITaaS 框架定义的角色之一——服务负责人在服务交付过程中扮演着至关重要的角色，负责与业务的利益相关人群之间建立相互的信任关系。服务负责人负责服务组合中定义的每一项服务，他们应该在各个方面扮演这些服务的总经理或者 CEO 的角色，确保服务能够为客户群体带来价值，并且有效地运行。服务负责人有责任去理解业务客户的目标和优先级，同时也要明确业务成果，以及支撑服务技术功能的底层流程。服务负责人还负责在各个技术领域和各个 IT 团队中代表并且保障 IT 部门客户的需求。随着时间的推移，他们也会领导转型的启动与推进。服务负责人需要利用框架中的“服务价值沟通”这根支柱，来带领资深 IT 人士和业务负责人对服务进行评估，并且最终在面对企业业务时充当转型 IT 部门的“颜面”。

2.2.2 IT 服务

服务显然在整个服务交付框架中处于塔尖的位置,它们就是这些地基和支柱所支持的对象。在考虑服务交付的时候，IT 部门一定要理解服务对于客户体验的影响，以及采用 ITaaS 框架为什么可以从根本上改善客户的体验。ITaaS 框架的核心目的就是，以 IT 服务作为客户与团队、流程和预算周期使用各项功能及复杂技术提供的服务之间的抽象层。在向端到端的服务部门过渡时，客户可以通过服务以及与这些服务相关的服务交付团队来参与这个过程，但客户的参与不体现在服务背后的那个 IT 部门的某些元素中。换句话说，在 ITaaS 框架中指定一项服务，可以给 IT 部门创建一个前沿阵地，让其实现对客户体验的集中化管理和改善。

可以想象一下客户是如何与 IT 服务进行交互的。当今 IT 部门是可以理解服务这个概念的，但他们很少把服务当成 IT 运营模型中的一个正式或者重要的组成部分。不同企业的 IT 部门对于这个词的使用也是大不相同，但 IT 部门往往会把这个词和一个技术领域，或者企业的电子商城中可以购买到的某种具体功能紧紧地联系在一起。这表示当今 IT 部门提供的很多功能都不会在 IT 服务中体现出来，而且这些服务主要关注的是技术，而不是技术平台实现的功能。因此，这会让某些客户群体（如依赖某些技术功能才能实现运作的业务团队）必须向多个 IT 团队和技术人员多次强调自己对功能的需求，如图 2-4 所示。

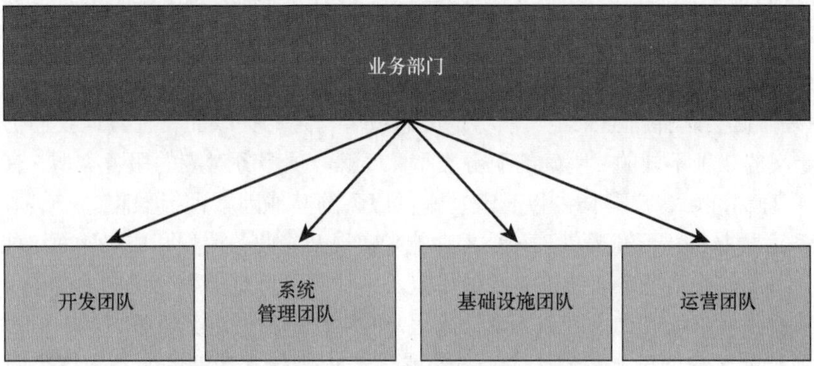

图 2-4 客户与 IT 部门进行互动的传统方式

这种方式的一大问题在于，各个为客户提供功能的 IT 团队，很少会一起针对客户的需求进行沟通。其实，几乎没有 IT 团队会像关注底层技术那样关注他们提供给客户的功能。不仅如此，每个 IT 团队都在处理客户利益相关群提出的请求，而他们对这些请求做出的反馈就是强调实现这些请求，这让他们在技术、流程和预算上面临大量的挑战。于是，客户体验其实就是令其参与了大量让人头昏眼花却又基本于事无补的会议。

ITaaS 框架的目的是改善客户的体验，以及 IT 部门与客户进行交互的方式，让 IT 部门可以轻松实现他们的需求。首先，这个框架把一套逻辑技术功能捆绑到 IT 服务中，然后让人们关注这项服务带来的价值，并且对于服务性能和服务总体成本拥有全面的认识。接下来，这个框架可以让服务负责人理解业务部门的运营，保证服务负责人能够不断与客户群体进行互动，同时了解谁负责 IT 部门之间的沟通，以确保客户的需求能够得到满足。服务关注的是提供功能，而不是技术平台的操作，它会给客户提供一个单一的接口，管理客户对服务价值的观感，并且让客户不去关注 IT 部门的复杂流程。这个概念具体如图 2-5 所示。

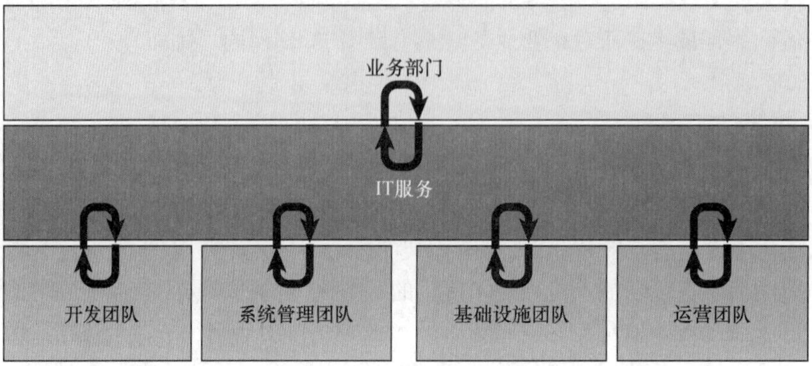

图 2-5　以 IT 服务作为上层

上述这些概念会在本书的第 4 章进行深入介绍。在这里要注意，这些例子都是指让客户针对功能的需求与服务负责人，乃至整个 IT 部门进行交流。请求技术支持或者订购某一项功能，这些操作仍然可能需要通过相关 IT 客户的网站来完成，接下来对应的团队才会开始给服务负责人提供关于这些请求的详细信息。这里的关键是，要理解 ITaaS 框架的地基和支柱是如何让我们有机会彻底改变客户体验的——为什么在客户与复杂的 IT 部门之间添加一个简化的抽象层就可以改善客户的体验。这是一个 IT 部门向成为企业业务部门可靠的顾问迈出的第一步。

在本书第 4 章中，ITaaS 框架会对很多 IT 从业者自认为已经结束的讨论重新进行审视，这个讨论就是我们应该如何定义 IT 服务？重要的是，必须准确地考虑哪些条件可以满足我们对一项 IT 服务的定义？一项服务都需要具备哪些特征？我们对服务的定义以及服务的特征如何用于更广泛的目标？

虽然一些团队会选择自己来定义服务的概念或者与之相关联的特征，但我们仍然应该理解 ITaaS 框架定义的 3 种不同的、明确的服务类型。理解一项服务对应的服务类型，有助于我们对设计方案、管理标准、客户群体，以及成功提供服务的其他因素进行预测。

- **业务运营服务：**旨在提供某种技术功能来实现某些业务流程和成果，而这些业务流程和成果具备这个行业或者这家企业的特点，往往只有特定类型的机构才会使用这类服务。所有提供业务线（如生产或者设计流程）的操作都属于这类服务。
- **企业终端客户服务：**给整个企业的终端客户提供技术功能的服务，这类服务实现的功能往往可以应用于绝大多数企业和行业当中。那些提升工作效率和协作能力的服务就属于这种类型（如给企业提供电子邮件或者视频会议服务）。
- **技术基础服务：**支撑核心技术功能，间接为其他 ITaaS 服务提供支持，这类服务往往可以应用于绝大多数企业和行业当中。提供数据存储和云应用托管功能的服务就属于这种类型。

另一项重要的考量因素是 ITaaS 框架对于服务之间关系的认可，这种关系是通过一个被称为服务链（Service Chain）的概念建立起来的。每项服务都专注于提供一系列的功能，同时也有可能利用其他服务来实现自己的功能。只要 IT 服务在利用其他 IT 服务提供的技术功能，就建立起了一条服务链。在 ITaaS 框架中，我们往往会看到两层或者三层的服务链。比如，有一项业务运营服务提供了很多功能，这些功能是通过与服务直接相关的一组应用来实现的，它们给这个行业提供了很多重要的业务流程。然而，这些应用需要安装在一台设备上，系统使用的数据都在可用性、备份和安全性方面存在严格的要求。服务负责人会从很多技术基础服务中使用这些功能，而不会尝试在服务中管理这些功能，如图 2-6 所示。

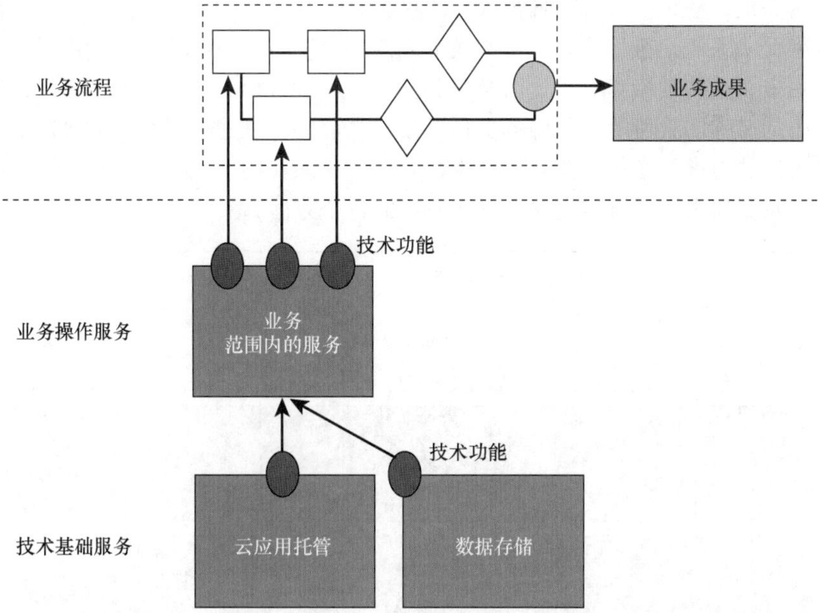

图 2-6 服务关系

这是服务交付框架中的一个核心概念。服务链可以为我们针对服务交付的总成本创建一个准确的模型打下坚实的基础，甚至可以用来在性能指标之间建立联系以实现对服务的改进。服务链在不同服务之间建立明确的依存关系，而不是只显示出仅聚焦技术的、竖井化的孤立形态。

1. 服务设计、交付与管理

顾名思义，服务设计、交付与管理都是为了确定 IT 部门要交付的服务是什么，如何把这些服务提供给客户以及如何在各个层面将这些服务更好地组织起来。成功建立起 ITaaS 框架的这根支柱，不但可以确保企业 IT 服务与企业的需求保持一致，而且也可以给服务负责人、资深 IT 负责人甚至 CIO，提供一套 IT 部门的战略管理工具。

在这个战略中，团队会开发出一个 IT 服务交付分类系统，该系统的作用是给整个服务交付功能建立一套层级，并且对每一层分别进行定义，其目的是对服务格局进行战略管理。在人类历史中，我们一直在用分层来简化定义、组织和管理复杂概念的方法，这里所说的概念从军事到物种科学分类不一而足。当今 IT 部门提供的技术功能范围极大，如果不给服务交付框架定义一套服务分类系统，就很难有效地管理这些功能。

我们也可以使用服务分类系统，让服务交付框架的关键组件（如各类服务交付角色）能够相互保持一致，同时建立服务功能，允许服务交付团队更加轻松地管理各个服务。服务分类系统的各层以及每层之间的联系，可以让 IT 部门对于服务的感受更加深刻，让他们的视角从某些孤立的技术转向更加广袤的领域，包括整个企业需要什么样的服务以及分类系统的不同层级之间如何相互关联。因此，建立服务分类系统，并且认真考虑 IT 部门定义

IT 服务的方式，这两者都是工作中的重要步骤，这两个步骤一定要在服务转型项目的早期阶段完成。

在图 2-7 中，Cisco 的 ITaaS 框架包含了一个参考分类系统，这个服务分类系统适用于绝大多数 IT 部门。如图所示，服务代表了这个分类系统中的关键层；服务之上的那些层级支持对服务进行分类和汇总，因此 IT 部门可以对服务蓝图执行战略管理；服务之下的那些层级则可以给服务交付团队提供一些组织和管理各个服务的机制。

虽然参考分类系统已被证明是大多数企业理想的解决方案，但 IT 部门最终采用的服务分类系统应该反映出企业的规模和需求，以及服务交付的底层目标。在某些情况下，改变参考分类系统中某一层的名称，就可能会让服务交付框架与之前的计划建立联系，同时能够更加积极地支持对部门的领导力进行变革。在第 4 章中，我们会深入介绍 IT 服务分类系统，以及 IT 部门应该在何时以及如何去考虑自定义参考分类系统的各个方面。

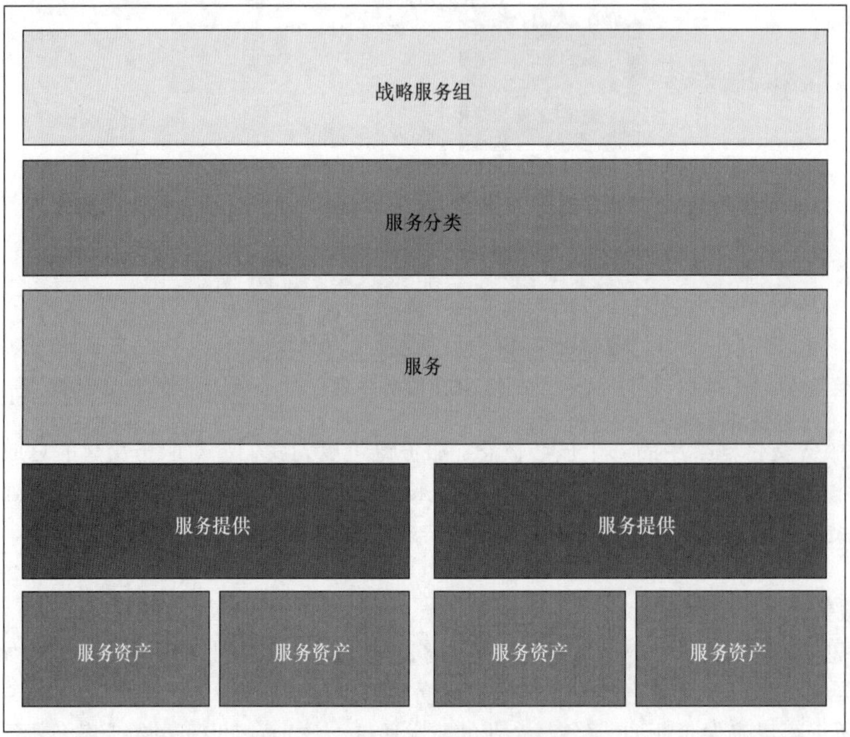

图 2-7 Cisco 参考分类系统

在开始设计服务之前，IT 转型团队必须得到另外一些重要的信息才能对业务运营服务的设计提供支持。切记，这些服务类型的作用是启用各种业务流程。这也就是说，要想指定服务，各个团队需要理解企业中对于流程的技术功能需求都有哪些。创建企业技术功能映射图的目的是把这些需求记录下来，这类工具将技术功能的需求、当前使用的资产与业务流程联系起来，最终映射到客户期望实现的业务成果。这类信息对于合理地设计业务运营类服务可谓至关重要，同时也可以让服务负责人更加清晰地理解服务所提供的技术功能为什么可以对业务成果造成影响。

大多数 IT 部门都可以利用从 EA 实践中获得的信息，甚至从企业 BU 中获取的业务流程信息来加速服务交付的进程。在某些情况下，这些信息可以帮我们重新验证和更新团队中当前的智力资源。如果信息不足，则可以利用 Cisco ITaaS 框架这个模板来开发出相同类型的信息，然后再把这些信息用于 EA 实践或者企业 BU 以获取更多的价值。要注意的是，这里的主要目的是更好地设计业务运营服务，ETC 映射可以给 IT 部门创造大量重要的价值契机。ETC 映射流程以及它的作用会在本书的第 5 章进行深入介绍。

在拥有了这些重要的元素和信息源之后，IT 转型团队就可以设计服务，以便满足企业端到端的各种需求。设计的结果是生成 IT 服务组合，这个服务组合是 IT 服务交付框架的中心。由于服务组合在框架中相当于“心脏”，因此它的健康状况对整个企业的 IT 服务交付效率都是至关重要的。如果服务组合过小，那么这个框架就很有可能难以为继——它无法为 IT 部门客户的需求提供支持；如果服务组合过大，那么 IT 服务交付功能自身的操作和管理就有可能会停止，导致企业的运营也同样陷入停滞。ITaaS 框架的服务组合设计方法并不是平面化地罗列出那些不相关的服务，它要利用分类模型来对服务进行分类和汇总，从而实现在组织的不同层面对服务环境进行战略性的管理。在本书第 6 章中，我们还会深入探讨设计 IT 服务组合和长期管理策略。

ITaaS 框架的这些支柱也会考虑如何把技术功能最终提供给客户使用。让服务交付功能发挥作用的一个重要方面在于，确保 IT 部门所使用的很多流程和工具都是有能力感知服务的，这样做的目的是维护 IT 操作与服务之间的映射关系。每当客户通过公司的在线商城提交请求或要求支持某项功能的时候，IT 负责人都需要了解这些请求对应的是哪项服务。我们也必须把当前经常出现的大量变体考虑在内，因为客户往往希望通过这些变体来请求技术功能。

曾几何时，IT 服务与支持的企业在线商城和入口就代表了客户的全部期许。但时至今日，客户的期望中还包含了业务 App 商城、配置门户等。本书第 11 章会探讨一种新方法来指定 IT 服务目录，这种方法可以在未来更好地为大量客户请求门户提供支持，同时还能端到端地维护所有重要的服务映射。

2. 服务价值沟通

要想把 IT 部门的角色转型成一位可靠的顾问，那就必须采用一系列战略来测量服务价值，并且针对服务价值进行沟通。IT 部门必须能够评估 IT 服务对业务成果的影响。它还必须对服务为企业创造的价值拥有一个初步的了解，然后再和客户利益相关群体通力合作，来对服务的价值进行完善。这个概念是 Cisco ITaaS 框架中的优先待办事项，该框架中与这个支柱有关的那些模块都可以帮助 IT 部门来成功地测量和沟通服务价值，并且让服务价值随着时间的推进而不断进行改善。

测量服务价值的第一步是理解如何更好地定义“价值”。我们首先确定，Cisco 的 ITaaS 框架把“服务价值”定义为了“在所需性能级别提供一项服务所需要的总开销”，同时将这个开销与它们对业务成果造成的影响进行加权。这样的框架为我们提供了一系列的目标模块来度量服务值，比如功能、性能和成本。

要了解服务价值，我们需要考虑的最后一个要素是，这个服务价值必须是可以理解的，同时它还要和购买该服务的客户相关。换句话说，在一项有效的服务价值战略中，不能仅仅包含对客户没有任何意义的技术指标，以及需要一个用数小时的时间才能理解的、复杂的成本报告。相反，我们的目标是制定一个能够与客户群产生共鸣的服务价值信息度量，这种初步价值观是正式沟通战略中的一个组成部分，我们可以在必要时对它进行调整。但最终，服务交付团队、IT 负责人和业务负责人之间应该就服务为企业提供的价值这一点上达成一致意见。接下来，服务交付团队会继续和业务线，以及其他客户群体之间建立更加强大、广泛的关系，利用从这些关系中收集的信息来进一步提高服务价值的认可度。

随着时间的推移，服务价值沟通战略可以改变企业业务部门对于 IT 服务交付部门的成见，进而改变其对 IT 部门的成见。表 2-1 着重介绍了，在建立了有效的服务价值沟通战略之后，人们对 IT 部门的观感是如何发生变化的。

表 2-1 采用 ITaaS 之前与之后的观点

进行 ITaaS 转型之前，业务与 IT 的关系	进行 ITaaS 转型之后，业务与 IT 的关系
IT 被视为是一个“接订单的”部门，会带来沉重的负担	IT 被视为一个积极的、值得信任的顾问
IT 和业务部门在目标和事务优先级上都不相同	IT 服务交付团队理解客户群体的目标和事务优先级，在整个 IT 部门提倡并推动业务成果的产出
IT 和业务部门之间的交流不在一个频道上	IT 服务交付团队能清晰地说明并展示 IT 服务是如何影响业务活动的
IT 部门总是想方设法给高额服务的报价找理由，让业务部门的负责人觉得不满	IT 能展示一个易于理解的描述技术功能开销的成本模型

为了实现业务部门对于 IT 部门看法的转变，我们要在以下三方——IT 服务负责人、IT 负责人和高级客户利益相关方——之间展开正式的服务评估工作，通过有关价值的沟通策略，对服务交付和服务价值的所有关键方面进行评估，并对未来的服务需求进行规划。这种方法从根本上改变了当今很多 IT 部门中 IT 服务规划的执行方式，很多客户利益相关方认为，IT 部门在制定重大服务规划决策时并没有考虑过他们的意见。图 2-8 说明了如何评估服务价值，以及在 ITaaS 框架内完成未来规划的转型。

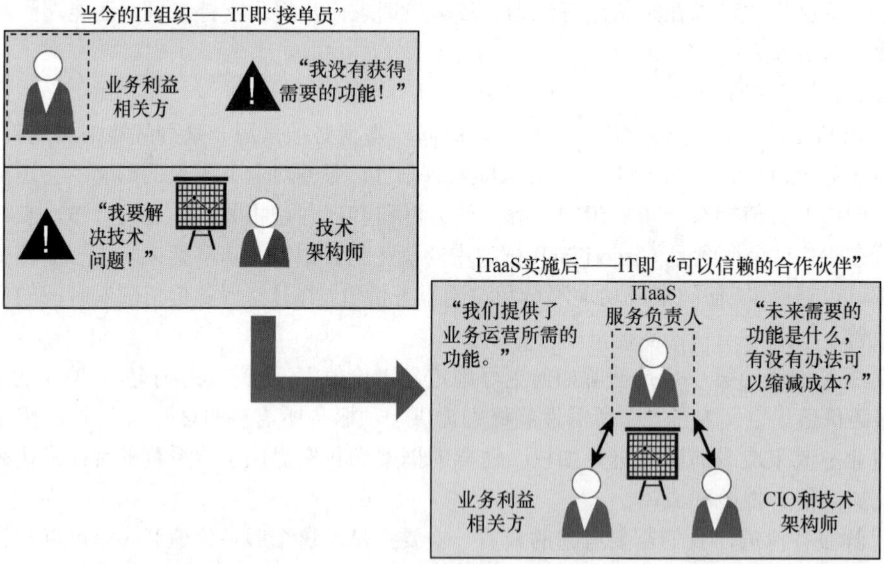

图 2-8 转型到三方服务评估

需要注意的是，客户利益相关方会因服务类型而异。由于企业终端客户服务负责为整个企业提供技术功能，因此 CIO 或高级 IT 负责人通常代表广泛的利益相关方群体。但在讨论关键决策时，整个企业的高层领导仍然会参与其中。对于服务负责人来说，针对技术基础类型服务的评估可能特别烦琐，因为他们的客户由资深的 IT 负责人构成，这些 IT 负责人也是管理其他服务的服务负责人，而这些服务又可能依赖于其他技术基础类服务提供的功能。三方服务评估工作主要涉及业务运营服务，其中服务负责人和高级 IT 负责人（可能包括 CIO）将与高级业务负责人进行会谈。对于这些服务类型，服务评估工作可以充当 IT 部门和业务团队之间的桥梁。图 2-9 说明了服务价值沟通策略如何与服务交付策略并行，以便让这些利益相关方参与进来。

第 10 章提供了有关沟通 IT 服务价值的策略，以及构建成功的服务评估工作的完整详细信息。它还探讨了随着时间的推移如何让这些服务评估不断发展，以继续增强对话的价值，并培养它们之间的关系。

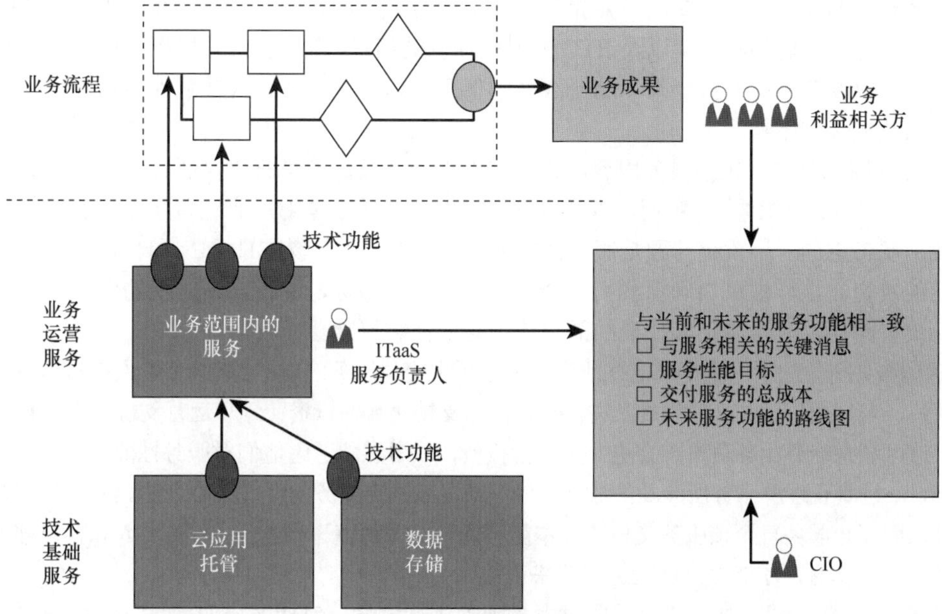

图 2-9 服务评估策略示例

为了让 IT 服务价值的初始视图符合服务评估的要求，服务负责人必须了解有助于客户价值感知的所有要素，并且要从服务交付的技术功能集开始进行评估。服务负责人还必须了解随着时间的推移，这些功能要求会有何变化。服务评估包括联合开发服务功能路线图，这些路线图不是大多数 IT 专业人员所熟悉的技术资产设计时间表或者生命周期路线图，而是反映了服务能力变化的多季度滚动视图。我们会在第 5 章中进一步详细介绍，目标是说明何时停止、扩展或引入功能，并确认高级利益相关方提出的变更和时间表。

了解服务的性能是确定其价值的关键。ITaaS 框架的服务性能策略分为两个关键步骤。在第一步中，服务负责人会把所有适用的指标聚合成一系列战略性服务指标类别，这些类别与业务负责人熟悉的概念相吻合，具体如下。

- **质量**：全面衡量服务的运营性能，以及它所提供的技术功能的有效性和可用性。
- **影响力**：衡量技术功能的规模和利用率。
- **速度**：针对服务已经交付的技术功能，衡量客户请求的响应时间，以及开发和引入功能并实现目标采用率的时间。
- **风险**：衡量持续交付技术功能的总体风险，并确保服务交付持续管理与 IT 部门、企业业务运营相关的风险。
- **客户体验**：从使用技术功能的客户利益相关方的角度来检查服务的各个方面。

这个策略能够支持服务性能的沟通，在这一过程中，我们会以非技术利益相关方熟悉的概念，而不是通过一组令人生畏的技术指标开始进行对话。如果需要的话，仍可以针对特定关键绩效指标（KPI）、技术指标和数据点（Data Point）进行评估。但是，由于这些内容与客户利益相关方所熟悉的类别和概念保持一致性，因此现在这样做比以前更加容易。

使用这些服务性能类别的另一个关键优势是，它们可以建立完整且全面的服务性能视图。这样就能够迫使 IT 负责人和业务负责人针对服务性能中他们之前从未考虑或优先考虑的方面进行考量，并了解一个类别的更改如何影响其他类别。

服务性能战略的下一步是将特定指标与其对业务成果的影响关联在一起。需要记住的是，根据与其服务相关联的功能集以及 ETC 映射中提供的信息，服务负责人可以全面地了解其服务启用的流程以及带来的业务成果。这一级别的信息可以让服务负责人理解性能指标，并将其转换为对业务成果的影响。

服务性能战略中还包括很多内容，比如仪表板的开发、趋势的重要性、基准（Benchmark）和基线（Baseline）的建立与利用，以及 KPI 的优先级。第 8 章对所有这些主题进行了扩展，但现在我们要考虑的一个关键问题是服务性能要求的确定，这应该是 IT 部门和客户利益相关方共同做出的决定。这样做可以确保我们不会过度设置性能目标，并消耗不必要的资源；或者对性能目标设置不足，无法满足客户群的需求或使企业面临风险。

理解服务价值的下一步是确定在所需性能水平上交付服务的成本。高级负责人在对这些成本有所了解后，可以更好地与 IT 负责人进行合作，来支持明智的投资计划和运营支出管理。在某些情况下，这可能意味着业务负责人会进一步支持投资，或者重新考虑他们对服务性能的要求。在其他情况下，一旦真正理解服务所涉及的成本，他们就可以确定服务的价值不能证明企业业务成本的合理性，从而停止服务直至该服务交付的成本能够低于某个阈值。只有当 IT 负责人和客户都了解交付服务的总成本时，才能做出这些类型的决策。

需要注意的是，IT 财务部门需要对大量因素进行考量，包括区分 IT 预算视图、成本类型，以及每项 IT 服务对成本建模带来的影响。第 9 章详细介绍了这些内容。我们的目标是了解成本建模的关键原则和注意事项。

ITaaS 框架的服务成本建模战略会建立 IT 预算的并行视图，并在其中把成本要素分配给每项服务，而不会替换或覆盖 IT 预算的现有视图。

为了对服务交付的总成本进行建模，ITaaS 框架再次采用两步策略。在第一步中，会把全部的 IT 预算分配给服务。这些成本被指定为“业务运行”（Run the Business，RtB）成本或“业务变更”（Change the Business，CtB）成本，它们共同代表直接服务成本。

RtB 成本代表在期望性能水平上交付功能所需的日常成本，这些成本通常代表服务总拥有成本（Total Cost of Ownership，TCO）模型中最重要的成本块。因此，它们会得到 IT 和业务利益相关方的极大关注，从而使服务负责人将大量精力投入到理解、优化和减少与此成本块相关的众多成本要素上。想要理解并开始关注如何降低运行成本，需要采用 Cisco ITaaS 框架所提供的另一个有价值的功能，因为这些成本虽然在 IT 预算中占有很大一部分，但只能通过基于服务的 IT 预算视图进行优化。

CtB 成本代表了用来提高服务性能、扩展或转换现有功能，以及引入新功能的投资，其中还包括为降低 RtB 成本而进行的投资。随着时间的推移，要对这些成本进行单独统计并记录其趋势，用来评估对已批准投资的影响，这也是服务负责人的一项重要职责。

在成本建模策略的第二步中，任何服务所提供的技术功能，如果会由另一项 IT 服务作为服务链的一部分所消耗，那么我们就要为这样的服务开发一个基于消耗的成本链式化流程。这些流程对于每项服务来说都是独一无二的，并且通常会随着时间的推移而优化。开发这些流程的一个关键考量因素是，服务负责人不需要将与它链接的服务的直接成本完全计入，而只需要那些能够代表它们所需功能消耗的成本。这一点非常重要，因为它能够确保服务成本不会被过分夸大，只因为运行在大规模架构上的服务会用这个方法把本属于自己的成本刨除出去。当一项服务收到这些成本时，它们代表间接服务成本。成本链和间接服务成本对于了解交付服务的总成本至关重要。

这 3 个成本模块——直接服务成本（包括 RtB 和 CtB）以及所有适用的间接服务成本——代表了服务的总拥有成本模型。通过把成本分摊给这 3 个模块，服务负责人以及 IT 和业务负责人可以确定服务为企业所创造的价值，并参考交付服务的成本做出明智的决策，从而进一步提升价值。

2.2.3 Cisco 服务转型项目简介

只有能够被现实中不同规模和不同行业的 IT 部门成功采用，IT 服务交付框架才有价值。概念化的框架在遇到具体 IT 部门提出的各种各样的挑战时，往往会失去大量的理论价值。

成熟的服务转型项目对 Cisco ITaaS 框架做出了补充，该项目可以指导 IT 部门定制和采用 ITaaS 框架，将其付诸实践并实现其价值成果。这也是 Cisco 服务团队遵循的计划，该团队会定期与 Cisco 客户合作，以指导服务转型工作。该计划从一开始就强调变革领导力，我们应该尽早并经常与业务利益相关方展开合作。该计划始于发现和设计阶段，这个阶段的重点是了解当前 IT 和业务一致性方面的差距，完善服务交付的一系列指导原则，最后设计出能够解决这些问题的 IT 服务交付的未来目标模型。

Cisco 的服务转型项目如图 2-10 所示，一般来说，要想完成该项目的各个阶段和工作流程，需要 12~24 个月的时间。

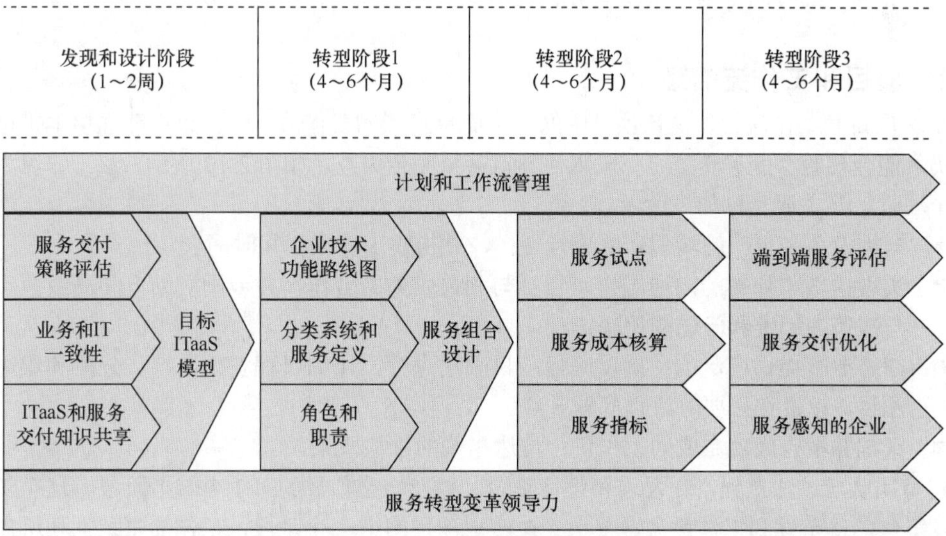

图 2-10 Cisco 的服务转型项目

在每个阶段中包含的时间、精力、复杂性、工作流和工作包，在不同的企业之间差异很大，具体取决于业务运营的规模和复杂性、现有关键信息和工件的可用性、曾经为服务交付做出的工作及其与 Cisco ITaaS 框架的一致性，以及众多其他因素。我从经验中学到的是，领导这些项目远远不同于领导技术项目，因为存在办公室政治（重要参与者对于转型的抵制）

和很多其他挑战，所以必须加以控制才能实现预期的结果。可以把服务转型视为一个恰好包含了很多复杂科学项目的大型艺术项目，但要始终记住的是，该项目已在越来越多的 IT 部门中成功部署了。

Cisco 服务转型项目的关键是它专注于提供增量服务。Cisco 对 IT 转型团队的指导意见是，在转型项目的早期阶段就要对重要的价值成果进行展示，然后在整个转型的不同阶段中始终展示相应成果。考虑到这一点，后面的每一节都详细介绍了转型项目，并简要介绍了可以实现的价值成果。

转型项目并没有过多地规定在每个阶段和工作包中执行工作的团队和资源的组成。除了一些特别建议的场景需要 IT 执行主管和高级负责人参与以外，其他工作由核心 IT 转型团队负责。该团队通常由现有的企业 IT 服务管理团队和 EA 实践人员组成，但也可能包括来自 IT 职能部门（以及可能的各种业务团队）的参与者；它还应该包括负责计划和项目管理的专业人员。第 3 章强调了在覆盖范围更广的 IT 转型团队中变革领导力的职能，以及负责制定和推动相关战略的 IT 转型团队内部人员的重要性。必要时应该与重要的利益相关方和主题专家合作——比如，在 IT 服务成本核算的工作流程中应该与 IT 财务团队合作。

为了确保在预期的时间范围内实现价值成果，IT 负责人还应考虑在第三方的支持下扩充这些 IT 转型团队。Cisco 服务团队配备了模板库、标准流程、领导力变革材料和其他智能资本；相关的顾问经验丰富，通常掌握了客户行业和运营方面的知识他们还可以在更广泛的 Cisco 服务团队中调用大量人员，甚至可以让 Cisco IT 负责人直接与当前已经在利用该框架的团队分享经验并进行指导。Cisco 服务并不是使用一个小型顾问团队，让其专注于创建与服务交付相关的可交付成果，而是让 2~3 名顾问融入整个 IT 部门并对服务转型工作进行指导，同时专注于培养整个部门成功运用 ITaaS 框架的能力。Cisco 服务团队深厚的应对经验和智能资本能够使 IT 负责人确保在期望的时间范围内实现服务转型的价值成果。

2.2.4 项目和工作流治理

虽然项目和工作流管理是该项目中的一个简单直接的工作流，但如果不能谨慎地推进，该阶段仍可能会使整个服务转型工作陷入停滞，甚至完全失败。如图 2-10 所示，该工作流程贯穿了整个项目，其主要目标如下所示。

- 与涉及范围更广的转型团队进行合作，并构建工作流程和时间表。
- 实现内部和外部的沟通工作，包括与利益相关方合作，并鼓励赞助方和高级负责人参与决策的制定和问题的解决。
- 在必要时提供广泛的支持以确保项目顺利进行，比如日程安排支持、分配和跟进任务项目，以及在必要时进行问题升级。
- 跟踪并报告成功完成的工作包，传达相关的价值成果。

转型团队应该注意到，在发现和设计阶段，以及转型项目的第 1 个转型阶段，这个工作流所涉及工作的复杂性和工作量通常很小。在转型项目的第 2 个阶段，工作的复杂性和所需精力显著增加，因为项目管理团队必须调节各个工作包之间的合作和安排，使服务试点成为测试基础和关键资源，用来反馈其他工作包中设计结果的有效性。随着越来越多的小型团队积极地构建大量支持工具、记录流程和自动化服务交付活动，第 3 阶段进一步扩大了潜在的复杂性和工作量，所有这些工作都必须与更广泛的转型计划和时间表保持一致。

在这一工作流程中，强大的资源有助于大大缩短时间表。举一个常见的例子，转型项目中的很多阶段都需要由 CIO 或其他高级 IT 负责人进行审核和签署。他们的日程表可能连续几周都排满了，这会拖延整个工作包。还要考虑到，虽然 IT 转型团队完全致力于该项目，但 IT 部门中那些并不完全致力于该项目的利益相关方，也需要参与很多关键且高效的工作包，这导致有助于完成任务项目的工作和会议安排的延迟。与所有大型企业项目一样，我们要选择并赋予强大的资源来支持这项工作，保证其能够按照预期在预算内完成项目并实现计划的价值成果。

2.2.5 服务转型变革领导力

服务转型变革领导力是一个对转型项目至关重要的工作流，我们会使用一个章节对其进行专门的讨论。第 3 章的内容为通过变革领导力来支持成功的服务转型工作提供了强有力的指导，因此本节主要讨论对强大而全面的变革领导力的需求，并介绍转型项目从“发现和设计”阶段开始，迅速增长的工作内容。

在“发现和设计”阶段中，变革领导团队需要积极参与服务转型指导原则的开发、完善和最终采用，之后应该立即开始制定一系列不同的价值主张信息。此时，这些团队可以提供关键支持以便尽快制定工作简介和初始信息，让团队能够对会谈提供指导，从而实现对“业务与 IT 一致性”工作包的支持。他们还可以利用 ITaaS 知识共享工作包，来建立初始的知识内容档案存储库和流程。需要注意的是，随着项目的进展，这些存档的内容和资源访问量将会不断增长。

在完成“发现和设计”阶段中的 ITaaS 框架和价值信息的传递这一目标之后，变革领导团队会开发出一组初始内容，以传达 CIO 和高级 IT 负责人对于转型服务的重要性和支持态度。这些可以从事先按“电梯游说法则”准备好的内容开始，让转型团队使用到海报、讲义和其他宣传材料，对即将到来的转型工作提供更广泛的支持。在此期间，我们也要针对第 1 阶段工作包的详细信息进行捕获和保存，并推动实现长期的宣传教育。

在转型工作的第 2 阶段，要求变革领导团队开始向核心转型团队之外传递相关的消息，重点是为成功的试点服务和首次服务评估提供支持。团队需要为服务负责人制定入门材料，并支持知识内容的开发，这些知识内容正是从 IT 服务的性能和成本工作包中抽取出来的。

转型项目的最后阶段会使用到变革领导团队迄今为止在整个 IT 部门以及企业业务部门付出的所有成果。转型团队还需要为未来的 IT 专业人员建立培训模块，确保与服务转型相关的目的、价值和信息，以及它所影响的文化，在转型工作本身完成后仍然存续。

2.2.6 发现和设计阶段

在转型项目的“发现和设计”阶段，会根据 ITaaS 框架的原则来评估现有的服务交付策略对于当前 IT 和企业业务带来的影响，并开始把更深入的 ITaaS 框架知识介绍给重要的利益相关方。它还为整个组织未来的 IT 服务交付创建了一套指导原则。这个阶段的主要成果是构建了 IT 服务交付的未来目标模型，包括关键功能、价值主张以及包含计划转型阶段的范围和工作在内的详细视图。

IT 服务交付的指导原则塑造了框架，并为 IT 部门的未来文化奠定了基调。它是 IT 服务交付的基础，可以指导所有未来的设计决策和实施工作，对于 IT 负责人来说，这是一个“绝对正确的方向”。ITaaS 框架以一组参考原则开始（见表 2-2），鼓励每个 IT 部门自己定制这些原则，并最终从 CIO 和所有高级 IT 负责人处获得签名。

表 2-2 IT 服务交付的指导原则

类 别	指导原则
成功景象	IT 部门将会成为端到端服务组织或 ITaaSO IT 服务交付优先考虑的是业务价值和客户满意度 IT 部门将代表其客户推动价值，其不仅仅是“服务经纪人” IT 部门将被作为具有竞争力和高效率的业务部门进行管理
变革领导力	需要变革领导力来确保企业采用新的服务交付框架，并继续为 IT 和业务提供价值 推动变革的责任由 IT 负责人和相关组织共同承担，而不仅限于变革领导团队 服务转型工作必须得到 CIO，以及 IT 和业务负责人的认可和支持 要清楚地记录和传达价值主张 首要任务是转变“IT 文化”，这需要变革领导职能的持续支持
服务角色和职责	服务交付角色是为了支持服务交付的功能和价值成果而明确定义的人员行为 角色基于支持服务交付的工作，而不是组织结构进行定义 CIO 对服务管理和性能负有最终责任 服务负责人是负责提供服务及其为企业带来的最终价值、客户满意度，并管理服务运营的唯一角色
服务设计、一致性和管理	IT 服务分类系统旨在对 IT 服务进行聚合和分类，以实现服务蓝图的战略性管理 服务侧重于关注它们所支持的流程和结果，而不是技术，它们的定义反映了所提供的功能，并且与使用者而非 IT 人员产生共鸣
服务功能	服务会交付具有相关性能水平和成本的功能 服务会保持功能与当前/未来的业务运营，以及随时间而变化的客户需求的一致性 随着时间的推移，服务架构师对 IT 服务与业务战略的一致性负责
服务性能测量指标	服务性能战略衡量的是服务交付的功能，而不是用于提供它们的技术平台的运营 服务性能旨在围绕技术功能，并基于事实对业务成果的预期影响效果做出决策 所有服务指标都会被分配一个目标和基准 所有服务共享服务指标类别，但会根据服务类型对分组到每个类别的数据点进行自定义和区分
服务成本	将 IT 支出分摊到所有 IT 服务 交付 IT 服务的总成本是完全透明的 设计易于建模和理解的透明 IT 服务交付总成本视图，其重要性高于全部成本分摊的准确性 服务的 TCO 由在所需性能水平上提供技术能力的所有累计成本组成

2.2.7 转型阶段 1

有了对基于目标 ITaaS 的服务交付框架的清晰认识，以及一套指导未来的元素设计工作的原则，转型团队现在可以开始认真研究服务转型，以成为端到端的服务组织。在这个阶段所做的设计决策，对于转型项目的长期成功具有不容低估的重要性和长期影响。转型团队必须在各种 IT 和业务利益设计方案的评估工作中取得平衡，以确保这个模型可以在整个企业中端到端地工作，同时还要避免“过度分析”或评估提案的串行化，因为这会导致永无止境的反馈和改变循环。第 3 章会详细讨论这些风险和消除风险的最佳实践。除了 ITaaS 模型的基本组成部分之外，还有一个与此阶段转型相关的重要战略价值成果，即与技术功能交付完全一致的 IT 服务组合，这些技术功能都是企业业务运营所需的，并能够推动利润的最大化。要想创建服务组合，需要在这个阶段的第一个工作包的输出工作上投入较大精力并谨慎决策。

团队首先会构建将在第 5 章中详述的企业技术功能映射图。这个宝贵的工具有助于保持业务运营类型服务的一致性，它是了解服务对业务成果的影响的关键因素，同时也能够为 IT 部门创造很多其他价值机会。

与此同时，转型团队会审核并最终确定服务交付分类系统。ITaaS 框架中包含一个参考分类系统，虽然不需要对其进行大量的设计变更（并且承担风险），但应仔细评估它，因为可以通过细微的优化，找出更好的机会使其与组织目标保持一致。转型团队还应仔细考虑分类系统层次结构中每个级别的名称、描述和定义，以确保成果能够与组织相一致，并为 CIO 和高级 IT 负责人提供适当级别的服务组合战略管理。对分类系统中每个组成部分的明确定义（主要关注服务的定义）是变革领导团队的关键输入，它还可以对服务组合草案的质量提供保证。

与分类系统的工作密切相关的是，转型团队最终还确定了一组 IT 服务交付角色和职责。根据公司的规模和其他因素，有可能不需要 ITaaS 框架中的一些角色，至少在最初阶段是这样。小型企业中通常不需要服务执行主管和服务产品经理等角色，这些（如果需要的话）可以以后再引入。然而重要的是，虽然角色可能会发生变化，但 ITaaS 框架中确定的职责必须全部被考虑在内，即使它们是由一个角色承担的。转型团队还会指定每个角色与服务分类系统对应的关系——比如把服务执行主管与分类系统中的战略服务组级别相对应。

借助 IT 服务交付框架中的这些基础组件，转型团队现在可以开始设计 IT 服务组合了。第 6 章中介绍了如何基于最佳实践来设计端到端的产品组合。在开发的关键阶段，最接近客户的团队以及支持这些技术的团队会对服务组合中的各个部分进行评估。

2.2.8 转型阶段 2

转型项目的第 2 阶段代表转型团队的工作从“理论”转变到“实践”。团队开始构建服务价值的沟通战略（第 2 个 ITaaS 支柱），并将其付诸实践。在这之后，他们可以在 IT 转型团队之外启动 IT 部门文化转型的第一步。

在设计并实施服务性能和成本建模策略的同时，IT 部门和转型团队还可以启动一系列服务试点工作，并首次进行 IT 服务评估。这个过程包括选择和培训有史以来第一批 IT 服务负责人，然后在试点服务工作中对他们提供支持和授权，包括最初的扩展服务以及与相关客户群的沟通。仅仅谨慎选择这些服务负责人是不够的，之前的 Cisco ITaaS 框架是建立在人员基础之上的，在这个阶段选择的试点服务负责人会作为 IT 文化转型的第一个管理者，为所有未来的服务负责人和其他服务交付角色树立榜样。

在高级 IT 负责人的支持下，转型团队也应该仔细选择要试用的实际服务。试点服务还应该展示出不同的服务类型，以便在所有类型的服务中真正地测试并改进服务交付框架的策略和要素。

这个服务试点工作包经常令负责人非常焦虑，毕竟他们可能刚刚开始研究 IT 服务成本和测量指标，很多 IT 资深人士认为这是 IT 服务中的一个重要组成部分。现实情况是，用于衡量 IT 服务性能和 IT 服务建模成本的这些复杂策略和相关流程的设计，无法在理论真空中成功完成，也无法在所有服务类型中得到全面的测试。第 2 阶段的 3 个工作包会在彼此之间创建反馈循环路径，其中试点服务会在其他工作包中充当设计决策的“测试平台”，向转型团队提供重要的反馈信息。项目管理工作流可以在适当的时间把这些工作包联系起来并发挥重要作用，因为服务负责人能够及时了解自己的职责和初始服务，并参与性能测试和成本核算策略的初始设计决策。

2.2.9 转型阶段 3

转型项目的最后阶段引入了服务组合中定义的所有 IT 服务，并力求全面优化已完成的 ITaaS 框架。到第 3 阶段结束时，所有 IT 服务都会处于活动状态，并与它们为企业业务所提供的价值相关联。

第 3 阶段也是 IT 部门文化中极其重要和范围广泛的转变，因为在第 3 阶段初期会看到越来越多的 IT 专业人员成为服务负责人，并使用新的关注点来创造业务价值和提升客户满意度。到第 3 阶段结束时，几乎每个 IT 部门成员，甚至那些只关注纯技术支持工作的成员，都应该了解到他们的 IT 部门现在是一个端到端的服务组织，并专注于通过服务交付工作来实现业务成果的高效运作。

这个阶段需要创建很多额外的工具和流程，来帮助优化 IT 服务的长期交付。Cisco 设计的 IT 服务目录最佳实践可以用来确保企业快速启动成功的企业电子商城、区域和专业电子商城、业务 App 商城和自助配置门户，同时它还可以用来维护服务的映射关系。除了这些之外，这个阶段还会最终确定并发布用于服务交付框架的长期管理流程。如果之前尚未引入其他服务角色，如服务执行主管和服务架构师，则会在这个阶段引入。

这个阶段通常会实现服务交付模型的进一步优化，因为企业 IT 部门的所有其他方面都已经变为“服务感知”的了。资产数据库、变更管理数据库（CMDB）、支持服务台的开单系统，以及任何支持整个企业业务需求的流程都需要具备服务感知，以便把信息映射到服务。

最后，还可以通过自动化来进一步优化 IT 服务性能和成本建模策略，取代效率低下的服务价值手工证明，并允许服务交付团队积极监控和管理相关的价值和客户体验。

2.3 总结

IT 运营模型概述性地展示了 IT 部门的运营及其关键功能。虽然这些模型可能会有所不同，但所有 IT 部门都有一组共享的主要功能。

- **IT 技术运营**：这一项内容中包含了标准、操作和流程，其目的是展示技术平台和架构的日常操作方法，包括变更控制、事件与问题管理流程。
- **IT 服务交付**：这一项内容中包含了一系列框架、流程和工具，通过 IT 部门提供的服务，可以支持和实现各个技术功能的设计、实现与管理。Cisco ITaaS 框架中还包含了测量 IT 服务（针对企业）价值并针对该价值进行沟通的战略。
- **企业架构**：这一项内容中包含了开发和管理架构模型的标准和方法。这些模型可以说明该技术架构为什么与企业的运作/战略相一致，其中包含了利用该模型来判断投资优先级、制定收购计划和其他战略决策的流程。

Cisco 的 ITaaS 框架是企业 IT 服务交付的典范，旨在为企业内端到端的 IT 服务提供“aaS（即服务）”的交付方式。该框架建立在人员的基础之上，定义了一系列服务交付角色，这些角色由人员实现，这些人员采用的文化是优先为企业创造价值和提升客户满意度。在这之后，框架会由两个关键战略或支柱进行支持。服务设计、交付和管理战略会重新审视历史上 IT 服务管理的实践，创建技术功能需求映射图，并将其作为服务设计的关键输入信息，引入服务分类模型，以实现服务蓝图的战略管理。IT 服务价值沟通战略是 Cisco ITaaS 框架所独有的，侧重于衡量和沟通，然后完善 IT 服务和高级利益相关方合作交付的价值视图。这个支柱中还包括对服务交付总成本进行建模的策略，同时还要建立能够与客户群达成一致的服务性能视图。

ITaaS 框架会利用服务作为抽象层，这个抽象层位于 IT 客户与用于交付服务的复杂技术架构、团队、流程和预算之间。这种方法改变了客户体验，为 IT 服务带来了很多好处，这些好处通常与“即服务”交付模型和使用模型相关联。

Cisco 的服务转型项目提供了一种经过验证的方法，可以针对特定行业和企业定制 ITaaS 框架，并成功地把生成的框架付诸实践。该项目从一开始就强调变革领导力，尽早并经常与业务利益相关方进行合作，逐步为 IT 部门和企业业务提供服务。

第3章

变革领导力并确保转型成功

Cisco 的服务转型项目需要依靠强大的变革领导力计划，才能通过采用 Cisco ITaaS 框架成功获得相关的价值结果，并过渡成为端到端服务组织。在确保广泛采用 ITaaS 框架方面，变革领导力发挥着关键作用，并且在项目的最后阶段完成后，它还会继续为 IT 部门和企业业务创造价值。变革领导力还在发起并促进整个 IT 部门的文化转变方面发挥着重要作用，它致力于通过服务和客户满意度来实现业务价值。

一些 IT 负责人和团队可能会忽视或边缘化转型计划的这一功能，从而无法从高级人员或权威方面获得适当的支持。毕竟，在没有使用正式的变革领导力之前，有些 IT 部门可能已经成功开展了多年的大规模计划。然而，这些计划的成功都没有依赖于从根本上改变的组织文化。只有在整个服务转型项目中，变革领导力提供的强大、稳健和一致的优先权才能支持 IT 部门实现这一目标。

在提出具体的建议之前，我要说明的是，变革领导力和变革管理是一个庞大而多样化的专业领域技能，为此我们创造了大量宝贵的资料，无数专业人士致力于在他们的职业生涯中做出贡献。本章的目标不是详细介绍这个广泛的知识领域，而是分享在一系列成功服务转型工作中用到的原则、策略和最佳实践。

首先，要考虑变革领导职能以及 IT 转型团队中的人员如何为它提供支持。之后，我们会为服务转型制造一系列关键的成功因素，并指导转型团队从 IT 领导团队中的每一个人那里获得支持。我们将服务转型项目中的变革领导力活动作为一套总体策略，并针对每种策略提出具体的建议，这些策略会根据具体情况而有所不同，有一部分还致力于详细介绍端到端服务组织的理想未来文化。最后，我们会根据实际经验分享一套针对服务转型项目本身的最佳实践，来指导管理和执行工作，以确保转型工作能够成功。

3.1 建立变革领导团队

重要的是要理解，把变革领导力作为服务转型项目的广泛且重要的功能，与负责制定推动变革战略的核心变革领导团队之间的区别。IT 转型和 IT 领导团队需要共同承担变革领导力的责任，随着时间的推移，要引入服务交付角色和更广泛的 IT 专业人员社区，直到最终整个 IT

部门都可以发挥积极的作用。认为变革领导力是一小组人员的责任，意味着我们会面临很高的失败风险。

每当提到变革领导团队时，我们指的是 IT 转型团队中的一小组人员，他们会启动并掌握总体的变革战略、开发支持材料以及随时监控变更。这个团队会为逐渐庞大的（实现变革的）团体带来影响力。

一般而言，企业的 IT 部门应该确定其职级内的候选人，并考虑在更广泛的企业范围中进行招聘，甚至考虑资助外部人员来履行应由变革领导领域的高级专业人员组成的少数角色。从这时开始，变革领导团队通常会由核心转型团队中的一小部分人员组成，这些人员会把全部或部分时间用来支持变革领导力工作流和相关的工作。与转型团队类似的是，变革领导团队的总体规模取决于企业的规模和复杂程度，甚至可能需要在整个转型计划中进行变化。

3.2 识别服务转型的关键成功因素

变革领导团队所做的第一项主要工作是确保在启动服务转型项目之前，IT 部门的负责人确认并支持成功转型的条件。通过与 IT 领导团队一起审查一系列 CSF（关键成功因素）并获得他们的支持，来完成这项任务。大规模 IT 转型团队还需要评估并理解这些成功因素，在制定各种设计决策以及在转型项目中执行特定工作包时，遵守这些因素。这些关键的成功因素如下所示。

- 获得行政支持。
- 捍卫 IT 的新文化。
- 与业务相关方合作。
- 确保完整/端到端的 IT 服务交付转型。
- 使用自上而下/业务优先的服务设计方法。
- 认可一个集中式的转型权威机构。

关于这些关键成功因素，变革领导团队的首要目标实质上是要向 IT 领导团队（包括 CIO）提供清晰的理解，以及在转型项目的整个生命周期中对每个团队提供支持。如果转型团队或 IT 部门的最高级负责人忽视了其中哪怕一个成功因素，那么转型计划就不会完全成功。我们要把这些视为成功的服务转型工作最基本和无可置疑的要求。

转型计划依赖于这些关键成功因素的支持，并且一旦启动就不会停止。如果在转型项目的整个生命周期中无法支持每项成功因素所需要求的话，即使是最有才华的转型团队也会在服务转型项目的关键时刻陷入困境。变革领导团队需要确保在所有转型阶段对关键成功因素提供持续的支持，同时随着项目的进展扩大支持的受众。

要想完成这些关键的成功因素，需要变革领导团队开发一套可以传达所有细节和潜在影响的材料。在很大程度上，可以通过以下部分来构建这些材料，这些部分详细描述了每个成功因素，并提供了主动利用和忽略这些成功关键因素的 IT 部门的实际示例。我们还要考虑到，这些成功因素的呈现可以使 IT 领导团队树立信心，即新成立的 IT 转型团队会对服务转型的工作和承诺有深刻的理解，并且能够实现价值成果。IT 转型团队、CIO 和高级 IT 负责人必须理解并认同的是，如果没有承诺在服务转型项目的整个生命周期中支持这些关键的成功因素，则服务转型无法提供第 1 章中描述的价值成果。

3.2.1 行政支持

真正的服务转型工作会导致IT部门中的每个部分都发生深远的变化，并影响整个企业业务部门和IT客户使用（或称“消费”）技术功能的方式，以及IT服务的接口。考虑到这种影响的程度，企业CIO会深入参与服务转型工作。实际上，成功的服务转型是，由CIO来指导并支持整个IT部门和更广泛的企业业务转型工作的服务转型项目。

转型和变革领导团队的优势在于，由于第1章中讨论的快速IT组织的驱动力以及潜在机会都在不断增长，因此很多企业的CIO已经意识到并积极地针对服务转型项目进行了考量。在此情况下，他们可能会支持，甚至负责启动服务转型项目，这让现阶段的变革领导团队工作变得更加简单。在大多数情况下，团队可以简单地总结并最终确定CIO对其余关键成功因素的支持。如果CIO没有主动对服务转型工作提供支持，那么转型团队可能会被要求通过投资委员会或类似方式的倡议提案流程，向CIO和高级负责人提交ITaaS框架和服务转型项目。无论如何，在获得行政支持之前，转型团队不应该继续进行转型项目。

行政支持的具体类型多种多样，其中最基本的是CIO对服务转型项目做出支持和承诺声明，在项目的整个生命周期中由变革领导团队对其进行利用。虽然只提供了有限的支持，但这种明确的支持承诺对于某些团队来说可能也难以获得。然而，与此示例相反的是，企业CIO亲自支持整个组织的IT服务交付转型，采取措施宣布服务转型项目的启动，并通过各种论坛定期更新成功的进展和案例，其中包括组织机构的全体会议。在这些情况下，CIO对该计划的支持在整个IT部门中都是不言而喻的，并且可以快速实现可能需要长期艰苦奋斗的变革领导力战略，这些战略的重点是在有抵触情绪的团队中传播服务转型项目。其他可能的支持方式则包括来自CIO的支持，CIO随后把部分员工分配为专门的联系人。

那么，为什么CIO的支持对于成功的服务转型如此重要呢？因为他会带来很多影响。首先，CIO会为ITaaS转型工作进行授权。考虑到这一点，IT部门中的最高权威机构需要明确声明：“我们要改变提供IT服务的方式，从而使我们的组织成为端到端的服务组织，我期待组织中的每个成员都能够与引领转型项目的团队进行合作，我也会全力支持转型项目。”请注意，后面的变革领导力战略内容中包含了在各种组织范围的会议期间，CIO或高级IT负责人发布 此类公告的建议。

转型团队最终会面临巨大的阻力，这种阻力不仅来自他们自己的IT部门，也可能来自外部团队。对于关键成功因素的这种授权/签署和支持，能够赋予转型团队一个权威徽章或各种“通行证”，这可以让转型团队在转型的几乎整个生命周期中，领导和主持与内外利益相关者的沟通。

随着IT转型团队开始与越来越多的IT团队和业务团队进行合作，这项任务传达了IT部门内最高权威机构明确支持的态度，转型团队在任何特定时刻取得了进展，都能促进他们对转型工作的支持。拥有这种授权的转型团队通常可以期待与其他团队进行协作，这些团队遇到的阻力可以得到缩减，然后转型团队和IT或业务团队可以通过建设性的方式来解决剩余问题。

有了专门的行政支持，还可以鼓励整个组织的IT负责人及其团队在现有的时间表中腾出时间，为变革团队的工作提供高效的支持。即使在最佳场景中，端到端服务转型也是一项复杂的计划，对IT服务的设计、交付和运营方式挑战了很多根深蒂固的概念。如果没有CIO的公开支持，这些不同的团队很可能会抵制提议的变更，而不是提供建设性的指导，这些团队的投入和指导对于帮助转型团队塑造ITaaS框架的关键组成部分至关重要。

行政支持的目的是确保让整个IT部门了解到，服务转型项目是由CIO亲自倡导的计划。这可以使团队灵活地投入时间为转型团队提供有价值的支持，同时也标志着更大的变革领导力战略中的第一次重大胜利，并以此凝聚更大范围的 IT 部门来支持服务转型工作。

一位 ITaaS 顾问的日记摘要

我亲眼看到（并尽我所能以各种方式支持）很多企业 IT 团队在没有高级 IT 负责人和 CIO 全力支持的情况下，尝试完成端到端的服务转型。在这些情况下，领导这些计划的团队发现，他们的工作经常会由于 IT 团队和业务团队的不支持或不参与而受到影响，导致时间表被推移，即使是简单的任务也会增加复杂性和工作量，从而极大地限制了特定活动或工作包的潜在价值成果。最终，由于各种无用功以及无法展示的重要价值成果，这些计划最终被关闭。

我甚至发现有一些企业几乎每年都会重复这些失败的服务转型尝试。在此过程中，团队可能会改变计划的基本方法和范围，但由于始终没有获得 CIO 的明确支持，而导致了又一次失败的服务转型尝试。这种企业的团队最大的可能性是获得战术上的胜利，更新现有组件或引入 ITaaS 框架的新组件，并实现一些价值成果。但他们从未真正进行端到端转型，从而产生我们在第 1 章中讨论过的价值成果。

另一方面，我还与一些企业客户进行合作，其中 CIO 个人对服务转型有兴趣，并且在支持整个 IT 部门以及组织外部向企业业务线和业务单位的高级负责人转型的工作中发挥了积极的作用。在这些情景中，我经常目睹下述努力。

- 在整个 IT 部门中，人们认为 ITaaS 转型团队是直接由 CIO 授权的战略计划，而不是一个临时的项目团队，该团队试图把对项目团队之外的组织缺乏战略意义的战术性、自我强制性的活动结合起来。
- IT 团队积极主动地投入时间并表达意见来支持转型工作，而不是忽略转型团队的请求。
- IT 团队发现了潜在的问题，然后与转型团队进行建设性的合作，以确定在 ITaaS 框架内解决这些问题，而不是把这些潜在的挑战当作不合作的理由。
- IT 团队通过及时回复和详细跟进来积极加快时间表，而不是通过“只要时间允许”的心态来处理转型团队的行动项目，从而导致重复制定计划里程碑和时间表。

我还没有遇到下面这样的客户企业：在这个企业中，CIO 亲自主持转型工作，但这种转型没有实现这样的价值成果——把 IT 部门运营为一个有竞争力的业务部门，使其被企业业务部门当作可信赖的合作伙伴。

作为最后的考量，需要记住的是，CIO 的支持应该基于其对 ITaaS 框架、价值主张，以及剩余关键成功因素的理解。至关重要的是，大型核心转型团队中的变革领导团队应该随时准备在执行层面上建立并分享对这些概念的清晰理解。如果没有 CIO 的明确支持以及对这些关键成功因素的承诺，那么转型团队和变革领导团队应该开始问自己一个问题——是否有必要启动 ITaaS 转型项目以及它的重要程度有多大。虽然通过行政级别来支持服务转型工作，并不能确保它的成功，但是在没有行政支持的情况下启动服务转换计划，一定会失败。

3.2.2 捍卫 IT 新文化

要想实现服务转型的价值成果，必须转变 IT 部门本身的文化，如果没有 CIO 和高级 IT 负责人的持续支持，就无法实现这一目标。在没有大范围执行文化变革的情况下，采用 ITaaS 框架只是花费大量精力来构建一个可能永远不会被充分利用的框架。下面会详细介绍新文化应该是什么样的，我们可以用此来评估当前的文化，然后为文化变革提供理想的战略。此时，变革领导团队必须传达文化变革的需求，并在启动更广泛的转型项目之前获得 CIO 和高级 IT 负责人的坚定支持。

实现IT部门文化的转变并非易事。几乎每个IT部门都会面临某种程度的阻力，阻力可能发生在组织中的任何层面上，并且可能有多种形式。实现这种文化转变的唯一途径是组织中资深的负责人要承认文化变革的必要性，并且从一开始就对其提供支持。

3.2.3 与业务相关方合作

如果在框架设计期间没有实际与业务相关方进行合作，那么就不可能实现服务交付框架，并且该框架也不能够使IT部门成为业务的可信赖顾问。虽然这听起来是常识，但很多IT部门尝试进行服务转型时，都会尽一切可能不与业务相关方进行合作，在某些情况下甚至也不会与其他IT部门进行合作，直到工作的完成。考虑一下这个问题：服务组合如何反映服务是否准确，即在整个企业中交付所有端到端技术功能要求的服务，而无须从利用这些功能来操作和执行业务流程的团队那里直接收集输入信息？IT部门如何从客户角度来评估IT服务提供的价值，而无须从依赖底层技术能力来完成当天工作的客户那里去了解？

IT负责人必须明白的是，IT和业务之间有关服务价值的对话并非像下面这样发生：凭空在IT部门内创建了服务交付框架的转型团队，然后在一夜之间突然开始与业务负责人进行全面和高度完善的对话，其中包括技术功能对于业务成果的影响。要想实现真正具有建设性的对话状态，需要IT部门与业务部门在转型项目的所有阶段中进行深入的合作。转型团队需要在转型工作的多个阶段征求业务团队的意见和反馈信息，同时有效地在多个业务团队中，对不完善的服务评估进行试验，每个业务团队都有自己的优先级、关注点和合作风格偏好，还要收集每个人的批评反馈信息。

换句话说，转型团队需要让业务客户参与到最初并不完善的解决方案中，来测试并找出改进的机会。在发现高级IT负责人对这一关键成功因素的支持有所犹豫时，变革领导团队不应该感到惊讶。

为了获得对这一关键成功因素的支持，变革领导团队应该表现出自己的关注点，即确保业务团队能够持续积极地参与。他们应该用一种有效且明确的方式与IT负责人进行沟通，以便成功地参与业务，并培养自身对服务转型的支持和期望。

为了实现服务转型的价值成果，IT部门必须与其业务客户进行互动。高级IT负责人必须支持这种级别的业务参与，但为了赢得这种支持，变革领导团队必须明确的是，要确保这些早期参与工作的成功。

一位ITaaS顾问的日记摘要

我有机会在服务转型项目中与企业客户一起工作并见证了诸多努力，包括那些在转型期间与业务部门密切合作的情况，以及那些选择在IT部门内完成整个设计的情况。更糟糕的是，有些人试图完全在IT服务管理团队内部设计服务交付框架的主要部分。

在一个这类案例中，CIO实现了业务团队的参与，他向业务主管们表达了IT部门的转型愿望，即提供IT服务来更多地关注实现业务成果。然后，这些业务负责人指示各自的团队在需要时为IT转型团队提供支持。这意味着服务交付框架是从最初阶段就开始形成的，并利用了整个企业的关键输入信息和指导。由此产生的框架中的每个组成部分都能够获得“业务支持”，包括从服务组合到特定服务性能战略的方方面面。试点服务评估工作可以从不完善的试验阶段快速发展为良好的形式，以便围绕IT服务对企业业务的当前和未来价值进行直接对话。

与此相比，一位客户多年以来的大部分设计来自 IT 服务管理团队，他们在有限的时间内，从 IT 部门内部团队中征求反馈信息。当高级负责人要求这个团队与一些业务客户分享他们的工作时，问题出现了。结果是这些业务客户完全不了解这个 IT 服务管理团队以何种方式改变了团队使用技术功能的方式，更不用说实现业务团队所期望的任何价值成果。“看起来没有什么新鲜东西”的这种感觉转变为疑惑，因为业务团队无法识别出任何新定义的服务，继而针对这些服务的交付方法提出了一个又一个问题，而 IT 团队无法给出答案。然后这件事很快被遗忘，并且服务管理团队一直以来的所有努力也被遗忘，之后不久整个项目就被悄然放弃了。

3.2.4 自上而下/业务优先的服务设计

在采用 Cisco 的 ITaaS 框架时，ITaaS 转型团队仅仅与业务部门合作是不够的，他们必须从业务部门开始工作。由 Cisco 的 ITaaS 框架和服务转型项目产生的 IT 服务交付框架，应该与企业业务所需的技术功能交付完全一致。ITaaS 框架的服务设计方法会从“业务运营服务”类型开始来逐步实现这一结果，其余的服务类别则只有当需要其中的某项服务所交付的功能来支持这些顶级服务时才会被创建。服务不应该仅仅因为当前的 IT 基础架构、人员或成本的存在而被创建。如果它们无法映射到任何需求，则不会指定服务。

通过利用这种方法，几乎当今的每个企业的 IT 部门都可以确定优化组织的多种方式，通常的做法是在完成服务自上而下的开发后，重新调整服务中未包含的资源池、基础架构和投资。企业的 IT 部门不但会遗留大量没有与服务相匹配的 IT 资源，而且通过与服务进行匹配，大多数都可以实现成本的节省和效率的提高。

需要注意的是，大多数 IT 部门不但不遵循自上而下或业务优先的服务设计进程，而且实际上是从下到上或从 IT 部门内部进行服务设计工作。我们可以假设这种方法通常需要在与 IT 外部客户进行合作之前，先在内部优化服务交付策略。但是与优化的初衷相反，现在存在的每个 IT 资产、人员或成本元素都被神奇地隐藏在一些服务中，从而导致服务及其资产和人员的膨胀，并且无法与实现业务成果达成真正的一致性。如果 IT 部门希望确保其基础架构、人员和资产得到优化，并且与支持业务成果的服务保持合理的关联，那么实现此目标的方法是采用自上而下的服务设计方法。

3.2.5 完整/端到端的 IT 服务转型

ITaaS 框架和服务转型的价值只有在成为端到端的服务组织后才能实现，这也意味着只在组织的部分运营中指定服务，限制甚至完全阻止了巨大的价值潜力。如果只实施框架中的一部分，IT 部门不但会丧失实现最具影响力的价值成果的机会，而且还需要大量的返工，以致增加未来工作的复杂性。这是以线性和顺序的方式设计 Cisco ITaaS 框架中的关键组件，以及特定工作软件包与其产生的工件、工具和流程之间的联系的结果。

这是很多组织都会犯下的错误，他们经常只指定 IT 内部服务，ITaaS 框架将其视为技术基础服务类型。虽然这些计划通常打算把服务提供给更广泛的企业业务，但问题是为 IT 内部服务开发的工具、策略、流程甚至角色通常无法支持其他的服务类型。想象一下，我们花费数月时间制定了服务成本核算策略，却发现必须进行重新设计才能支持新的服务。

这并不意味着 Cisco 的 ITaaS 框架鼓励转型团队同时启动数百个新的 IT 服务。相反，服务是一波一波进行试验的，通常是在每一波中增加一些服务数量，直到服务组合中定义的每个服务都被加入了进来，我的一个好朋友经常称之为“滚雷”。这里的关键是推出的第一批服务试点，其中包括各种类型的服务和整个组织的服务。这允许我们针对框架中的每个元素，从性能和成本计算策略到服务交付角色进行测试，然后在所有的服务类型中进行细化。

通过完整地实施 Cisco ITaaS 框架，并按顺序执行转型项目，企业可以最大限度地降低复杂性。它还可以减少大量返工的需求，因为它实施了服务交付的其他策略，并确保服务交付框架的每个组成部分的质量，同时仍然能够实现与服务转型相关的所有主要价值成果。

3.2.6 集中式的转型权威机构

成功的服务转型不仅需要 IT 部门的广泛参与，还需要企业各级（从运营团队到高级负责人）业务利益相关方的支持。如果 CIO 和高级 IT 负责人没有认可和支持集中化团队在 IT 服务交付的新模型设计和实施中做出的最终决策，那么 IT 部门可能会面临在整个转型项目中推迟里程碑并延长时间表的情况。还可以预见到，很多工作包以及由此产生的策略和工具所提供的价值也会减少，因为为了推进工作，我们在 ITaaS 框架的核心方面做出了很多妥协。

这些挑战源于转型团队，这些团队必须利用 IT 和业务利益相关方的参与和意见，为服务交付模型推导出关键的设计决策。所有这些利益相关方都可以快速表达他们对于设计决策、服务定名或者 ITaaS 框架其他组件的正确开发过程的看法。这些设计决策进入完全僵持的情况并不少见。如果转型团队为了在设计工作中避免遇到障碍，而过于随意地接受意见，那么他们就会发现自己牺牲了转型工作带来的长期价值。转型团队也会发现自己处于不断地重新验证决策而使其中一个利益相关方团体的建议被下一个覆盖这样的恶性循环中。这意味着关键设计决策的最终方向可能来自最后一组被征求意见的利益相关方，也可能来自在审核过程中最积极地支持他们的意见的利益相关方。这种做法既无法保证采用了最佳的决策，也不保证最终决策能够符合 ITaaS 框架和转型项目的长期目标。

关于 IT 利益相关方，转型团队应该记住，他们代表了当前 IT 部门的 IT 服务交付历史文化，其观念可能与转型团队寻求培养的未来文化和相关思维模式不一致。此外，要考虑到这些 IT 人员可能会以先前建立的服务管理理念为基础，这些理念源于一些行业标准或传统实践，这些标准或传统实践可能只与 Cisco 的 ITaaS 框架部分协调，或者根本不协调。

在接下来的内容中将详细介绍一套完整的变革领导策略，以便在让 IT 和业务利益相关方为响应这些考虑因素而输入设计信息之前，主动对其进行教育。然而，要想完全解决这些问题，需要中央权威机构（通常是转型团队的一个子集）的认可和授权，以便在众多设计选项中做出最终决策。要想说服高级负责人支持这一级别的权威认可，需要变革领导团队传达这些人员做出的承诺，以便详细评估所有利益相关方的意见。他们必须依据转型指导原则和成功接纳框架后的长期愿景来仔细权衡这些输入信息，才能做出最终正确的决策来确保实现服务转型的价值成果。

在转型团队中，应由 CIO 和高级 IT 负责人建立和认可一个集中式设计权威机构，以确保关键设计决策正在向最佳方向前进，实现服务转型的长期目标，并且利益相关方之间出现的僵局不会对转型项目的时间表带来经常性风险。

3.3 采用变革领导力的战略

在前面我们确定了支持 ITaaS 转型的变革领导团队主要关注以下两个主要目标：确保 ITaaS 框架的广泛采用，以及框架本身能够继续为企业创造价值。在接下来的内容中，我们会介绍要想实现这两个目标，变革领导职能必须推动的一系列总体战略。这里提出的主题是，在转型项目的每个阶段和工作包，以及与其他 IT 部门和业务团队的每次互动中，变革领导团队需要不断考虑的因素。

3.3.1 管理服务转型消息传递策略

变革领导团队的大部分工作是充当服务转型项目的“公共关系”部门，也就是说在整个 IT 部门和企业业务中传播关于服务转型的关键消息。

- 转变为端到端服务组织的必要性。
- 服务转型的目标和指导原则。
- 将会通过服务转型工作为企业创造的价值。

这个消息传递策略需要开发和更新整个项目中的各种消息内容，确保 IT 转型团队的所有成员都能以相同的主题和准确性，以及有效的信息进行沟通。第 1 章提供了大量的背景细节，领导团队可以利用这些细节来构建他们的信息，本章后面分享了变革领导团队可以采用的一系列策略。变革领导团队应该定制一套背景信息，能够清晰地反映出 IT 服务的交付对其行业和企业的特定目标、挑战和机遇的影响。显然，与特定行业和企业本身建立相关性可以使 IT 转型团队获得好处，帮助他们赢得整个企业中利益相关方的支持。

应把生成的服务转型消息传递策略，以及相关的材料和工件视为品牌化服务转型项目的工作。这样做是为了让转型团队和其他利益相关方能够积极地分享有价值的信息，同时确保信息传递的准确性，并且与转型目标保持一致。如果转型团队成员把不正确或不一致的消息传递给各个利益相关方，那么业务利益相关方很快就会感到沮丧或犹豫不决，同时 IT 部门本身也会因为混乱或不准确的消息传递而遇到重大障碍。这就是为什么像变革领导团队这样的核心人员组必须主动制定正式的消息传递策略，来为 IT 转型团队和其他人员提供支持，以便在广泛的利益相关方之间共享服务转换案例，并提供准确一致的信息。但需要注意的是，消息的传递应该按照特定的方向流动，并且必须进行定制化，包括详细程度、内容样式、通信类型和长度，甚至是提供方信息，所有这些内容都取决于受众。

从方向上看，消息的传递应该从 CIO 开始，然后自上向下进行传递，最终在整个 IT 部门中分享相同的信息。应该由 IT 负责人来传播信息，并且鼓励他们各自所管辖的服务负责人和团队，与转型目标保持一致。对于服务转型的必要性和愿景，负责人做出的承诺越多，就越有可能从一开始就激励他们的团队全力支持转型可能带来的变化，这也鼓励 IT 负责人去解决团队提出的任何问题。如果没有 IT 负责人自上而下的协调，IT 部门可能会放弃采用 ITaaS 框架，甚至在没有适当的负责人采取行动的情况下，主动去阻碍 ITaaS 框架的发展。

整个企业中业务利益相关方消息传递的起点和方向可能会有所不同。在某些情况下，CIO 可能会通过发布公告的方式，来通告服务转型工作的进展。这始终是一个我们想要抓住的理想机会，因为它能够让消息的传递以自上而下的方式遍历企业业务部门，企业负责人对其部门的价值创造潜力深信不疑，然后鼓励他们的团队，让其尽可能为 IT 转型团队提供支持和指导。但是在某些情况下，业务利益相关方只有在与 IT 转型团队合作来完成 ITaaS 框架组件的输入信息，以及为 IT 转型团队提供指导时，才会了解服务转型项目的情况。

无论转型团队何时与利益相关方展开合作，至关重要的是，他们必须为服务转型提供明确而强有力的信息。在整个企业中，业务部门之间的服务转型消息传递路径是流动的。面向业务利益相关方的服务转型消息在传递的方向和时间上，不如 IT 部门那么重要。重要的一点是，消息传递本身已准备就绪，能够在任何级别和时间被利益相关方共享。我们可以接受这种灵活性，因为业务利益相关方不需要采用新的文化类型，他们只会受到更符合其需求的技术功能的影响，同时清楚地了解提供这些功能的服务为业务方带来的价值。因此，利益相关者可能会比 IT 部门的某些成员更容易接受转型项目，并且为 ITaaS 框架的设计和实施提供信息输入和指导。

接下来，变革领导团队应该根据转型项目的时间和进度来考虑更新服务转型消息。有时，这项工作中可能包括突出或进一步开发消息传递的细节来支持最近完成的或即将启动的特定工作、解决特定问题或挑战，或者传播服务转型对于特定业务单位的价值影响的消息。在转型项目的早期阶段，CIO 和转型团队可能更愿意将细节最小化，围绕少量关键价值声明反复推送消息，而且只针对参与转型项目早期阶段的高级业务负责人和利益相关方推送信息。随着转型工作的进展，消息传递可能会携带有关特定工作的详细信息（如服务组合设计），并且所有这些都与更广泛的接收者共享。变革领导团队要保持积极主动，并且基于转型项目的进展来传递变化的价值信息。

虽然变革领导团队应该主要负责服务转型的价值信息以及品牌的开发和管理，但这并不一定意味着他们会成为传达信息的人。实际上，有多种人员都可能会利用由变革领导团队维护的服务转型消息内容，比如 CIO、IT 转型团队，甚至是向团队提供更新消息的 IT 经理。

最后，要把转型项目的进展和时间、消息机制，以及消息的接收方结合起来，它会告诉我们传递的消息内容的样式和类型。主动管理开发战略并准备好一系列材料，这些材料已经把服务转型品牌变为了一种经过验证的方法，可以实现 IT 部门和企业业务各个层面的支持。

现在已经了解了消息传递策略的目标，以及消息传递策略实现的一些注意事项，我们可以考虑利用特定活动或战术来支持该策略。变革领导团队可以而且应该考虑用支持该策略发展的特定类型材料来支持宣传服务转型。

可以准备一套 ITaaS 和服务转型项目的概述材料，以便在 CIO、转型团队或 IT 负责人进行 15min~90min 的概述演示时提供支持。也可以准备更详细的材料，以便分发给感兴趣的各方，因为它们提供了比演示文稿更深层次的背景，可以由利益相关方在方便时进行审查。

概览类的彩页或单页材料可以非常有效地让读者轻松理解并且记住服务转型信息的关键点。这种材料常见的形式是宣传单，甚至也可以使用广泛分发的海报和其他形式的宣传材料。在高效地共享概述信息以及 ITaaSO 案例的同时，宣传单这个概念也可以用于框架的特定组件和活动，例如 IT 服务性能或服务成本建模。

变革领导团队还应该积极地为任何相关方的服务转型工作进度进行跟踪。然而，与分享进展同样重要的是进行识别和记录，然后传达随着时间的推移项目所取得的价值成果。今天的企业环境为变革领导团队提供了一系列选项，可以根据不同的相关方，以不同的频率和详细程度来共享此信息。专用于服务转型工作的企业内网页面也可以根据需要来为各方提供更新，并且可以通过电子邮件（在订阅的基础上）分发信息。

一位 ITaaS 顾问的日记摘要

我很高兴看到不同的客户使用各种材料来传递服务转型消息。一些有效的材料，包括“单页”宣传单，上面清楚地说明了服务转型的目标，包括服务成本核算、服务指标和服务功能路线图等策略的预期发展重点，在所有这些内容之上，他们为未来的服务交付框架拟定了一个引人注目的标题。然后复制这个单页宣传单，并在整个 IT 部门和最终的业务团队中发布。它还被复制到公告上，然后展示在 CIO 办公室的外面。我见过的这种材料最令人难忘的用法是在客户的办公室洗手间发现一些小讲义，甚至在洗手时无意中听到了关于海报的正面评论。这项创造性工作的结果是让 IT 部门以及更多的 IT 客户了解并积极期盼这个新的服务交付框架的实施及其带来的价值。

3.3.2 优化与利益相关方的合作

如果凭空进行设计工作，那么服务交付框架不太可能会为企业带来很大的价值。转型团队必须让 IT 和业务利益相关方参与到整个转型项目，并进行定期的合作和指导。回想一下，业务的参与是一个关键的成功因素，应该在启动该计划之前获得 IT 负责人的赞同。由于 ITaaS 框架依赖于同多样化的利益相关方群体的合作，因此这些人员也必须了解转型到端到端服务组织的必要性，以及它能够为 IT 和企业带来的价值，这样他们才会愿意为其发展贡献高质量的输入信息和指导。成本核算、指标和服务设计只是转型项目中的几个工作和活动示例，这些工作都需要利益相关方的参与，这样才能确保 ITaaS 框架成功被采用并创造价值。

由于需要与大量的利益相关方合作，因此鼓励转型负责人和 IT 转型团队不要害怕这些互动，而是要将其视为一个机会，能够确保开发框架的有效性，并且为转型项目提供更广泛的认知和支持基础。但是要想做到这一点，转型团队需要做好充分的准备。

第一个并且最重要的策略是，接受和使用由 3.3.1 节中详述的变革领导团队开发的服务转型消息内容。转型团队应该在考虑目标受众的同时，审核最新的消息和类型。我们的目标是让转型团队能够在与利益相关方会面的最初几分钟内，快速解释支持服务转型的必要性、目标和价值成果的关键信息。

利益相关方参与类型项目的一般规则也适用于此。转型团队应该确保仔细考虑并传达了所需的输入信息，并与最合适的利益相关方进行合作，以获得所需的输入信息。他们应该从一开始就清楚地描述服务提供框架以及需要利益相关方提供的组件，以此避免在很多情况下不得不再次拜访利益相关方来完善他们的意见。最后，转型团队应该确保充分利用利益相关方的时间，积极利用面对面会议、远程网络和音频会议以及电子邮件，以便在利益相关方方便的时间段附近做灵活安排。如果转型团队与错误的人员预定了时间，没有有效利用利益相关方的背景和时间，或者一开始没有就问题和请求进行沟通，那么他们很快就会失去以前建立的良好合作意愿和对该项目的支持，而导致需要根据多个利益相关方的后续行动来充分验证输入信息。

分配到项目管理工作流的人员可以通过主动提供议程，并跟踪利益相关方对行动项目的意见为转型团队提供帮助，甚至在维护利益相关方参与的质量方面，他们也能发挥积极的作用。毕竟利益相关方和转型团队必须就完成工作的时机达成一致，以推进转型项目。

变革管理团队和转型团队可以开发的一个极具价值的工具，是与利益相关方进行沟通时使用的会面协议或观点脚本，该工具可以用来支持一个成功的利益相关方参与策略。然后，转型团队可以利用这些脚本来与利益相关方进行沟通；这些脚本能够确保团队做好准备，在对话期间为服务转型提供一个清晰的概述和有价值的信息，然后明确地传达他们正在寻求输入的 ITaaS 框架的特定组成部分。在与实际的利益相关方进行沟通之前，应该尽可能地对这些脚本进行排练，转型团队应该知道这些脚本可以并且应该在与实际的利益相关者一起测试时进行更新。需要注意的是，排练时不必逐字阅读脚本，也无须将它们翻译成传递信息的人的风格和文字；相反，它们应作为指导会议或提示发言人的支持性大纲和参考。

我们要巧妙地使用服务转型消息传递策略中的材料，来为与利益相关方的成功合作提供帮助。举例来说，转型团队可以使用单页或概览式的材料来介绍主题或提前展示概述内容。

3.3.3 改变 IT 文化

如何真正影响和促进整个企业组织的文化转变？或者正如一位客户问我的那样，“理论听起来很棒，但我们如何真正开始做这件事？”。组织文化的转变如同一个巨大的浪潮，从一端移动到另一端，直到它冲刷并影响到组织中的每个部分。变革领导团队的工作是启动和驱动该浪潮，直到它变为自我推进。可以从小规模开始，在个人层面利用能够鼓励理想思维和行为的策略，并在 IT 负责人的支持下从变革领导团队和 IT 转型团队开始向外推进工作，直到越来越多的人完全接受理想思维模式，成为有影响力的人。

通过制定战略，变革领导团队对推动这种文化浪潮并保持其发展起着至关重要的作用。他们首先会评估组织的现有文化蓝图，然后开发和宣传理想的未来文化愿景，以及广泛采用后对于 IT 与企业关系的持续推动。在考虑了这两种文化在 IT 服务交付方面的差距之后，变革领导团队可以通过影响越来越多的专业人士的思维方式，来引导战略和潜在策略的发展，从而促进文化的变革，直到它在整个组织中实现自我推动。

1. 评估当前 IT 部门的文化

为了更好地促进 IT 部门的文化转变，变革领导团队首先需要了解当今 IT 部门的文化现状。如今，IT 部门的基础文化都与端到端服务组织的理想未来思维方式不同；我们的目标是了解它们之间的差距，以便制定最佳战略、主动识别和管理挑战，并最终采用最佳战术。

要想了解当今 IT 部门的文化，变革领导团队可能需要衡量以下这些考量因素。

- 企业行业和市场、价值链和业务线运营，以及整个 IT 部门中公司战略的一般知识水平是怎么样的？
- 具有与行业和业务线运营相关知识经验的 IT 人员的前景如何？人力资源或其他公司的职能部门怎么样？
- 关于客户是谁，以及 IT 部门的企业业务目标和义务，IT 人员的普遍意见是什么？
- 不同的 IT 人员如何描述 IT 服务的价值，这与客户群的描述有何不同？
- 企业业务的不同层面和职能部门的业务利益相关方对 IT 部门及其服务交付方式的一般观感是什么？
- 是否存在对于最近发生的事件或 IT 部门特征的现有考量，这些事件或特征可能会对 IT 服务交付的新文化的接纳，以及与业务的合作产生哪些积极或消极的影响？

可以通过多种方式来收集这些信息，从调查到采访，仔细地对 IT 部门的每个部分进行抽样。只要有可能，就需要高级负责人的支持来加强合作。除了简单地衡量 IT 部门内对于文化变革的潜在阻力之外，变革领导团队收集的数据还可以在转型项目的后期，展示主动学习计划和知识转移的必要性。

还应该考虑捕获和记录所收集的信息的最佳方法。比例分值测量可以提供一种简单的方法来展示组织文化中被调查的特征。举例来说，考虑到 IT 部门为了支持 IT 服务交付的新方法而做出的准备，可以使用 1~10 等级，其中 10 反映了非常高的理解和支持水平。多项选择提供了另一种方式，举例来说，在向企业客户收集他们对 IT 部门的看法时，可以考虑让他们从 4 个描述性的回答中进行选择。

重要的是要考虑可能会对 IT 部门或业务情绪带来影响的重大事件，无论是近期还是过去几年。大规模外包、裁员或领导层的变动都可能会产生阻力。IT 部门的自身特点也可能会带来机遇或挑战，比如采用大量外包人员或大量新入行的员工。

另一个需要考虑的重要因素是当前 IT 部门中已经存在的具有并分享了与未来理想 IT 文化相近思维模式的人员和人员数量。一些企业已经尝试为专注于与业务利益相关方进行合作的 IT

人员建立角色，并开发其运营知识。虽然这些角色在不同的企业之间差异很大，也不是很常见，并且可能取得了不同的成功，但它们仍然代表着变革领导团队能够识别和利用的机遇。另一个可能的机会是，IT 部门中的人员实际上是从另一个业务部门转换到 IT 部门的，或者拥有先前的行业或业务部门的专业知识。需要注意的是，由于一直以来企业各个业务部门的管理人员是轮换任职的，因此在管理角色中具有 IT 部门以外部门经验的 IT 人员通常更为常见。在个人层面上，变革领导团队需要评估候选人是否愿意学习，并且与客户分享相同的目标和优先事项，而不是仅仅关注技术。

2. 展望未来的 IT 文化

我们说在端到端服务组织的支持下，一个 IT 部门采用了理想的思维方式。这句话是什么意思？展现并维持这种文化的特定人员的日常行为和态度是怎样的？换句话说，一个好的表现是怎样的？

变革领导团队应该能够描述 IT 专业人员理想的未来思维方式，及其将会累积创造的文化。他们应该提供一个例子来说明通过采用这种思维模式，IT 人员将如何改变与客户的互动，以及他们对创造的价值技术功能的看法。变革领导力和大规模的 IT 转型团队应该是较早体现这些行为的团队，并且也是未来 IT 文化的榜样。他们应该是第一批“说到做到”的人。开发能够描述和展示这些行为的功能，指导支持这些培训材料的开发并作为早期的榜样，都是变革领导职能的关键活动。

首先应该考虑未来 IT 部门中每个成员的特征。一开始，每位 IT 人员都应该具备一些常识，也就是与 IT 部门所支持的这家企业相关的一般知识，比如相关行业、相关市场、价值链和业务线的主要功能。IT 部门内的每个人也应该了解重要的企业计划，以及 IT 部门在支持这些计划上的主要目标和战略。这些人员还应该认同第 1 章中描述的各种考量因素，比如 IT 部门的基本目的、支持业务成果和有效运营的义务，以及与服务提供方及其客户相关的关系和期望。应该了解 IT 部门是一个端到端的服务组织，并通过提供能够实现业务成果的服务，来专注于创造业务的价值和提升客户满意度。除此之外，IT 部门中的每个成员都应该非常熟悉组织的服务交付框架。需要记住的是，这些特征适用于未来 IT 部门中的每个人，无论他们是以服务交付的角色行事，还是仅仅专注于支持特定的技术领域。

针对充当服务交付角色（如服务负责人）的 IT 人员的要求会更严格一些。这些人员应该表现出与客户合作的强烈愿望，并且努力成为值得信赖的顾问。服务负责人需要展示出自己对客户群的运营、关注点和目标的深入了解。对于“业务运营服务”类型来说，通常需要服务负责人了解业务部门执行的业务流程，以及这些流程实现的业务成果。这个要求是必要的，因为这样做才能了解技术功能对业务流程的影响，并确定是否有机会利用新技术平台来改进这些业务流程。这些人员需要对服务交付框架有透彻的了解，并通过其支持的服务来推动价值。第 7 章将展开描述这些服务交付角色的理想候选者和行为。

一旦变革领导团队初步了解了 IT 部门的未来文化，他们就可以将其与当前存在的文化进行比较。通过这种对比，就可以确定其中的差距和挑战，并在制定变革领导战略、识别机会以及为培训材料的开发提供信息时，将其变成关键的输入信息。

3. 运用战略来促进文化转变以达成 ITaaSO

制定战略和一系列相应的活动来促进组织文化的转变，是变革领导团队的另一项重要工作。虽然变革领导团队负责初始战略，但 IT 转型团队和 IT 领导团队需要负责审核并帮助完善提案，因为他们将同时负责执行该提案。

我们需要仔细考虑 IT 部门的当前文化和理想中的未来文化。基于这些考量因素，该战略应该能够阐明一项计划，即将基础文化与服务转型项目相结合，突出重大的机遇和挑战，并推荐具体的活动。该战略还应该考虑能够验证文化转变的进展和战略有效性的方法。

要想支持文化变革战略，变革领导团队的首要工作是准备一套材料，用来描述 IT 部门未来文化的目标，以及构成该组织的人员的思维方式，这项工作适用于所有变革领导团队。通过强有力的服务交付角色、定期培训和知识共享会议（如午餐和学习），以及同样服务于服务转型项目中价值信息传递工作的持续学习计划，可以减轻文化转变带来的冲击。实际上，构成服务转型消息传递工作的大部分材料，同样也可以作为 IT 人员文化转变的准备，并且可以提高角色模型的可见性。

有一些策略可以影响组织文化的转变，其中较具影响力的是通过奖励调整来激励行为，并筛选出那些表现出理想行为和思维模式的人。这种做法的原则很简单：明确地描述并鼓励采用新的行为和思维模式，然后认可并奖励那些在实践中较能体现出这些特征的人。可以考虑突出那些表现较好的个人，并实现他们领先的服务交付角色思维模式。也可以通过保持可见性和认可度，来加强组织对于新文化的承诺与认同。还需要积极地确保得到负责人的批准，并将项目准备到位，以支持这些策略。

最后，只有分享了 ITaaS 框架实施和 IT 部门文化转型的真实案例之后，这部分内容才会变得完整：并非今天所有的 IT 人员都能在未来的 IT 部门中得以发展。变革领导团队和 IT 负责人应该尽一切可能来鼓励并支持组织中的每个人，但不能忽视的是，在服务转型完成后，IT 部门将会是一个完全不同于现在的组织。有些人可能根本无法认可或享受组织的运作方式，而其他人可能无法承担这个新的端到端服务组织所需的角色。致力于为 IT 服务交付提供新文化的 IT 部门，必须为这些必然性做好准备，同时变革领导团队也要制定并支持策略，以指导人们在不断变化的环境中发挥各自的作用。需要注意的是，这样说并不是在暗示组织中的大部分人将不需要或无法采用 ITaaSO 的新思维模式。相反，这里的目的是强调组织的优先重点肯定会变得大不相同。因此，今天表现最佳的人明天的表现可能不是最好，有些人会难以适应新的思维方式，需要支持其进行调整，在一些很有限的案例里，专业人士可能不愿意或无法适应 IT 部门的新文化。

3.4 服务转型项目的最佳实践和经验教训

以下主题涉及服务转型项目的整体管理和成功执行，而不涉及具体的变革领导职能及其相关的战略。与转型的关键成功因素类似，我们要确保 IT 转型团队和 IT 领导团队始终了解这些考量因素，因为这是改变领导力的关键工作。第 2 章简要概括了冗长而复杂的服务转型项目。虽然成功的记录越来越多，但要实现第 1 章中展示的服务转换工作是一项艰巨的任务，IT 转型团队没有理由重复其他组已经犯下的错误。

3.4.1 尽早展示价值

认识到 IT 部门和企业业务获得的宝贵成果并不一定要等到服务转型工作完成以后。事实上，即使在最早的阶段和活动中，也有充分的机会展示转型项目带来的价值成果。

转型项目的“发现和设计”阶段为我们提供了一些机会，能够为 IT 部门及其客户展示价值成果。在业务和 IT 一致性工作包中，转型团队会对来自运营、管理和高级管理层面的 IT 和业务团队进行访谈。虽然大部分反馈信息是关于实现服务交付的目标 ITaaS 模型及其所需功能的，但在这些访谈中，我们通常会发现诸多 IT 部门可以快速解决的问题。变革领导团队应该快速向

IT 负责人传达这个信息，然后跟踪并分享访谈中收集的反馈信息所带来的活动结果。有一些容易实现的示例，比如 IT 团队快速开发脚本或使用其他自动化手段来优化业务运营团队所讨厌的重复性任务，或者重新优先化和升级业务团队之前已经无奈放弃的一些问题和挑战。其他示例包括 IT 经理对政策或临时特许权做出更改，使 IT 运营团队能够更好地定位他们之前可能受到限制的业务需求。没有理由等到转型项目把这些功能都构建到正式的 IT 服务后，才为客户提供支持。需要注意的是，如果密切关注 IT 客户能够参与和支持的机会，就可以再次从“发现和设计”阶段的其他工作包中获得类似的价值成果。这样做将会创造出价值，变革领导团队的目标是识别、沟通和跟踪这些价值。

尽早展示价值的做法可以通过多种方式使转型团队受益，比如支持变革领导团队努力宣传服务转型工作，鼓励重要利益相关方做出建设性的支持努力，以及快速巩固 IT 和业务负责人的支持态度（如果他们在一开始时犹豫是否正式支持该计划的话）。

3.4.2 经常展示价值

我们不仅要尽早展示价值，还应在转型项目的整个生命周期中持续展示。我们的目标是开发出一种固定的频率，用于传达服务转型带来的价值结果，通常称之为增量价值。

每个工作包和基础活动都会为 IT 部门和企业业务提供一系列带来价值成果的机会——不论大小。其中一些是采用 ITaaS 框架工作带来的直接成果，而其他价值成果实例则是间接的，比如确定技术功能交付方面的差距，或者找出 IT 流程限制业务运营的情况。每当发现这种差距时，IT 转型团队就应该将这些信息以及其他机会传达给 IT 负责人，后者可以让相关团队参与解决这些问题。向相关方揭示和报告关键信息本身就是一种价值成果。

无论是直接还是间接与 IT 部门、业务利益相关方，或者两者相关，我们在整个服务转型过程中都会继续创造价值。变革领导团队会努力识别、捕捉和积极传达变革带来的价值，这样做可以确保他们的工作在整个计划中都得到支持，而不仅仅在开始阶段。

3.4.3 尽早与业务相关方合作

变革领导团队越早与关键的业务利益相关方进行交流越好。前面已经介绍在整个转型期间，业务部门的支持和合作意愿是关键的成功因素，这种考量旨在鼓励转型团队尽早这样做。我们要通过让业务利益相关方参与输入信息的收集来实现框架的开发，并且与其共享计划中转型的细节，这并不是直到转型工作的后期阶段才被揭示出的任务，而应该尽早完成。对于那些发现自己与业务客户之间的关系非常不利的 IT 部门尤其如此。

这样做的最早时机是业务团队和 IT 团队合作的“发现和设计”阶段，我们鼓励转型团队与一系列业务利益相关方进行交谈。这些交谈不但为目标 ITaaS 模型设计提供了宝贵的意见，而且还传达了 IT 部门渴望倾听客户的意见，从而改变其服务交付方法这一重要信息。在做出这些努力之后，随着转型团队完成了服务交付模式的初始“未来”设计，变革领导团队开始积极地分享各种有价值的信息。变革领导团队越早分享信息越好，即向客户告知 IT 部门希望与业务保持一致并与之合作，并且希望将其文化转变为专注于通过技术来实现业务成果的文化。

3.4.4 通用转型项目的最佳实践

虽然转型和变革领导团队可能不需要大量的解释或细节信息，但在未来的某个时刻，他们将会真正体会到这部分指导服务转型的通用最佳实践的宝贵价值。要考虑到这是 Cisco 服务团队从自身服务转型的过程中汲取的经验教训的汇总，专门用来指导各种规模和不同行业的客户实现成功转型。

1. 尊重“理论与实践”的现实

我喜欢引用战场环境的例子告诉 IT 转型团队，“没有商业计划能够在与客户的第一次接触中幸存下来。”业务团队经常会将创新的高价值业务计划概念化，但这些计划并不能完全有效地实现，它们无法创造出预期的价值水平，或者在某些情况下甚至不能在现实世界的企业业务中实施。IT 部门和历史上的 IT 服务管理标准一直在努力将理论付诸实践。

这一原则意味着 IT 转型团队从转型项目的最初阶段就需强调，将提议的设计付诸实践的能力应当胜过提案的所有其他方面。这需要转型团队展示出高度的自信，确信框架中提议的要素可以在实践中发挥作用。在任何 IT 转型团队的设计审议过程中，最重要的问题应该是“我们是否可以在不同的服务类型和不同的客户群中成功实施这种方法？”。不要用看似创新，但从未经过测试的设计，来代替经过了彻底验证的设计理念。

Cisco 的 ITaaS 框架和相应的转型项目反映了 Cisco 专注于成功实施服务交付框架，并实现整个企业端到端采用该框架的能力。只有当服务交付框架得到广泛采用，并且获得了价值成果之后，才能算转型成功，而不是在转型团队完成了概念性服务交付框架的设计之后就算成功。

2. 采用 80/20 规则并避免过度分析

如果转型团队希望在与利益相关方一起实施或评估之前，将服务交付框架中的组件推进到完美状态，那么他们很快就会发现自己陷入了泥潭，或者陷入了“分析瘫痪”（Analysis Paralysis）状态。在大门外努力做到完美，只会导致受挫的转型团队在遇到一个接一个的障碍后推迟时间表。

转型团队不应该追求完美，因为他们正在创建一个极其复杂的战略，并希望在企业的不同领域中使用它。如果不进行测试，这些战略就无法得到完善。

在更为战术的层面上，转型团队应考虑采用“80/20”方法来执行设计工作，然后再对解决方案进行试验，以便随着时间的推移对其进行监控和改进。在这种做法中，转型团队会把战略推进到他们对以下描述有信心的程度，即 80%的设计决策很可能已经能够广泛实施了。转型团队已经尽最大努力进行剩余 20%的开发，他们利用了所有可用的输入信息，但留有潜力在测试了不同情况后再进行改进。

3. 愿意在各个层级进行合作

转型团队要与 IT 部门和整个企业的利益相关方进行合作，这些团队的注意力很容易被分散，比如将他们几乎所有的注意力都转移到只从企业业务部门经理和高级负责人那里收集输入信息。这种做法是错误的，会导致无法收集完整业务部门的真正日常需求，进而无法实现运营和业务成果。最终，这意味着服务设计效果被减弱，并且有可能错过一些机遇，无法对每天执行业务成果的每个人带来真正的影响。

IT 服务交付模型必须满足所有 IT 客户的要求。实现这一目标的最佳方法是让转型团队与每个人进行交谈。只要有可能，转型团队就应该收集初级和高级职员、一级和二级管理层，以及高级领导的意见。转型团队需要与几十年来一直在公司工作的人交谈，也要与最近入职并且可能带来新想法的人交谈。

在与利益相关方进行合作时，转型团队的目标——无论是为了验证提议的服务、测试服务性能指标仪表板，还是通过早期的服务评估试点——是全面了解 IT 服务如何为企业业务带来影响并创造价值。

4. 对新思路保持开放态度

随着转型团队与各种 IT 和业务利益相关方进行互动，他们必须始终对这些人可能提出的新想法持开放的态度。随着转型项目的进展，转型团队会为服务框架的某些特定组件开发继续发展的详细视图。这种做法引发的潜在问题是，转型团队有时无法对利益相关方提出的意见进行仔细和彻底的评估，因为这些意见不能完全符合他们对最终框架的计划。

5. 与业务利益相关方一起进行服务评估试点工作

很多企业的 IT 部门都犯了要等太长时间才能启动一系列服务评估试点工作的错误。变革领导团队应该设定一个期望，向被邀请的利益相关方强调这些会议的“试点”状态，并鼓励他们提出建设性的批评和反馈。然而，即使做出了这些预防措施，很多团队仍然会在试点阶段的工作中，将需要业务利益相关者在场的“业务运营服务”类型的试点排除在外。这样做意味着转型团队在重要的设计和开发阶段，忽略了服务组合中的多种服务。这可能会导致我们需要在经过大量工作后，才能最终确定框架设计中的主要组件，因为那些直接与业务利益相关方互动的服务无法有效地工作，或者根本不能工作。

6. 坚持执行本项目

在本章前面的内容中，我们说要把确保 ITaaS 框架实施的完整性作为成功实现服务转型的重要因素。还突出说明第 2 章中描述的服务转型项目的水平非常高，能够让特定工作包中的活动具有一定的灵活性。这种灵活性不应该延伸到转型阶段之外，因为在早期的工作包中很可能会包含大量复杂的工作。举例来说，IT 部门在尝试开发 IT 服务成本核算策略时，没有首先开发出强大的分类系统，针对服务的定义和设计也没有一致的方法，那么他们就是把一项已经很困难的任务变得更加复杂，并且很可能需要在将来进行返工。除此之外，要在特定的转型阶段中对工作包进行考量，这样做能够对它们进行反馈和测试。举例来说，在转型阶段 2 中，随着团队开发初始的用来展示 IT 服务性能和成本的方法，服务评估试点工作就能为 IT 客户提供理想的测试基础和建设性反馈信息，以便针对不同类型的服务实施这些策略。

如果既不使用指定的顺序，也不在指定的转型阶段来处理工作包，则会存在很大的风险并且无法带来长期价值。所以要坚持执行本项目。

Cisco 自身 IT 服务转型的背后

对于 Cisco 的 IT 部门来说，从来没有变革推动者或变革领导者，有的只是变革组织，这是为支持服务转型而发起的第一批事物之一。变革组织由来自不同团体的人员组成，这些团队聚集在一起推动开发变革的框架，并且衡量组织对其进行采纳的方式。

变革团队非常依赖 CIO 的支持。我们需要一位清醒而坚定的领导者，他要明确指出“这才是我们要做的事！”。CIO 推动了问责制的发展，并且不断传输“让它变得更好”的心态，以及“我们都在一条船上”的信息。所有人都必须加入，每个人都必须了解它。显然在第一年内，“我们会通过像下面这样的场景不断被告知这是一个服务组织：我们要做的不是‘运营’评估，而是‘服务’评估……。”。虽然组织最初散布了紧张的气氛，但每个人都知道它是由 CIO 驱动的。确认负责人和消息的传达方式是一项艰巨的任务，但也是切实可行的。CIO 会赋予变革组织权力，使其变得强大和公开。如果真的想要改变自己或让自己实现转型，就必须让变革组织变成“招人嫌的大麻烦”，所以问题是“你想要你的变革组织有多招人嫌？你对实现这些结果有多认真？”。

变革组织很快会意识到这是一种文化变革，成功的变革领导需要坚韧的意志。绝对不要放弃。它会比你想象的进展要慢，你会遇到障碍和未知的挑战，甚至想要放弃。但你也会遇到一个转折点，那时被贬低是正常的。然后有一天贬低的声音会消失，大家会重新审视这种变革，甚至采纳它。我们没法预测何时会到达转折点。

Cisco 的变革团队首先会寻找基本原则：什么是最紧迫的？愿景是什么？有什么方法可以帮助这群人朝着这个方向前进？整个组织，从实习生到副总裁，都必须看到服务转型对他们意味着什么。如果只让一小部分人因为他们的工作所需而承担这些负担，就不会获得成功。我们必须花费大量的时间和精力。变革团队的成员会提出主题，解决问题，并一遍又一遍地重复这个循环。有时候他们不得不冲出去抓住某人的衣领，然后说："说的就是你！我正在和你说话！"。当对 3000 个人这样说时，他们每一个人都会说："哦，你是说我吗？我得做点什么？"，这就是我们必须要做的事情。

正如有人曾经说的，"以前，听到过端到端服务的口号，我觉得这是天上的馅饼。"，整个组织中都遍布着阻力，大家都在想它到底意味着什么。因此，CIO 所做的第一件事就是要创建一个变革团队。我们要从整个组织的不同层面精心挑选出一些人，组成一个非常多元化的团体。CIO 认为他们是"倾听团队"。这些人都是有影响力的人，他们可以将信息传递给高级职员（避免消息在向上传递的过程中被淡化）。他们能够听到关于我们为什么要这样做等来自基层的顾虑。

接下来，他们创建了 IT 群组。创建的初衷是人们会相互关照对方。这是一群同伴（没有人需要向领导进行报告）。每个月他们会针对 IT 发生的重大变化会谈两个小时。群组中的人们对以下问题抱有各自的想法：这件事为什么会起作用，或者为什么这件事是愚蠢的。这是一个安全的地方，你可以表达你的忧虑，并通过他们来解决问题。我记得两个大问题，第一个问题是人们不明白转型意味着什么，人们想知道它是否只是"这段时间的风潮"，以及"这个风潮最终会消散吗？"；另一个问题是有很多额外的工作正在施加到人们身上。我们建立了群组，以便讨论这些问题，并帮助人们了解这是在整个组织中发生的事件。它能够帮助人们了解这不仅仅是我或我的团队，也不仅仅是一时的风潮，这是确定要做的事。

从历史上看，作为变革管理的一部分，高级负责人会凭空构想出新的主意。然后员工便急忙着手实施新事物。但工作往往会在中层（中层管理人员等）遇到阻碍，主要是因为过去以旧的方式取得过成功，所以他们不想改变（他们僵化了）。这些群组可以帮助变革团队解冻"僵化的中层"。

我们必须展示出理想的行为，然后在企业中培养它并奖励这样做的人。可以把这个过程看作是变速齿轮。我们需要给出奖励，庆祝小小的胜利，定义清晰的目的地，并建立一个倾听团队，然后一遍一遍地重复。创建一个群组，让各级别人员自由地谈论挫折感，使其知道自己并不孤单，并且他们的挫折正在得到解决。

3.5 总结

我们不能忽视变革领导力对于实现服务转型的价值和促进 IT 部门文化转变的重要性。如果没有专门且一致的变革领导力，那么转型项目会面临来自各个方向的风险，甚至失败。

变革领导力的责任涉及范围广泛，但都必须由 IT 转型团队的核心人员团队进行推动。他们的目的是制定变革领导力的支配性战略，开发支持材料，并作为 IT 负责人和转型团队的"抓手"。变革领导力的目标是确保 ITaaS 框架的广泛采用，以确保其继续为 IT 部门和企业业务创造价值。

变革领导团队需要赢得企业 CIO 和高级 IT 负责人的承诺与支持，以便在转型项目的整个生命周期中获得如下的一系列关键成功因素。

- 获得行政支持。
- 捍卫 IT 新文化。
- 与业务相关方合作。
- 确保完整/端到端的 IT 服务交付转型。
- 使用自上而下/业务优先的服务设计方法。
- 利用集中式转型权威机构。

变革领导团队需要制定能够解决以下问题的战略，以及支持战略的战术策略，比如材料的创建和分配，以及其他行为。

- 开发服务转型的价值消息传递方式。
- 支持与利益相关方合作的优化。
- 指导 IT 的文化变革。
- 为未来做好准备。

最后，随着 IT 部门在服务转型过程中的进展，变革领导团队应该保持清醒的意识，并积极与变革团队分享一系列成功实施服务转型项目的最佳实践。

- 尽早展示价值。
- 经常展示价值。
- 尽早与业务相关方合作。
- 注意通用的最佳实践。

第4章

服务交付的分类和服务的定义

现在我们开始认真查看 Cisco 的 ITaaS 框架，首先必须详细且全面地解释 IT 部门是如何定义 IT 服务的。虽然对这样一个一目了然的术语进行定义看起来没什么么了不起，但它会对服务交付框架、客户体验和实现预期结果的能力产生显著影响。

如果了解现有的 IT 服务管理标准和做法（包括它们自己定义的服务），就会发现 Cisco 的定义也有一些相似之处。同时 ITaaS 框架对于服务的定义更加简单且更具有战略性，它与现有标准是完全不同的。这种独特的服务定义方式和后续的设计方法，会导致企业的服务范围完全不同，并且现在可用来管理服务的机制也与以前完全不同。

虽然服务对于框架的影响很大，但它仅代表服务交付分类系统（Service Delivery Taxonomy）中指定的多个级别之一，这些级别是用来创建战略性服务管理格局中的不同层次结构的。服务交付分类系统会为 IT 部门的服务交付功能创建一系列功能，因此这个分类系统必须适合这个 IT 部门。考虑到这一点，我们会在 ITaaS 框架中介绍一种分类系统参考方法，并讨论改变参考模型时的注意事项。

4.1 服务定义注意事项

在第 1 章中讨论了使用服务这个概念的目的。通过服务，可以把一组客户需求收集到一个管理域中，针对交付和增强客户满意度找出需要重点关注的内容，同时还可以评估和提升服务价值。

由于目前整个行业中已经广泛传播了一些现有的定义和描述，因此读者可能迫切希望了解 Cisco 在 ITaaS 框架中为 IT 服务引入另一个定义的理由。请放心，确实是有理由的，而且并不是单纯地希望在现有标准中创造一个属于自己的标准。相反，Cisco 对于服务交付框架的能力设定了一个目标，而这个定义就是此目标带来的直接结果，同时我们又需要对以前定义 IT 服务的方法、相关特征，以及它们最终产生的服务集进行全面的重新评估。很多 IT 团队通常不会考虑太多，他们会直接接受一个简单的定义和几个服务示例，然后立即开始为 IT 部门设计服务。这种做法非常不好，因为服务的定义对于 IT 部门的服务交付能力和最终的客户体验具有深远的影响。

在同一家企业中应用不同的服务定义时，它们之间的任何变化（哪怕是细枝末节）都可能会创造出完全不同的服务景象。企业的一项服务定义中可能会包含 100 项服务，但如果对服务的定义进行细微的调整，就可能会为同一家企业带来 300 项服务。定义的细微变化也会对管理服务以及价值确定的方式带来极大的改变，通常我们会通过评估总成本，或者测量并与之进行关联的性能策略类型来定义价值。

也许最重要的是，企业所采用的服务定义会对由此产生的服务所关注的内容带来影响。以前，IT 服务设计通常是以技术为中心的，人们会专注于特定的消耗或请求，比如企业电子商店中的相关内容。有些 IT 服务管理团队甚至尝试将一项 IT 服务和一个应用以一对一的方式进行关联，这样一来，IT 部门管理的 50 个应用就会指定 50 项服务。虽然这种方法可以让大多数 IT 从业者快速并直接地关联一系列常见的技术指标，但仅仅在一个中型企业中，这种做法就会创建出数百甚至更多的服务。在大型企业中，如果使用以技术为中心的方法来指定 IT 服务，可能会创建出超过 500 项服务。

另一个需要考量的内容是管理开销的平衡，指定一项服务并为此投入的管理成本都需要考虑在内。换句话说，根据一项服务的基础定义所创建的 IT 服务是否值得我们去管理？

ITaaS 框架在定义 IT 服务时，目标一是专注于 IT 客户所需功能的交付，而不是那些用来实现这些功能的技术平台；目标二是为服务交付团队提供一个抓手，以此来衡量和改善客户体验，以及这项服务为业务带来的价值。换句话说，服务旨在以客户为中心，并且以这种方式进行设计——对与每项服务相关联的策略进行管理，并反过来使用这些策略做出明智的决策。

接下来的内容将会使用 ITaaS 框架逐步为服务进行定义。虽然这个过程看起来过于烦琐，但我们的目的是尽量降低服务设计的复杂性，同时确保最终服务的完整性。在整个 IT 部门中指定端到端服务的做法会带来混乱，并且很可能会偏离最初的意图。通过遵循以下流程为 IT 服务转型进行定义，IT 团队可以做更好的准备以应对在复杂的组织机构中应用一致的服务设计方法所引发的困惑和激烈争论。

ITaaS 框架会在 IT 服务的定义中关联一组特征。这里也是一样，在我们的定义中关联特征或特点是为了正确使用这些术语，并为可能出现的混淆点提供清晰的解释。

4.2 渐进法定义服务

如果在网上搜索“服务定义”的话会得到无数条目，每个来源都从名词和动词的角度对这个术语提出了大致类似的定义。如果快速查看并对其进行汇总，则可能会对服务得出一个简单的定义。

- **对于一项服务（名词）的简单定义：**这是一个逻辑上的组织单元名称，其中包括提供或交付产品及功能所需要的资源、材料和过程。
- **对于服务（动词）的简单定义：**提供或交付产品及功能的行为。

在理解了这两个简单的定义后，接下来想一想与服务的基本概念相关联的特征。

- 服务是由提供者交付给客户的。
- 服务应该交付那些客户要求/需要的产品或功能。
- 产品或功能的交付应该会为客户提供价值。

提出第一条的目的是为服务的定义添加额外的细节信息，后两条是要为服务建立一些资格标准，可以使用这些标准来区分构成一项服务的内容，同样重要的是，区分出哪些不能构成服务。毕竟，如果交付的产品或功能无法增加价值，我们也不会认为这个提供商已经提供了服务，比如程序无法在我们需要的时候被调用，或者产品在客户收到时已经损坏。此外，我们也不希望包含这种情况，即对于提供商提供的产品或功能，客户从一开始就不需要。在这两种情况中，提供商在产品或功能的交付上做出了努力，也可以争辩说他们交付的产品或功能与我们对于服务的定义是一致的，虽然定义是准确的，但事实上它仍不是服务这个术语的理想用法。

接下来，因为知道 ITaaS 框架概念只与 IT 部门的服务交付相关，所以我们可以进一步细化这个定义。从 IT 部门交付出去的内容到底是什么？

通过回顾第 1 章的内容可以知道，我们所关注的是技术功能的交付，企业业务会利用我们交付的技术功能来提高其工作效率（如使用电子邮件或计算设备），或者完善用来实现业务成果的流程（如支持供应链管理的大型平台）。可以说，有些 IT 服务（如“IT 技术支持”服务）同时也提供业务成果，比如恢复特定的操作。在现实工作中，这些案例只占整体的一小部分，IT 服务仍侧重于提供技术功能，因此 ITaaS 框架通常也只是把 IT 服务当作是交付的功能。

除了明确指出我们要交付的技术功能外，还可以用*资产*来代替*材料*（这个术语很容易让人们联想到制造业），毕竟资产这个术语更适合用来指代能够支持技术功能的各种应用程序、服务器和网络设备。现在我们对于 IT 服务有了一个初始的简单定义。

简单的 IT 服务定义：特定的逻辑组织单元，其中包括支持 IT 部门交付技术功能的资源。

从根本上说，基本的概念就是这样。我们只是调整了之前对这个术语的定义，并指出它指代的不是货物、功能或产品，而是通过一组由 IT 部门负责管理的逻辑资源交付的技术功能。

也可以进一步细化之前与定义相关联的特征，这并不是说之前的特征不再适用，而是这样做可以让它们更好地反映出由 IT 部门交付的服务元素。应该正式声明这些术语的用法，并在解决不同利益相关方的问题、疑虑和潜在混淆因素时，参考以下对于服务这个术语的用法。

- IT 部门是服务提供方，负责在企业中端到端地为客户交付服务。
- IT 服务应该交付 IT 客户所需要的技术功能。
- IT 服务交付的技术功能应该为客户带来价值。

可以通过其他更具体的信息为定义添加细节内容，比如 IT 服务对于业务成果的支持能力，并强调我们打算如何对服务进行管理。

详细的 IT 服务定义：IT 服务是 IT 部门提供的技术功能的逻辑集合，IT 服务需要对业务成果提供支持，以经济高效的方式对 IT 服务进行管理，同时还要通过技术实现主动创新、转型并改进业务成果。

可以把上述对于服务的详细定义作为合格的基本要求，在其中添加额外的信息可能会减弱我们想要强调的重点。与此同时，还应该考虑把定义和其他特征结合起来，这些特征可以帮助我们使用服务这个术语，并以此对我们希望推动的业务成果和行为提供支持。

首先，要明确我们的目标——专注于能够为客户带来价值的服务交付。因此我们应该与客户合作，来为指定的服务确定描述信息。还可以强调 ITaaS 框架对于价值的定义，为了符合这个定义，每个服务都要关联一个策略，用来测量性能和交付的总成本。从 ITaaS 框架中还能了解到，每个服务都代表着一种隐含的服务类型。除此之外，还应该把每个服务都列在服务组合中，这个服务分类系统（本章稍后会对其进行详述）会影响服务组合的组织结构。另外，为每个服务都关联一个服务负责人，可以强化这个角色将要承担的责任。

还应该考虑那些我们不希望对服务计划造成影响的元素。很多团队创建的服务仅用于反映其执行的每一项活动，或者记录现有的资源。我常看到一些 IT 领导者坚持在建立一项服务时，添加大量的 IT 成本元素。事实上，ITaaS 框架中的服务不需要使用这些内容进行担保，应该在特征中明确地解决这些问题。

一旦服务特征能够反映出这些考量因素，我们就有效地建立起了 ITaaS 框架的服务定义。

ITaaS 框架的服务定义

我们已经建立了服务的定义，并且了解了会影响其发展的背景和其他考量因素，现在可以把它完整地呈现出来。下面是 ITaaS 框架中对于服务的定义以及关联的特点，我们会在未来使用这些特点。

IT 服务的定义： IT 服务是 IT 部门提供的一组技术功能，用来对业务成果提供支持，IT 部门应该以高效的方式来管理 IT 服务，同时通过技术应用推动创新、转型并改善业务成果。

- IT 服务所交付的技术功能必须能够为客户带来价值，需要考虑到服务实现的业务成果，以及提供特定性能级别的服务所需的成本。
- 所有服务都与以下内容相关联：一组技术功能、这些功能的性能级别，以及在这个性能级别上交付服务功能所需的总成本模型。
- 服务的定义应该与客户达成一致。
- 每项服务都代表了一种隐含服务类型：业务运营服务、企业终端客户服务或技术基础服务。
- 服务会被列在服务组合中，并通过服务分类系统进行管理。
- 一项服务由服务负责人进行管理，提供端到端的交付、代表客户进行创新、以经济高效的方式进行服务运营，并且为服务对企业提供的价值负责。
- 服务不应该直接与技术相关联，它可能会跨越多个技术平台或架构，以及多个 IT 功能性团队，并且需要避免重复提供服务。
- 服务不是因为特定的应用、IT 功能性团队或行为，或者成本元素而创建的。

Cisco 自身 IT 服务转型的背后

回顾过去，一位 Cisco IT 领导者曾强调说："重要的是如何定义和构建服务。您不希望由现有的 IT 部门和文化来引导定义服务的方式。您可以通过支持所需业务成果的方式来定义和构建服务，然后引导组织机构来适应这种环境。服务应该经得起时间的考验。"。

对于 Cisco 而言，在服务设计的第一阶段中，我们会把一切都当作服务，即人们的每一项活动都等同于一项服务。早期有一个服务提案非常庞大，其中包含超过 2500 项服务，这源于最初的概念——把服务一对一地绑定到应用。随着时间的推移，服务的理想定义和机构都得到了改进，在把服务继续减少为不到 100 项服务之前，可以先将其精炼为约 800 项，这是最初 ITaaSO 的理想开端。我们必须看一看自己所处的环境，并确定服务的真正含义。关于什么是服务、什么不是服务的观点存在重大的争论。在对一些初始服务进行分类之后，我们把服务的定义提升到比早期提案更具战略性的层面。

现在定义服务要通过多方面进行衡量，其中包括总成本和采纳率等。当团队自然而然地转型并开始讨论如何更好地衡量一项服务时，应使用更具战略性的方法。我们会开始衡量成本（在过去成本并不重要），并针对其他类似服务进行基准测试。以前我们从不在意这些内容（我们关心的是可用性）。

4.3 IT 服务的考量因素

一项 IT 服务代表了 IT 部门与其客户之间的接口，并且在提升客户体验方面发挥着重要的作用。为了确保框架能够提供最佳的客户体验，应找出适于呈现给客户，以及仅适于呈现给服务提供方的 IT 服务元素。我们还应该考虑 ITaaS 框架识别的不同的服务类型，并且考虑与其相关联的不同客户群和其他特征。

同样重要的是，我们要考虑服务应该如何在框架中进行交互，以便为服务交付功能提供所需的能力，其中包含了解隐含的服务层次结构和服务链的概念。第 2 章介绍了其中大部分概念，接下来将逐项展开，确保读者对 IT 服务的各个方面都拥有全面而深入的了解。

4.3.1 把 IT 服务作为抽象层

在第 2 章中，我们把 IT 服务作为抽象层的概念，这个抽象层有效地分离了客户群和 IT 部门运营的各个方面。我们并不是直接把使用技术功能的客户利益相关方与 IT 部门中的复杂功能连接在一起，而是在两者之间插入一项服务。从理论上说，这样做会带来全新简化的客户体验，如图 4-1 所示。

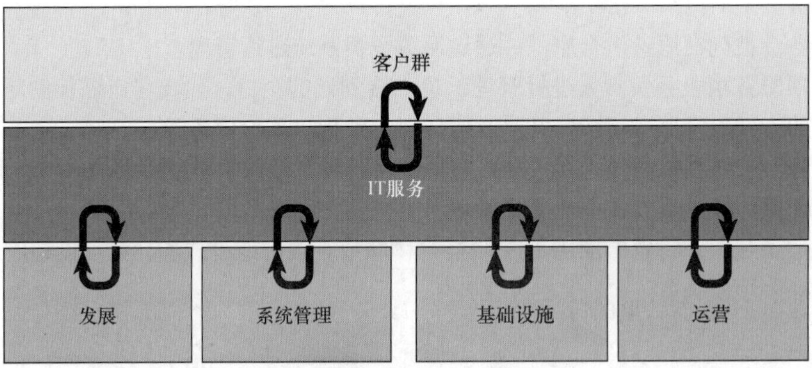

图 4-1 把 IT 服务作为抽象层

这一概念的成功依赖于为服务提供的战略和能力，企业中两个完全不同的元素能够因此高效地进行交互。Cisco 的 ITaaS 框架不仅可以满足服务所需的策略和功能，还可以分配多个服务交付角色，其中包括服务负责人。服务负责人会利用 ITaaS 框架提供的服务策略和功能，最终推动客户体验，这也是本节的主题。

ITaaS 框架为改变客户体验而创造的重要机会是，重新评估适用的 IT 服务视图。换句话说，服务负责人为了对服务进行管理，可以维护哪些类型的信息，以及应该向客户群提供哪些类型的信息？

为了有效地对服务进行管理，服务负责人需要跨越 IT 部门的运营，并在工作中使用 IT 部门的不同元素。首先，他们会与一组客户利益相关方协作，来了解客户对于技术功能的要求，以及能够用来创造价值的条件，例如需要达到的性能水平或总交付成本的阈值，当超过这个值时，会对服务的价值预期带来影响。然后，他们可以利用 IT 运营模型中的必要元素来促进业务成果的实现。这要求服务负责人对 IT 的运营有所掌握，并且持续评估 IT 运营中的几个必要元素。

- **IT 架构：**在交付与服务相关联的技术功能时，都涉及哪些主要的系统、平台和架构？要想提升服务能力，需要对这些架构进行怎样的更改？这些架构是否能够适应当前和未来的需求规模？

- **IT 部门中的团队**：在同一个运营技术系统和架构（这些组件使得服务所交付的技术功能成为可能）的 IT 部门中有哪些不同的功能性团队？这些团队是否了解并能够满足特定客户对于这些服务功能和性能的要求？
- **IT 流程**：对服务造成影响的各种流程中都包含什么？这些流程是否会对客户群造成限制？如果需要的话，是否存在一种机制能够升级或者绕过流程？
- **IT 预算**：各种预算的周期和流程是什么？它们会对当前和未来的能力需求带来什么影响？哪个级别的直接服务成本需要获得批准？与其相关的流程和时间表是什么？

上述这些都是服务负责人必须要进行维护的信息类别，它们也是服务负责人必须在 IT 部门的运营中使用的元素。这些信息还代表了各种技术功能的不同方面。然而使用 ITaaS 框架来实现服务的交付，重要的考量因素是我们很少需要向客户群提供此类信息。

相反，应该向 IT 服务客户提供有关服务的信息，这些信息要符合他们的关注点和优先级。大多数情况下，可以提供以下信息。

- 我是否获得了所需的功能？
- 这些功能是否达到了我要求的水平？
- 交付这些功能的总成本与持续交付工作是否匹配？
- 交付这些功能的服务是否能够满足我未来的需求？

上述元素构成了适合呈现给客户的 IT 服务信息视图。在必要（或者客户要求）时，还应该能提供有关功能交付和管理的其他详细信息，但在平时，我们会代替客户在幕后对这些信息进行管理。重要的是，不要让客户淹没在与他们的关注点无关的信息中，也不要在解释和指导时，提供超出客户专业领域知识的内容。服务负责人作为中间人，对于服务应该拥有两个完全独立的视图，IT 部门中的架构师、工程师和经理会维护一个独立的 IT 部门运营视图，并且理解自己在 IT 服务的交付工作中扮演的重要角色。图 4-2 中展示了有关服务的各种视图。

适用于客户和服务负责人的这种不同的 IT 服务视图的概念只有在实际使用时才会生效。虽然这看起来是常识，但请记住，一直以来很多 IT 专家都只使用与 IT 部门相关的服务视图。新项目的服务负责人必须养成利用 ITaaS 框架中策略和功能的习惯，以便为客户开发和呈现适当的服务视图。服务负责人必须引领并强调与客户相关的信息，同时在服务级别上维护技术性信息。

再看一眼图 4-2 中服务负责人的服务视图。把 ITaaS 框架中的 IT 服务想象为一个桌面，IT 部门在其中放置了多种技术功能，供客户在需要时使用。一张桌子必须由多条桌腿支撑才能保持稳定。在这种情况下，这些桌腿就是由 IT 部门负责管理的各种团队、架构、流程和预算构成。服务的客户有时候会想要知道位于服务“桌面”上的项目（技术功能），但他们很少关心用来支撑桌面的桌腿的数量、类型或样式。换句话说，服务负责人要尽量少地为客户提供实现这项服务所涉及的复杂技术细节。相反，他们首先要确保功能是可用的；其次是向客户提供有关服务的信息视图，使其能够与服务负责人进行合作，并优化一个精确的视图来反映这项服务为企业带来的价值。在 Cisco 的 ITaaS 框架中，IT 服务可以得到 IT 部门中功能性团队结构、运营流程、预算周期或技术架构的支持，但不由这些组件来定义，这些组件仅用来实现与服务相关联的技术功能。

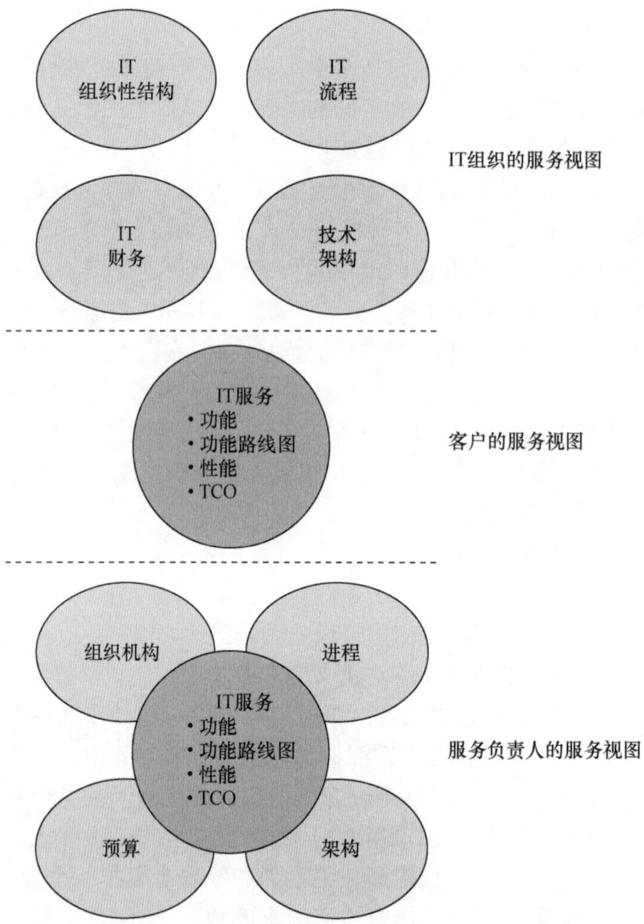

图 4-2 IT 服务

一位 ITaaS 顾问的日记摘要

在作为服务负责人与 Cisco 服务客户进行合作时，最主要的工作在于调配整个 IT 部门的资源，并随着时间的推移来加强特定的行为，以确保服务转型工作的成功，进而确保启动了真正的文化转变进程。虽然这部分内容已经与客户转型团队一起评估过了，但在新的服务负责人首次与客户进行沟通和服务评估时，无疑需要相关的指导。

接下来展示几个在早期沟通中常见的问题。

- 您的客户没必要知道实现这项新功能需要来自 5 个不同 IT 团队的努力，他们只想知道什么时候可以使用这个功能。
- 作为服务负责人，您需要协调实现这项服务功能所需的所有团队资源，这不是您的客户的工作。
- 客户没有义务了解 IT 部门的变更控制流程和时间表；作为服务负责人，您有责任根据客户认可的流程和时间表，对 IT 部门中的工作进行必要的更改。
- 您的客户不希望听到由于网络团队的预算问题，而导致他们不得不推迟使用与其运营相关的关键功能。
- 看着架构图中呈现的信息，您一定感到非常自豪，但您的客户是否真的需要观看甚至了解这个架构图？

我甚至发现自己会经常引用20世纪80年代的经典电影《壮志凌云》中的桥段，其中战斗机飞行员训练时被要求不得“在假设地面下方飞行”[①]。在ITaaS框架中，当服务负责人与业务客户进行交流时，服务等级就是假设地面，您与客户的交流不能在这里进行。这个例子带来了一个很棒的视觉效果，如果在模拟服务评价期间对服务负责人说，他们所呈现的数据是“在假设地面下的”，会引发一阵笑声，但这样做也会让服务负责人印象深刻。还有一点也很重要，它让我唯一一次在职业生涯中可以对客户大喊：“把你的屁股抬高到假设地面以上再返航。”

4.3.2 IT 服务的类型

ITaaS 框架中定义了 3 种不同的隐含服务类型，接下来对它们一一进行介绍。虽然这些服务类型并不属于服务分类系统，也不常用于服务组合中，但理解和识别不同的服务类型对于 IT 服务的设计来说非常重要，同时它也可以为最大化价值管理策略和潜在客户群提供一些信息。

ITaaS 框架中的 3 种服务类型如下。

- **业务运营服务：**这类服务所交付的专业技术功能，会直接实现业务流程和业务成果，这类服务可能是行业或企业本身独有的，使用者主要是企业业务单位。比如用来支持企业销售流程的技术功能的服务。
- **企业终端客户服务：**这类服务所交付的技术功能会直接提升整个企业中终端客户的生产力，其在大多数企业和行业中都是通用的。比如用来支持整个企业中生产力和协作功能的服务（如电子邮件或视频会议）。
- **技术基础服务：**这类服务所交付的核心技术功能会对企业和行业中常用的其他 ITaaS 服务提供间接的支持。比如用来提供数据存储和云应用托管功能的服务。

服务类型是服务设计和 IT 服务组合中的重要输入信息，详细介绍请参考第 6 章。根据服务类型中描述的信息可以知道，要想指定业务运营服务，应对企业中业务流程的技术功能需求有所了解，这部分内容的详细介绍请参考第 5 章。企业终端客户服务的设计基于我们对技术功能需求的理解，这些技术功能特指那些能够增强企业生产力和协作能力的技术功能。最后，技术基础服务会成为系统和架构的基础，并通过这个系统和架构来为其他 IT 服务提供支持。这 3 个类型符合第 3 章中强调的自上而下的服务设计方法。

这些服务类型除了告诉我们要在最终服务设计中输入的信息类型外，还提供了关于最终服务及其特征的重要信息。顾名思义，业务运营服务类型通常与支持特定企业功能或业务单位的工作相关，因此在任命服务负责人时，应该选择能够与特定客户群进行互动的人员。这些服务还会使用三方人员的服务评估策略，其中服务负责人和 CIO 或其他高级 IT 领导者会与客户利益相关方进行沟通。这些服务要求在性能策略中采取额外的步骤，把指标和业务成果关联起来，并且 TCO 模型中通常会包含直接服务成本，这个成本与技术基础服务相关联。

我们还要考虑业务运营服务所交付的功能，它们能够对业务成果带来巨大的影响，并促使企业在市场中获得成功。因此，这些服务往往是确定和发展转型工作的理想候选。

在这 3 种服务类型中，企业终端客户服务是涉及客户互动最多的一种。在很多情况下，负责企业业务的每个成员都代表了一部分潜在客户群。比如交付电子邮件和日历功能的服务，或者交付笔记本电脑和台式机功能的服务。每个人都可以使用这些功能，因此这些服务的客户群可能遍布在整个企业中，而与组织机构或功能一致性并无关系。

---

① 飞行员在训练时不得低于一个假设地面的高度以增加训练效果。——译者注

在处理企业终端客户类型的服务时，服务负责人并不需要了解业务流程。相反，这些服务的服务负责人主要关注的是如何高效地分配、调整和管理服务的交付工作，才能够为不同的客户群提供支持。在本章后面有关分类系统的部分会详细介绍这些服务产品，从根本上说，它们允许在没有大规模重复资源的情况下对功能进行区分。还要注意的是，这些服务所交付的功能很少是独一无二的，因此它们不那么注重创新，而是更关注如何通过经济的方法来管理其提供的各种功能。这种广泛的客户群也意味着服务的评估工作通常发生在服务负责人和某些 IT 负责人之间，这些 IT 负责人代表大部分客户群的利益。IT 部门之外的客户利益相关方也应该接收有关这些服务的信息，并且在希望对服务提供一些输入信息时，参加服务评估工作，比如针对功能路线图提供一些反馈。

技术基础服务类型的服务是在服务设计的最后阶段进行指定的，目的是通过大规模系统、平台和架构提供的功能，来满足业务运营服务和企业终端客户服务的需求。这里重点关注技术领域，因为服务负责人会在扩展复杂的技术架构的同时尝试降低成本。这并不是说它们是纯粹的技术服务，正好相反，这些服务通常会参与到服务链中，也就是说服务负责人通常需要负责开发流程，以便把基于消耗的成本与其他服务，甚至是性能指标关联到一起。这些服务的负责人也会分享相同的需求，通过利用服务产品来以较有效的方式获得功能差异化。虽然这些服务所支持的功能可能会影响到企业业务的方方面面，并且由此带来了广泛的企业终端服务客户群，但它们的利益相关方通常被认为是最难打交道且最为苛刻的——IT 服务负责人。实际上，虽然这些服务一开始看起来更关注技术，并且对于 IT 负责人来说更为熟悉，也是服务负责人的候选者最初的兴趣所在，但在很多情况下，他们会对所有服务类型提出苛刻的服务管理难题。

服务类型指出了特定服务的最终特征，这个信息非常重要。与此同时还要记住的是，这些只是服务设计和开发的辅助工具，并不代表最终确定的客户群、战略或者理想的服务负责人候选者的最终设计。IT 转型团队应该注意，在为服务分配类型时，不要过于受到局限，而是要把服务类型看为泛泛（而不是严格）的指导方针，以确定 IT 服务及其功能。

4.3.3 服务的层级结构和服务链

除了服务类型之外，ITaaS 框架中还包含服务隐含的层级结构。这个层级结构反映出 ITaaS 框架中的服务链机制，也就是其中一项 IT 服务可能会使用另一项或多项 IT 服务所提供的技术功能。图 4-3 展示了这个概念。

服务链是 ITaaS 框架中的一个强大机制，也是构建精确的总拥有成本模型的关键所在，因为它会把成本与服务的使用关联起来，同时还会展示出一项服务的性能会对其他服务带来何种影响。如图 4-3 所示，服务链由两项服务，或者在某些情况下由 3 项甚至更多项服务构成。

服务链创建了一个隐含的、具有逻辑性的两级服务层级结构。在这个层级结构中，顶级服务（通常是业务运营服务或企业终端客户服务）会使用底层服务（通常是技术基础服务）所提供的功能。层级结构中上层服务链功能的服务负责人还有责任开发并管理链式成本和指标。需要注意的是，任何类型的服务都不是必须形成或参与服务链的；相反，我们只在需要时创建服务链。

服务之间的链式成本和性能指标的流程与策略会在本书各个章节中分别讨论。当前只需要了解服务链是 ITaaS 框架中的重要机制，它也是服务交付功能中服务的隐含层级结构。

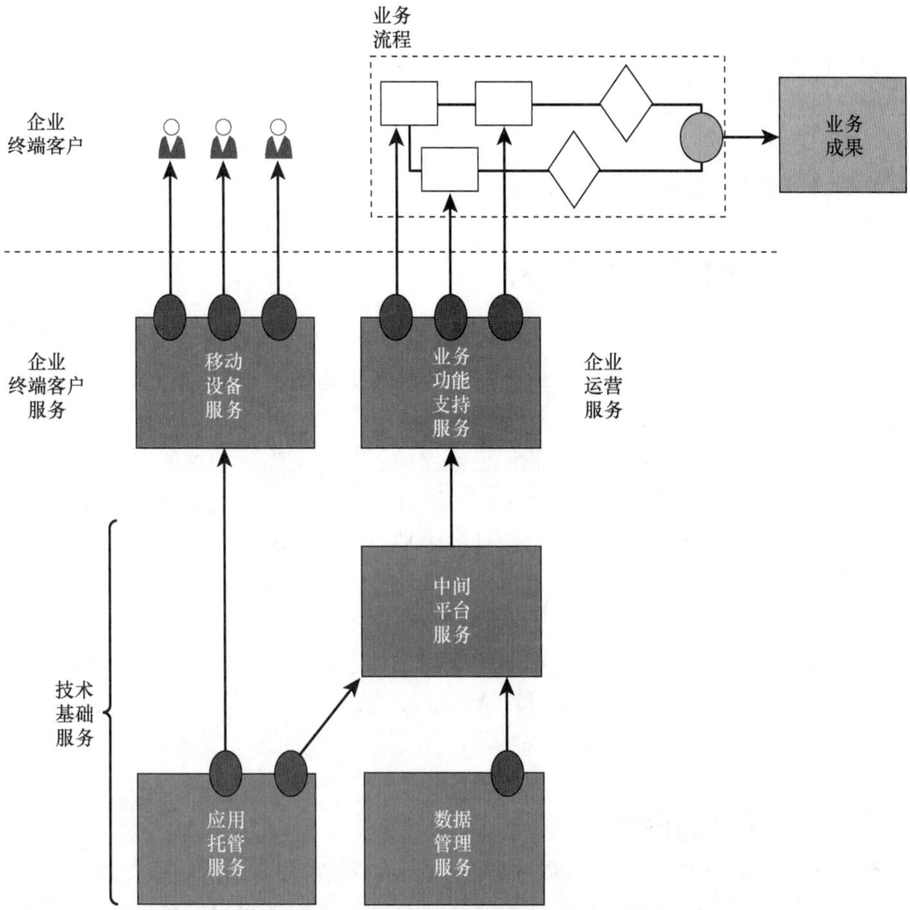

图 4-3　服务的层级结构和服务链

4.3.4　服务所有权

一项服务所交付的技术功能是通过众多 IT 人员、资产、流程和预算实现的，但这并不意味着这些资产必然是由服务和服务负责人所拥有、运营或资助的。IT 人员和资产会与组织性和功能性团队，以及成本中心保持一致，而服务交付框架提供了一个并行视图，来展示为了对某项 IT 服务提供支持，这些元素是如何组织在一起的。

服务负责人也可以（纯属巧合地）拥有另一个角色，这个角色会负责与服务相关的部分或全部资产，但这是他们的额外角色及其责任带来的结果，比如一位网络架构经理也会承担企业网络服务的服务负责人角色。这种情况并没有那么常见，通常出现在技术基础服务中。

对于服务成本来说也是如此。服务负责人负责管理服务的 TCO，它会反映来自多个成本池、投资项目和预算的成本要素，每个成本要素都有自己的责任方。正如第 9 章中介绍的那样，IT 服务成本模型可以建立一个 IT 开销的并行视图，而不是代替 IT 财务的历史视图。

4.3.5　对于服务的影响

在 IT 部门跟随企业业务和转型工作，转向快速 IT 运营模型的过程中，虽然服务的数量和类型可以并且应该随着时间的推移而发展，但我们也要了解引入或取消一项服务所带来的影响。第 9 章详细介绍了把 IT 预算分配到服务的策略，突出强调了把单个成本要素分配到多项服务的可能性。即使参与成本分配的一项服务被停止了，其余的服务成本仍会上升，因为成本要素被分配在了较少的服务中。同样，如果一项新引入的服务也要参与这些成本的分配，则现有服务的成本分配会再次发生波动。此外，可能导致服务蓝图的成本分布变化，还会影响服务性能策略以及服务交付的其他方面。虽然服务蓝图有必要得到发展，但IT负责人和服务执行者也同样需要了解并始终关注这些变化带来的影响。

4.4 IT服务交付的分类系统

一个企业中IT运营模型的服务交付功能庞大且复杂，通常需要数十甚至上百项服务，以及与其相关的大量策略和流程。在战略性地管理大型服务蓝图的工作中，IT部门的唯一方法是通过引入服务交付分类系统来为服务建立秩序和类别。

当对服务的定义进行谨慎微调时，我们已经完成了分类工作中的主要部分——对于服务的指定和定义，现在只需要指定和定义其他级别，这些级别为ITaaS框架创建了额外的服务交付功能。通过在分类系统的层级结构中指定额外的级别，可以对服务进行聚合，来对服务蓝图的各个部门提供战略性管理，甚至为服务负责人提供一种机制，以高效的方式成功管理每项复杂的服务。

这一部分内容首先强调在服务交付框架中利用分类系统的众多好处，以及在实现服务转型价值方面利用分类系统的重要性。在这里，我们引入了Cisco ITaaS框架中使用的分类系统，并介绍了如何针对读者自己的IT部门，来定制和采用分类系统的最佳实践。

4.4.1 使用分类系统的好处

分类系统的目的是对IT服务提供秩序和分类，以实现对服务的战略性管理，以及IT部门的服务交付功能。这项工作中包含每个分类的级别，以及级别之间的关系。

在多层级的分类系统中指定并定义每个级别，会为服务交付框架带来以下好处。

- 能够使ITaaS框架中的主要组件与层级式模型保持一致。
- 提供服务组的组织和管理。
- 提供每项服务的组织和管理。
- 实现管理IT部门的战略规划。

分类系统的建立会在服务交付框架中创建出一个多层级的结构，这允许我们使ITaaS框架中的组件与每个层级保持一致，比如把特定的服务交付角色与服务价值策略相关联。这样做可以让IT转型团队清楚地展示在每个分类级别中发生的事情，并明确区分ITaaS框架中的众多策略、角色、流程和工具的正确用途。如果在引入大量服务交付元素的过程中，没有与分类系统进行关联，往往会导致重复工作、混淆，甚至职责不清。相反，我们希望从第一天起就为服务交付框架实现秩序和区分。

服务组合的战略性组织和管理与ITaaS框架中的战略价值成果高度一致，让IT部门能够被当作一种与业务相关的、迅捷且具有竞争性的业务进行运营。如果IT服务管理团队采用的标准是简单地创建服务组合，也就是由IT部门负责管理的一个平面化的服务列表，那么想以战略性的方法来管理服务蓝图的话会非常困难。ITaaS框架提供的服务设计方法可以在大规模企 业中创建超过100项服务，CIO无法以战略性方法对这些服务进行分析，即使是拥有40~60项服务的中型企业也是如此。相反，Cisco的ITaaS框架使用了分类系统来对服务进行汇聚和分类。这种方法建立了一个多级别的分类模型，每一级别都有自己唯一的用途，让IT负责人能够在适当的级别上进行沟通和操作。

分类系统和它生成的层级结构也可以以通用的方式来组织服务组合，这会让服务变得易于访问和管理。举例来说，假设有一位新任命的服务负责人正想要在服务组合中查找与服务相关的详细信息，则可以在相关的分类中快速找到所需服务，而不是在冗长、无序且无关的 IT 服务列表中进行搜索。第 6 章完整介绍了开发服务组合的详细信息，并且给出了最佳实践，这让它成为战略性工具，而不仅仅是数据的记录。

分类系统这个概念通常与特定元素的分类和组织相关，在这里这个特定的元素就是 IT 服务，但我们可以在其中添加 IT 服务组件或构成服务的元素分类。现在站在服务负责人的角度来考虑 IT 服务的管理，服务的交付工作中可能会涉及诸多 IT 人员和资产，这些内容依赖于众多的策略，并且可能会为拥有不同需求的大规模客户群提供支持。同时，我们还必须对服务进行有效的管理。IT 负责人常常会被要求以服务来促进特定的业务成果，比如把运营成本降低 5%，同时还要继续交付能够满足客户需求的功能，这最终代表了对于服务负责人和服务交付框架不切实际的期望。

Cisco 的 ITaaS 框架解决了这个难题，它使用分类系统来引入和分类每项服务中的元素。这为服务负责人提供了一种机制来轻松地组织和管理每个服务，甚至能够在没有大规模重复资源的情况下，为客户群提供差异化功能。

在企业 IT 服务交付框架中开发和利用分类系统的最后一个好处是，这样做可能会获得 CIO 和高级 IT 负责人的最大关注。Cisco 为服务交付工作所使用的 ITaaS 框架中创建了一套战略规划，IT 负责人可以使用它来促成预期的成果。这是一个复杂的主题，涉及了 ITaaS 框架的多个方面，但这些举措的可用性紧密地关联分类系统的引入，以及由此产生的服务交付功能的层级结构。

4.4.2 分类系统的考量因素

在为服务交付框架设计分类系统之前，需要先考虑一些因素。分类系统的设计包括层级结构的级别数量和分类，它会对最终的框架产生重大影响。

首先，IT 转型团队应该理解的是，虽然我们要为 IT 部门量身定制一个分类系统，并为服务交付设定一个目标，但在层级结构中有一个层级实际上是不会触及的——那就是服务。服务是分类系统的中心层级，分类系统是为服务交付框架而开发的层级结构，而且我们已经投入了大量精力来仔细定义与服务这个术语相关的特征。现在我们的目的是要在服务这个层级之上和之下设计出新的层级分类，以便能够获得前面所述的各种好处。

接下来要记住的是，在服务这个层级之上引入的分类层级会创建用来聚合服务的选项，在服务这个层级之下引入的分类层级会创建用来管理每项服务的内容。图 4-4 展示了这个概念。

下一个考量因素是在服务这个层级之上和之下引入适当数量的层级。图 4-4 中展示了一个分类系统，其中提供了两个聚合层级来组织和管理服务组合，以及两个层级来组织和管理每项服务。虽然 IT 转型团队可能继续在这个层级结构中引入其他层级，但这种做法可能会冲淡现有层级的价值，并且最终会导致人们忽略分类系统中的这些元素。这个层级结构中的每个层级都应该与服务交付框架中的特定功能和期望的价值成果相关联。Cisco 的参考分类系统是一个五级的层级结构，适用于大多数企业的 IT 部门。后续章节中还会详细介绍适用于小型企业的四级模型。

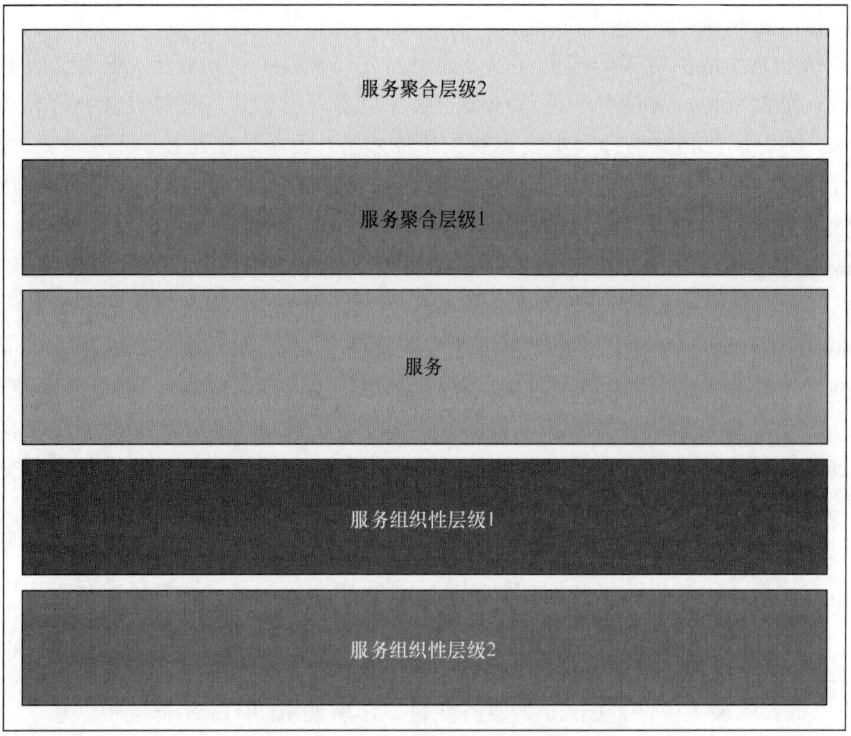

图4-4 分类系统层级的示例

IT转型团队的工作并不仅限于指定分类系统中的层级，他们还必须仔细定义层级结构中的每个层级，这项工作类似我们对服务这个层级所做的工作。在这样做的时候，他们必须考虑一个层级与其上方和下方层级之间的关系。需要注意的是，虽然我们仍会继续强调服务的指定和呈现方式，并且需要与相应的客户群对此达成一致，但说到分类系统，主要的利益相关方是IT负责人和最终的专家社区，也就是ITaaS框架中定义的各种服务交付角色。在这方面，我们应该和这些IT内部利益相关方一起来定义和描述分类系统。

最后，应该强调分类系统和由此产生的层级结构都是为了实现对服务蓝图的战略性管理，服务蓝图是基于最佳实践的服务设计而产生的，而不是旨在为服务设计提供信息。很多IT转型团队都犯了错误，也就是他们创建了过于具体的分类系统级别，然后创建适用于这些级别的服务。分类系统旨在组织服务组合，而不是驱动服务设计。

4.5 ITaaS框架的参考分类系统

参考分类系统是ITaaS框架中的一部分，它与Cisco自己的IT部门多年来成功使用的分类系统相同。虽然它应该是定制化的，但这个参考分类系统已经成为各种规模的IT部门的理想起点，并且开始应用于越来越多的行业。使用这种经过验证的分类系统可以为IT转型团队节省大量的工作时间，并且能够避免不必要的争议。

图4-5中展示了Cisco使用的五层参考分类系统。

通过遵循这个分类系统，我们会发现服务由服务产品（Service Offering）组成，服务产品由服务资产（Service Asset）池来提供。从这里开始，服务首先会聚合到服务类别（Service Category）中，最终合并到战略服务组（Strategic Service Group）中。接下来详细介绍这个分类系统中每个层级的定义和预期用途。虽然这里为每个层级都提供了示例，但需要注意的是，每个层级中元素的指定和数量设置都是服务组合设计工作的一部分，详见第 6 章。这部分内容还强调了 ITaaS 框架定义的各种服务交付角色，除了服务角色，其他角色都会在第 7 章中进行详细介绍。

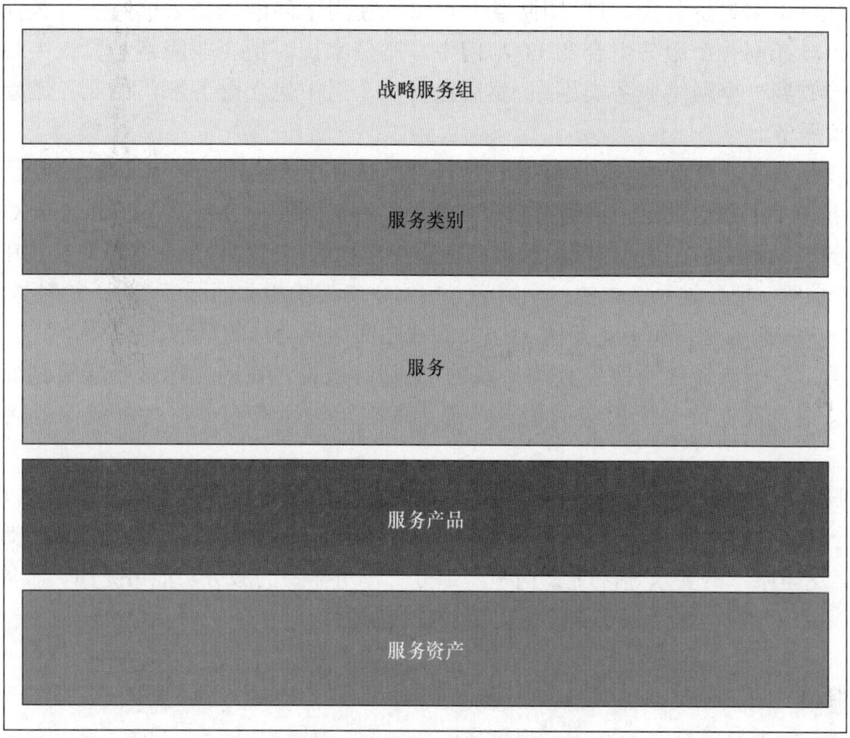

图 4-5 ITaaS 参考分类系统

4.5.1 战略服务组

顾名思义，战略服务组（Strategic Service Group，SSG）旨在为 CIO 和高级 IT 负责人提供针对服务蓝图的战略性视图，便于让他们做出明智的规划和决策。在这个层级中指定的元素对于 IT 负责人具有战略意义，并且应该由这些负责人进行评估和批准。服务执行者的角色通常要与这个层级相一致，这个角色也经常被 IT 部门中高级负责人所采纳。这个层级提供了有关服务组成本和性能的信息汇总视图，让 CIO 能够为服务执行者分配更高层级的任务，比如把整个战略服务组的运营成本降低 5%。

这个层级主要考虑的是，如何为 IT 服务指定战略组合。高级 IT 负责人需要实时了解他们与同事共享的战略信息，这能够使其做出明智的规划决策，这些决策可以实现一个或多个 IT 负责人的预期成果，比如服务执行者负责执行的任务。举例来说，把所有业务运营服务类型分类到两个战略服务组中：一个组中包含的服务用来向通用公司职能 BU 交付功能，比如财务部门或人力资源部门；另一个组中包含的服务用来向企业的业务线提供功能，也就是那些执行核心业务的部门。服务的聚合可以为 IT 负责人提供大量信息和规划功能。投资可以倾斜到那些为企业业务线提供支持的战略服务组，这样做可以让服务负责人开发并引入能够加速业务运营能力的变革功能，使企业远远领先于市场竞争者。企业的职能服务组所交付的技术功能在几乎所有企业中都是通用的，它们可以专注于通过趋势和策略来降低运营成本，同时保持相应的功能。

4.5.2 服务类别（服务架构组）

战略服务组聚合了大量服务，目的是实现战略规划，这其中重要的是分类系统应以更注重战术的目的，把数量更少的服务聚合为一组，这也是服务类别的用武之地。服务类别可以出于不同的原因来聚合服务，比如以技术领域或架构组来分类，或者单纯地以使用这些功能的企业业务单位来进行分类。IT 团队甚至也可以使用不同的理由来创建服务类别，并把这些类别都包含在同一个服务组合和 IT 部门中。举例来说，把企业网络、数据中心网络和安全远程连接放到一个网络服务类别中，然后在另一个组中包含财务部门的业务流程中会用到的业务运营服务。

很多最近采用了 ITaaS 框架的 IT 部门已经开始按照层级结构来对服务进行分组了，甚至有的 IT 部门把分类系统中的这个层级重新命名为“服务架构组”（Service Architecture Group）。这最初是从分类系统中这个层级的服务架构角色引申出来的，它允许单一资源对架构中一组相关的服务进行监督。把分类系统中的一个层级专门用于与架构相关的服务类别，这种做法为 IT 部门提供了一个在服务交付和企业架构（EA）实践之间交换信息的平台。

请注意，对于选择使用四层分类系统的 IT 部门来说，我们要把这个层级删除。因为如果服务的总数量仅支持一个层级的聚合，那么就应该为所有服务交付框架保留战略服务组的功能。

无论服务是不是在这个层级进行分组的，这都是战略服务组和大型服务蓝图之间的重要一步，其中分组的目的是对 IT 部门中的具体功能（比如架构）提供支持，或者以多种其他方法提供其价值。这里唯一的要求是，IT 部门中一部分工作所需要的服务功能可见性、服务规划或服务管理应该组成一组，这是战略服务组无法解决的问题。

4.5.3 服务

前面详述了分类系统中服务这个层级的详细信息及其各种特征。在这一部分，我们只强调服务会被分组到各个服务类别中，然后服务类别会被分组到各个战略服务组中，并且服务是由服务产品构成的，服务产品是由服务资产池实现的。

4.5.4 服务产品

服务产品是分类系统中的第一个纯粹为服务负责人在单个服务的组织、交付和管理中提供支持的层级。服务产品为服务负责人提供了一种高度灵活的机制，使其能够以战术性的方法来管理 IT 服务的不同方面。这意味着一项服务仍然能够使用战略性的方法对相关技术功能及其为企业创建的价值进行管理，同时确保服务能够对客户群不断变化的需求做出快速响应。

服务产品可以让服务负责人为利益相关方提供差异化的能力，同时还能够最大限度地减少资源，组织和划分服务交付的各个方面以便于管理，甚至还可以创建能够促进预期成果的战略规划。重要的是，我们可以通过很少的开销，让这些服务产品提供它们的价值，且对更广泛的服务蓝图没有影响，也不需要服务执行者或 IT 负责人进行评估和批准。

现在回想一下，在指定一项服务时，还会指定与管理这项服务相关的开销水平，其中包括开发和维护服务性能的开销和成本模型策略。引入或终止一项服务可能会对服务交付框架带来更为广泛的影响，并潜在地影响成本分布或者更广泛的服务蓝图所使用的性能流程，IT 负责人、服务执行者和服务管理办公室应该更为谨慎地进行评估。但是服务产品不会带来大量的开销或者潜在的影响。实际上，服务负责人可以在服务中引入或删除大量服务产品，而不会对其他服务带来任何影响，也几乎不会增加服务管理的开销。服务产品的变化也不需要服务执行者或其他 IT 负责人的评估和批准。

这些组织性单元通常实现功能的差异化。换句话说，服务产品可能会反映出核心技术功能的各种风格。举例来说，“企业电子邮件”服务的服务负责人可能会为标准电子邮件和加密电子邮件创建服务产品。这是 IT 部门和服务负责人可以利用的重要机制，因为它能够以最小的需求差别，有效地交付类似的功能，而无须重复使用大量的 IT 资源和资产。出于这个目的，大量并灵活地使用服务产品可以获得预期成果，让 IT 部门更为高效地运营。

然而，技术功能的差异化并不是服务负责人能够利用服务产品获得的唯一好处。有一些服务负责人会把服务产品看作是一次机会，以此来对服务的不同元素进行分类。举例来说，业务运营服务的负责人经常会发现自己正在监控着大量的应用，并且要把这些应用分组到不同的产品中，以便于管理和报告。服务产品还可以用来根据客户群划分功能，或者根据这些功能所依赖的底层服务资产来启用功能。在某些情况下，服务负责人也可能会根据与服务相关的成本类型来对技术功能进行组织，比如把功能分类为资本支出（CAPEX）产品和运营支出（OPEX）产品。这个示例实际上为服务负责人和 IT 负责人提供了一种方法，让他们能够在服务成本核算方面获得预期成果。

服务产品还可以体现传统架构和当前架构之间的区别，让服务负责人能够通过展示（与服务产品相关的）传统技术带来的成本和挑战，来影响功能的需求和使用。一个常见的例子是，一项服务为应用托管需求所提供的功能，从而为 IT 部门和业务客户带来显而易见的好处，让他们的应用能够从“裸机”服务器架构迁移到（公共或私有）云环境中。在这种情况下，服务负责人可以为每项服务提供服务产品，并展示成本和性能差异，以此来鼓励客户使用基于云的产品。

服务产品是一种灵活的多用途工具，它为服务负责人提供了一系列选项，让服务负责人能够以最为有效的方式进行管理，并传达其服务的价值，它不会显著增加成本，也不会影响更为广泛的服务蓝图。

4.5.5 服务资产

有一点很重要，我们的服务交付分类系统确认了很多流程、资产和预算，这些元素的组合可以实现 IT 服务所交付的技术功能。分类系统中设定服务资产层级的目的在于，确保服务负责人能够保持对这些组件的了解，然后可以跨 IT 部门进行工作，这些部门分别拥有并管理其中的一些组件，并以这种方式来获得服务的预期成果。我们应该把服务资产看作是 IT 部门中构建模块的基础层级，将这些构建模块组合在一起就能获得服务的某些技术功能。

需要注意的是，分类系统中的这个层级并不是要开发出每个资产的完整列表，其中包括对服务造成直接或间接影响的资产。上述功能是由资产数据库、应用组合或其他平台和文档提供的，并且通常已经在 IT 部门中准备就绪了。在实际工作中，分类系统这个层级中指定的元素只是对这些平台的引用或映射，以便向服务交付团队告知使服务功能成为可能的资产类型，并让服务交付团队能够快速找到与之相关的详细信息。第 6 章提供了在 IT 服务组合中指定服务资产的进一步指导。

4.5.6 实践中的参考分类系统

为了确保读者清晰地理解 ITaaS 框架的参考分类系统，我们应该通过一些例子充分考量它的应用。第 6 章展示了在实践中参考分类系统的其他例子，其中描述了如何在层级结构中的每一层上指定元素。首先来看一看图 4-6，图中提供了一个分类系统的示例，并展示了 ITaaS 框架中每个服务类型与层级之间的对应关系（其中包括业务运营服务的两个示例）。

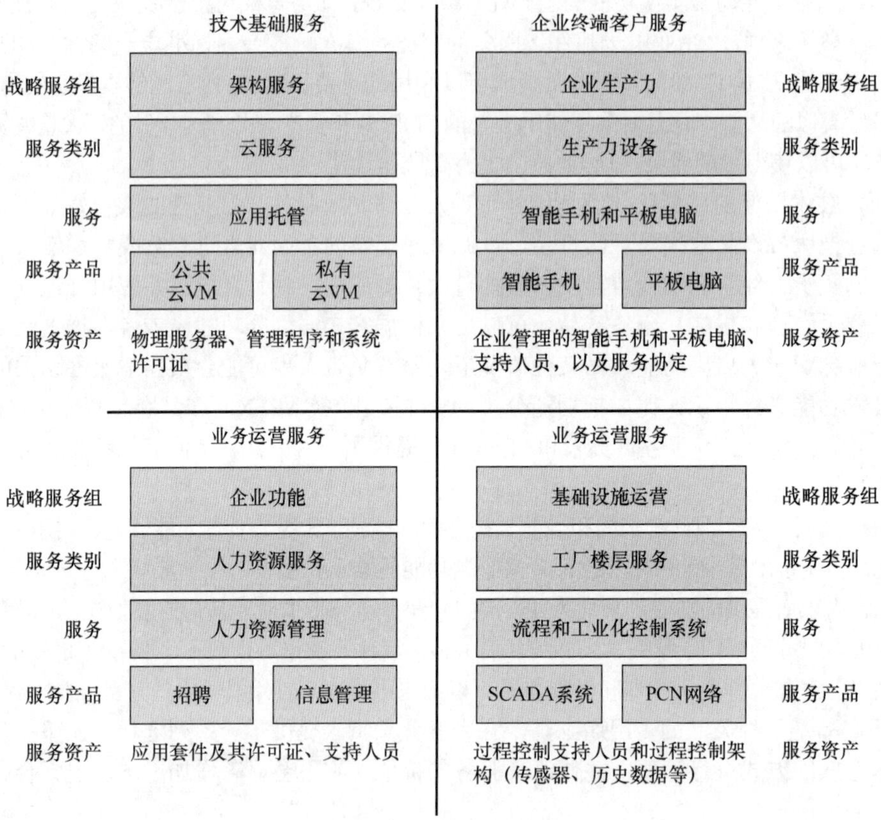

图 4-6 分类系统示例

接下来，图 4-7 中展示了服务交付角色与服务交付框架中其他元素的推荐对应方式。

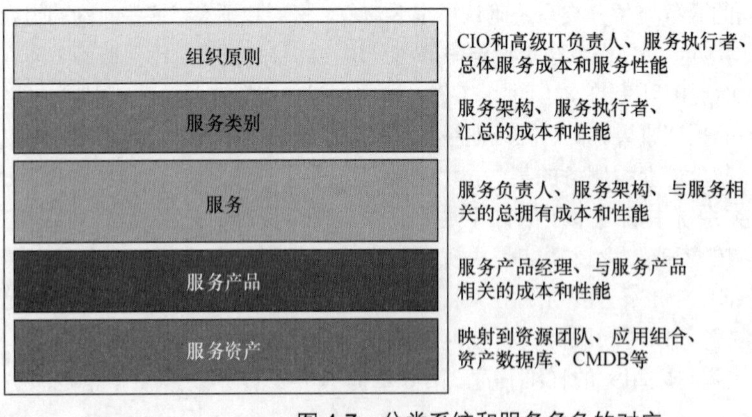

图 4-7 分类系统和服务角色的对应

最后，图 4-8 中展示了如何使用参考分类系统来组织服务，然后把服务聚合到不同的管理层级中。

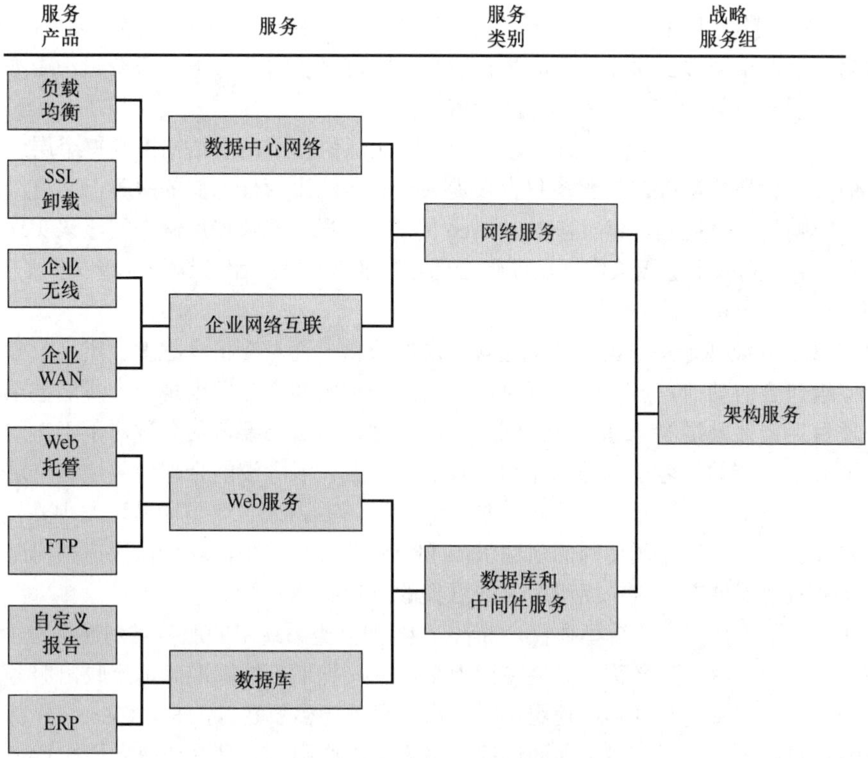

图 4-8 分类系统的聚合示例

4.5.7 量身定制分类系统

Cisco 的 ITaaS 框架和服务转型项目承认企业的 IT 部门需要在不同程度上调整分类标准，以便使之与企业的规模、行业和服务交付框架的目标保持一致。在某些情况下，IT 转型团队可能会发现分类系统中的层级是可以定制的，这种定制化可以反映出，甚至大致地映射现有的 IT 服务管理规划，这样做可以减少未来的工作量，并且使企业更快地接受和采纳 ITaaS 框架，让利益相关方熟悉现有的策略。在某些情况下，上述操作可以通过更改参考分类系统中层级的名称来实现，同时保留每个层级的核心定义和功能。

很多转型团队在一开始都会考虑他们的分类系统适合分为多少个层级，这主要取决于服务组合中的服务数量。读者可能会对此感到奇怪，在尚不清楚服务组合中服务的数量时，如何能够确定要在分类系统中包含的层级数量？幸运的是，无论企业规模（从小型企业到大型企业）以及由此产生的服务蓝图如何，它们的分类系统只有一个层级的差异，可以在即将完成初始的服务组合时，添加或删除这个层级。

ITaaS 框架为所有实施环境推荐了一个四层或五层的分类系统。对于规模较小的企业，或者在某些情况下，拥有较少服务集的中等规模的企业，最好在服务层级的上面只使用单个聚合层级，换句话说，就是要删除参考分类系统中的服务类别层级。实际上，需要管理小型服务组合的 IT 转型团队可能难以有效利用两个层级的组织结构，并且会发现最上层级的聚合通常只包含第一级聚合中的单个单元。以参考分类系统为例，IT 团队可能会发现，他们的每个战略服务组中只包含单个服务类别，每个服务类别中只包含一到两项服务。在这种情况下，使用四层的分类系统是服务聚合最好的选择。

然而，在一组服务层级的高层，转型团队不太可能需要在分类系统中引入第六层级或更高的层级。即使是规模最大且最复杂的 IT 部门，五层的分类系统也足够了，因为转型团队会发现，自己需要努力把两个层级的功能和目的区分清楚。与 IT 部门本身一样，每个组织中如果有过多的管理和组织层级，就无法提供差异化的价值。

对于服务层级以下的层级，Cisco 建议转型团队保留使用两层结构以及每个层级提供的功能。每个服务交付模型都应该为服务负责人提供一种方法来管理他们的服务，并且维护一个会对服务带来影响的资产视图。简而言之，Cisco 的 ITaaS 框架建议使用两个层级来实现服务的组织管理，再使用一到两个层级来实现服务组合的组织管理，加上服务这个层级，最终产生了 4~5 个层级的分类系统该模型。

虽然 ITaaS 框架规定了分类系统中包含的层级数量，而且在很大程度上定义了参考分类系统中每个层级包含的功能，但它并没有对这些层级的指定和命名做出规定。我们甚至可以说，服务转型项目期望并鼓励 IT 转型团队自定义这些名称。永远不要低估名称对于工作成败的影响程度。如果分类系统的命名没有与利益相关者达成一致，或者没能合理地传达这个层级的作用和功能，那么这个分类系统可能难以得到推广和认可。有很多 IT 转型团队还发现，如果把之前的分类系统或服务交付工作所使用的名称引入 ITaaS 分类系统中，就可以快速赢得服务转型团队的支持，并且还能够有效避免组织对于新框架的抗拒心理。

多年来，为了支持客户的转型项目，Cisco 已经把分类系统中的服务类别层级重命名为“基础服务域”“IT 架构组”等名称。无论使用哪个名称，它们都能够准确地反映出服务的聚合方式，以及如何在战略管理和规划中使用这些分组。另外还需要注意的是，Cisco IT 部门在最初的服务转型项目中把分类系统最上面的层级命名为组织原则，并且这个命名仍在 Cisco IT 专用的分类系统中使用。

为分层系统模型的每个层级指定一个与其密切相关的名称，还可以进一步考虑这个层级所要实现的功能。IT 转型团队在删除或忽略参考分类系统中描述的功能时应该谨慎考量，可以在给定的层级中添加提供额外机制的功能。在更新时，我们应该谨慎讨论分类系统中层级的命名机制。

4.5.8 定制化分类系统的样例

图 4-9 中展示了在四层和五层的参考分类系统中进行自定义的方法。需要注意的是，服务这个层级总是存在的，并且只有一个样例更改了服务组织性层级的名称。在每个样例中，我们假设即使更新了名称，每一层级的基本用途仍保持不变。

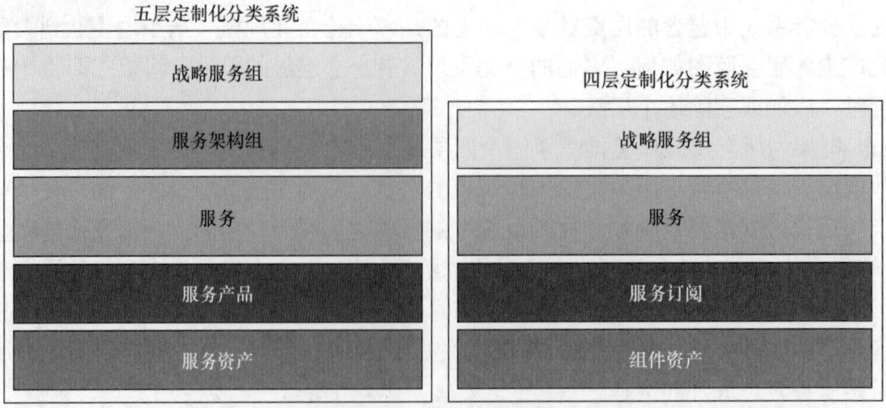

图 4-9 定制化分类系统模型的样例

4.6 总结

IT 转型团队采用的服务定义方式会对最终的服务交付框架产生深远的影响。这些影响包括产生的服务数量和服务类型、有效管理的能力，以及衡量并沟通相关服务价值的能力。

ITaaS 框架把一项服务定义为 IT 部门所提供的一组技术功能，这些技术功能需要对业务成果提供支持，IT 部门应该以经济高效的方式对其进行管理，同时还要通过技术来实现主动创新、转型并改进业务成果。

IT 服务具有以下特征。

- IT 服务所提供的技术功能必须能够为客户带来价值，并且价值的确定需要考虑该技术功能所实现的业务成果，以及在期望性能水平下交付该服务所需的成本。
- 所有服务都关联着一组技术功能、技术功能的性能水平，以及交付相关服务功能的总拥有成本模型。
- 服务的定义要与客户达成一致。
- 每项服务都表示为以下 3 种服务类型之一：业务运营服务、企业终端客户服务或者技术基础服务。
- 服务组合中列出了每项服务，并且由服务交付分类系统对服务进行组织管理。
- 服务负责人对服务进行端到端的交付、代表客户进行创新、以经济有效的方式对服务进行运营，并且对服务为企业提供的价值负责。
- 服务与技术无关，一项服务可以跨越多个技术平台或架构，以及多个 IT 功能团队，以此避免重复劳动。
- 一项服务的创建不是特定应用、IT 功能团队或活动，或者成本分配的结果。

ITaaS 框架中使用以下 3 种不同的服务类型。

- **业务运营服务**：这类服务所交付的专业技术功能会直接实现业务流程和业务成果，它们可能是行业或企业本身独有的，使用者主要是不同的企业业务单位。比如用来支持企业销售流程的技术功能。
- **企业终端客户服务**：这类服务所交付的技术功能会直接提升整个企业中终端客户的生产力，它们在大多数企业和行业中都是通用的。比如用来支持整个企业中生产力和协作功能的服务（如电子邮件或视频会议）。
- **技术基础服务**：这类服务所交付的核心技术功能会对企业和行业中常用的其他 ITaaS 服务提供间接的支持。比如用来提供数据存储和云应用托管功能的服务。

服务交付分类系统的引入，允许 IT 负责人对服务蓝图进行战略性管理。它为服务交付框架创建了一个层级结构，让角色和策略能够一一对应。Cisco 的 ITaaS 框架包含一个五层级的参考分类系统，IT 转型团队可以根据具体的 IT 部门和目标，对这个参考分类系统进行自定义。

第5章

企业技术功能需求的映射

本章将会指导 IT 转型团队映射一组特定的技术功能需求，并把它作为一项输入信息放入业务运营类型的服务设计中。回忆一下，这些服务类型所提供的是企业执行业务流程所需的技术功能。这意味着要想设计这些服务，就需要了解现有的主要功能是如何实现以及受到技术的影响的。虽然可以使用多种方法来收集和汇总这些信息，但 Cisco 的 ITaaS 框架和服务转型项目中就包含了一个流程来开发企业技术功能（ETC，Enterprise Technical Capability）映射图。这个工件不仅能够捕获业务运营服务设计所需的信息，还能够为服务负责人，甚至是服务交付功能之外的 IT 部门带来巨大价值。

本章首先确认 ETC 映射图的用途，然后讨论它所创造的价值和机遇。接着，介绍 ETC 映射图的一些考量因素，因为这项工作很容易偏离轨道，并且会事倍功半。幸运的是，大多数企业已经拥有了大量信息——比如由各个业务单位进行管理的，来自企业架构（EA）实践或流程映射文档中的信息。事实上，有一个重要的考量因素是，现有的 EA 实践可能已经拥有完整的信息，并且这些信息与转型团队正在寻求的信息完全匹配。本章会指导转型团队来构建 ETC 映射图，然后使用现有资源来编写所需信息，或者聘请不同的业务团队来编写文档。最后，通过对当前技术功能需求的映射，我们会介绍 ITaaS 框架的服务功能路线图（Service Capability Roadmap），它可以帮助服务交付团队与其客户合作，来了解并准备未来的功能需求。

5.1 技术功能映射图的用途和价值

与 Cisco 的 ITaaS 框架和服务转型项目中的所有内容一样，IT 转型团队必须了解他们正在开展的活动的价值，并且能够针对这个价值进行沟通。ETC 映射图的开发工作需要转型团队的专注和努力，以及企业中可以获得的各种信息源。因此 IT 转型团队应该清楚自己工作的目标和价值。

创建 ETC 映射图的主要目的是端到端地记录整个企业中，与主要业务功能和流程相关的技术要求，其中包括业务线、公司职能 BU（如财务部门）所执行的功能，以及 IT 部门（如服务交付和支持团队）和企业架构所执行的功能。

创建功能映射图的目的是为交付这些功能的服务设计创建输入的信息，并且为服务负责人提供所需的信息，以便他们能够把技术功能的可用性和性能与业务成果关联在一起。服务负责人应该对服务所实现的流程拥有可见性，并且在这些功能无法提供或无法按要求执行时，了解这对于业务成果带来的影响。

上述目的代表了开发 ETC 映射图的理由。Cisco ITaaS 框架基本的要求就是 IT 转型团队能够正确地设计和调整 IT 服务来支持业务功能。IT 部门必须指定用来专门提供这些功能的服务，以此来实现公司职能和业务成果，IT 转型团队在创建 ETC 映射图的过程中所收集的信息，就是实现这一目标的途径。

这些信息有助于服务负责人对服务进行高效的管理、保持一致性、不断创造新的价值，甚至通过创新来改变实现这些流程和业务成果的解决方案。如果没有准确地了解服务所提供的技术功能可以对这些业务功能带来何种影响，他们就无法做到这一点。简而言之，ETC 映射图的开发和 ITaaS 框架中第一个战略性价值成果的实现直接相关——使 IT 部门成为企业业务可以信赖的顾问。

创建 ETC 映射图带来的另一个机遇是，为了构建并最终审查收集到的这些信息，IT 转型团队必须与为这些功能提供支持的各个业务单位进行合作。这个流程为 IT 部门提供了一个机会，使其一开始就正式参与业务的运营，培养他们对于服务转型工作的兴趣和支持意愿，同时让他们了解 IT 部门应该明确的那些流程，使服务交付与未来发展的需求保持一致。

在本章后续内容中会介绍 ETC 映射图中的数据元素，其中包括可选和必需的数据字段。Cisco 推荐使用的数据元素可以为 IT 部门带来巨大的价值，这甚至超越了它为服务负责人带来的可见性。

在一开始，IT 部门很快会发现技术功能交付中的缺口。如果 IT 团队确定了业务流程需要的技术功能，就应该立即采取行动，而没有理由等待服务转型完成。可以提前准备好所需的功能，尽快为填补客户需求中的缺口做准备，然后在服务设计工作中把适当的服务关联进来。识别出这些需求，并对其做出快速响应，然后在转型项目起步阶段展示这种做法的价值，应该是 IT 部门能够为业务客户提供的最佳服务。

接下来，通过遵循 Cisco 关于把哪些数据元素作为 ETC 映射图开发的一部分进行收集的建议，IT 转型团队很可能会找出重复的内容。下面详细介绍了 ETC 映射图的设计，并且强调了技术功能需求与当前用来交付这些功能的 IT 资产之间的区别。很多转型团队都发现，那些在整个企业中相同或非常相似的技术功能要求，却是由完全不同的资产提供的。在完成 ETC 映射图后，建议 IT 转型团队对重复的内容进行评估，并为 IT 负责人提交报告。然后，负责人可以确保由适当的团队参与工作，并且利用这个机会来整合资产和基础设施。

Cisco 推荐使用的数据元素还有助于 IT 部门了解对于每个业务流程来说，最重要的功能是什么，并帮助企业业务在市场中立足。随着转型团队把技术功能与特定的流程和业务成果进行关联，我们鼓励他们去了解哪些功能会被看作是竞争优势。这些流程可以直接影响企业与业内同行的竞争，并且为 IT 负责人和服务负责人提供可见性，便于其展开投资和创新工作。

最后请记住第 3 章中的建议：尽早并经常通过服务转型项目展现价值。当转型团队在开发 ETC 映射图并展示本节中讨论的价值成果或机遇时，应该确保相关信息能够传递给转型负责人，以便其进行文档记录和沟通。

5.2 进行技术功能映射的考量因素

在 IT 转型团队开始寻求 5.1 节中介绍的价值成果和机遇之前，他们应该先仔细评估一系列考量因素。这些考量因素可能会对 ETC 映射图的价值潜力，以及随着时间的推移开发和管理它所需的工作量产生重大影响。

首先需要考虑的内容是，确认 ETC 映射图中有哪些与推荐信息重复的内容，其中包括企业业务单位进行管理的业务流程文档，以及企业架构实践中已经建立的技术和流程映射关系等。实际上，企业中可能已经存在转型团队所需的大量信息。虽然有可能，但我们强烈建议 IT 转型团队彻底检查以下有关 ETC 映射图设计的内容，并了解每一部分信息的主要差别。现实情况是，虽然类似，但这些信息中仍然存在一些区别，这些区别对于 IT 转型团队来说非常重要，他们可以使用这些区别来为服务设计和服务的最终管理提供支持。

所需信息的相似性确实为大多数 IT 转型团队提供了一个充分利用现有智能资本的机会，这些现有的智能资本可以帮助我们快速完成 ETC 映射图的核心要素，大大减少完成其他建议数据所需的工作量。转型团队应该评估他们的需求，密切贴合企业架构实践，并与负责维护业务流程文档的团队或业务单位进行协作，来识别并利用现有的文档。这项工作必须谨慎，要确保这些信息的准确性。

无论可用信息的水平如何，IT 转型团队都应该与利益相关方进行协作，来完成 ETC 映射图中的每个数据元素。要记住，这其中包括企业业务部门的利益相关方，也包括 IT 部门。此外还要记住的是，利益相关方的参与让我们可以针对更广泛的服务转型项目，培养他们的兴趣和支持意愿。正如第 3 章中所讨论的，变革领导团队所开发的沟通方式可以为转型团队提供服务转型的价值信息，我们通过这些信息可以更快地介入工作，并且展示出为了预期成果而为 ETC 映射图收集信息的方式。转型团队应该确保与适当的利益相关方进行协作，并且充分了解他们需要收集的信息。访谈协议或大纲可以帮助他们完成这些沟通交流，并且确保收集到正确的信息。

同样重要的是，IT 转型团队不要过度开发这个工具，也不要在没有必要的情况下扩展它，或把开发它的工作复杂化。与 ETC 映射图相关的数据收集工作很容易偏离正题，转型团队要记住，我们并不负责创建那些当前不存在的详细业务流程文档。理想情况是拥有几十个可用的详细流程文档，如果没有的话，转型团队应该专注于确定已知的技术能力要求，并且与利益相关方进行合作，来验证与之相关的主要流程和功能。

另一个重要的考量因素是，如何随着时间的推移来维护 ETC 映射图中的信息。虽然最终的工件可能会由 IT 服务管理团队或 EA 实践进行管理，但更新主要是由服务负责人进行驱动的，并且应该在实践中受到限制。除非企业进入了新的市场，或者从根本上改变了它的运营方式，否则主要的业务功能和与之相关的流程不太可能经常发生变化。除此之外，要始终牢记，IT 转型团队和更广义的 IT 部门都不需要对 IT 部门本身之外的业务流程文档负责。相反，ITaaS 框架和 ETC 映射图的目标是建立初始的服务一致性，然后服务负责人与高级客户利益相关方进行合作，来保持技术功能与需求的一致性。后面会介绍服务功能路线图，服务负责人和利益相关方可以利用它来开发未来技术功能需求视图。

最后，当 IT 转型团队完成了 ETC 映射图后，他们应该确保花些时间与利益相关方和高级业务负责人一起来评估并审查最终的文档。转型团队最不希望的是，使用从过时的文档中收集到的信息，或者利益相关方提供的有限的信息，来开始冗长的 IT 服务设计工作。

5.3 创建企业技术功能（ETC）映射图

现在 IT 转型团队已经深入了解了 ETC 映射图所创造的价值，以及它对于服务交付框架的重要性，并且也了解了重要的考量因素，我们可以开始讨论如何来创建 ETC 映射图。本书这部分内容会介绍 ETC 映射图的设计，其中包括将收集到的众多信息进行图形叠加，然后通过 Cisco 的三线（Three-Lane）开发方法来收集并编译所需的数据。

5.3.1　企业技术功能映射图的设计

IT 转型团队的首要任务是建立数据字段，也就是那些他们认为与所要创建的 ETC 映射图相关的数据字段。然后他们可以针对每一个数据字段进行仔细定义，甚至考虑为指定字段所关联的信息给出一些例子。接下来，转型团队需要考虑现有文档中已经存在哪些数据字段及其相关的信息，这些字段与其他团队所管理信息的重叠，以及如何对其进行区分。确定相关字段的最佳方法是考虑企业业务运营的结构和转型团队所需的信息。

企业业务运营通常会被描述为一系列主要的功能，这些功能通常表示为一系列流程，执行这些流程的目的是实现一个或多个预期成果。有时在文档中这会被称为流程组，它们由一个或多个组织部门或业务单位进行管理。举例来说，企业可以指定以下流程所需的功能：“劳动力分析和计划”“招聘”和“员工绩效管理”。转型团队需要识别这些功能及与其相关的业务单位，然后了解现有的技术功能要求，对于大多数团队来说，这些要求可能是混乱的信息字段。

记录技术功能要求的第一个准则是区分需求和当前用来交付功能的 IT 资产。把这些数据字段分门别类地进行记录是一种机制，IT 团队利用这种机制可以识别出这些数据字段，并且最大限度地减少重复，特别是整个企业都有类似功能要求但每一个要求当前又都需要利用不同资产的场景。转型团队必须确保他们收集的功能需求是简短的摘要，然后为当前使用的系统或平台进行单独记录。

为 ETC 映射图收集技术功能要求的第二个准则是不能把它做成完整且详细的需求文档。相反，转型团队应该尽量简短概括地记录所需的技术功能。举例来说，由企业 HR 部门管理的“员工职业发展”功能可能需要这样一个系统：允许 HR 管理员为员工开发和发布一个培训模块，并跟踪员工的完成情况。由 IT 部门管理的“IT 技术运营”功能可能需要这样一个系统：收集和管理故障单，对高级报告功能具有额外要求，并且对企业电子商城平台具有依赖性，能够实现自动故障单创建工作。这并不是说转型团队不应该收集或者链接现有的需求文档，因为这些文档会对未来的服务负责人提供帮助。需要注意的是，指定功能或流程可能具有多个独特的技术功能需求，这些功能目前可能是由不同的 IT 部门所运营的技术资产提供的。

在 IT 转型团队考虑了他们需要的信息后，就可以为 ETC 映射图中的数据字段指定初始提案了。以下是 Cisco 推荐使用的 ETC 映射图数据字段。

- 业务功能或流程组。
- 管理/运营业务单位或组织性部门。
- 业务流程。
- 业务流程描述。
- 业务流程 ID（可选：如果链接了其他文档）。
- 主要的利益相关方列表。
- 业务成果。
- 技术功能需求描述。
- 当前使用的 IT 资产。
- 竞争优势（是/否）。
- 相关系统/解决方案需求文档的参考。

当然，我们欢迎转型团队自定义这个数据字段列表。但是他们应该谨记这个工作的根本目标：理解企业的功能和流程，以及与之相关的成果，同时要了解设计特定类型的 IT 服务所需的技术功能。

5.3.2 构建 ETC 映射图

在使用服务设计所需的信息填充 ETC 映射图时，应该首先与企业架构实践相结合，然后与企业中负责记录业务流程的团队进行合作。我们的目标是尽可能多地填充现有文档中的信息，同时确保信息的准确性。虽然只使用现有文档的想法很有诱惑力，但团队也应该注意不要漏掉关键信息，比如单独记录需求和当前使用的资产，以及确定优先级或竞争优势的流程，这些内容可能不包含在文档中。在对现有文档的蓝图进行评估后，转型团队可以更好地衡量剩余工作量，并评估收集所需信息的最佳方法和策略。

假设转型团队需要与企业中的全部或部分利益相关方各小组进行合作，那么在此之前，Cisco 建议先明确他们想要收集的信息类型，这样才能确保与正确的联系人进行合作，并制定议程或访谈协议，以获得最佳信息。

IT 转型团队还必须确保收集了企业中端到端的流程和技术功能需求。如果在映射图中有盲点的话，就无法实现 IT 服务与企业需求相一致的目的。为了解决这个问题，Cisco 建议采用三线方法来收集并评估 ETC 映射图中的信息，这种方法可以让团队更好地进行查看和评估，并且促进整个企业中每个功能的利益相关方参与进来。每一线的操作如下所示。

- **业务功能**：业务线执行业务流程所需的功能集合，例如钻井、车辆制造或提供医疗服务。
- **公司职能**：公共企业业务单位执行业务流程所需的功能集合，例如负责人员招聘的人力资源部门。
- **IT 功能**：IT 部门执行专用于 IT 部门的流程所需的功能集合，例如 IT 服务支持。

IT 部门最初可能无法看到整个企业的功能，但可以利用那些大家都熟识的组织部门来填充他们自己的 ETC 映射图，如图 5-1 所示。

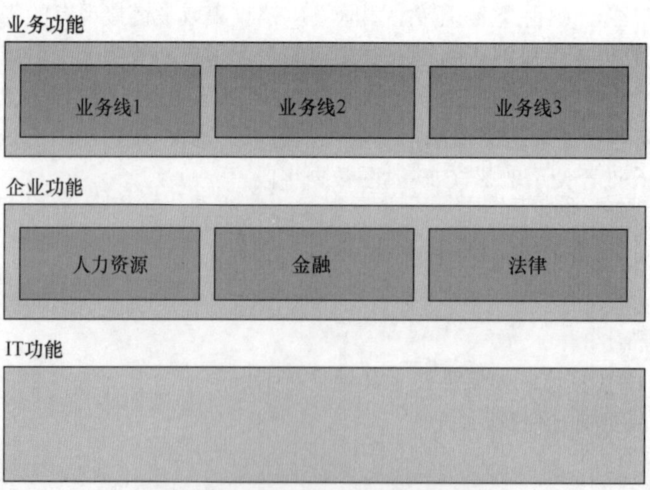

图 5-1 基于部门的 ETC 映射图

IT 转型团队可以利用这些信息作为指导，来确定应该与哪些部门的利益相关方进行合作，并最终确定 ETC 映射图中的信息。在识别特定的功能时，可以更新这些 ETC 映射图，如图 5-2

所示，其中以汽车制造商所需的功能为例。

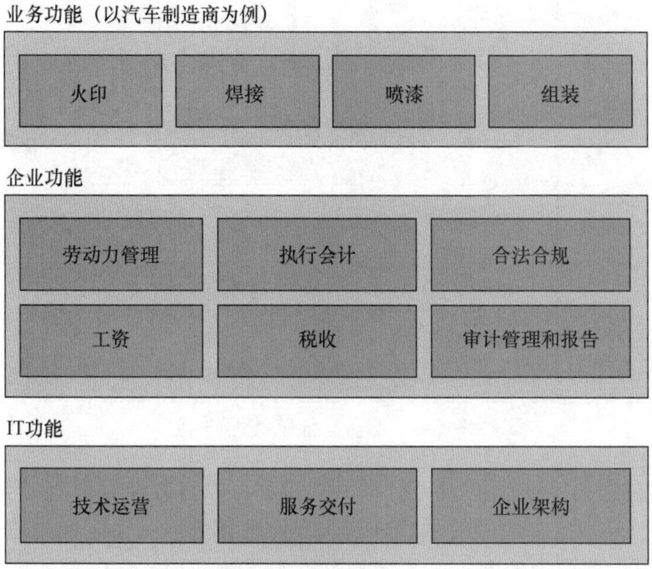

图 5-2　企业技术功能映射图样例——汽车制造商

需要注意的是，类似于图 5-2 所示图形可以用来展示 ETC 映射图中众多信息的叠加，并且说明 IT 服务与业务功能的对应情况。映射图中显示出来的功能与 ETC 映射图文档中的数据字段相关，其中还可以包含服务组合中 IT 服务的名称和数字代码，这能够让业务负责人快速找到与企业业务运营其他方面相关的服务。

5.4　服务功能路线图

为了保持与业务需求的一致性，IT 服务需要随着时间的推移而发展。服务负责人最早可以利用的工具之一是服务功能路线图，这个路线图之后会成为服务架构中的一部分，也就是可以被链接到更广泛的企业架构中。

服务功能路线图的用途是展示引入的功能，有时也用来展示取消的功能，这些功能由服务提供。它的最终目标是让服务负责人与客户利益相关方一起完善路线图并对其达成一致，使其能够主动地制定计划来支持所需的功能。

我们通常会在服务评估工作中展示并评估这些路线图，它们代表了 IT 服务蓝图的发展中很大的一部分战略，通常包括投资和架构规划。Cisco 建议采用六季度滚动路线图，但当企业或服务更为复杂（或规模更庞大）时，可以使用八季度，甚至十二季度路线图。另外还需要注意的是，很多服务负责人发现通过服务产品来组织这些路线图是一种很方便的做法，如　图 5-3 所示。

服务负责人需要考虑的最重要的因素是，确保这些路线图能够持续反映出在这个季度内会提供或取消哪些技术功能，而不是把这些信息分配到项目或技术资产的生命周期路线图中。还有一点需要注意的是，这些是与客户利益相关方在进行服务评估和服务规划工作中使用的早期工具，但随着时间的推移，它们会成为构成企业架构和服务架构的总体战略的一部分。

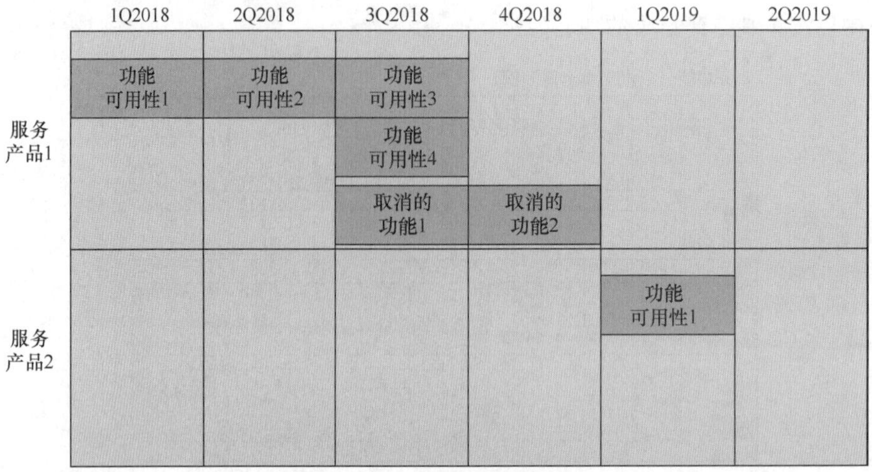

图 5-3 服务功能路线图样例

服务功能路线图为 IT 转型团队提供了一种工具，可以有效地吸引客户群，并且为更广泛的服务架构提供信息，从而使其与总体的企业架构和路线图保持一致。第 2 章中简要介绍了企业架构实践，并强调 IT 部门中的两个核心功能可以相互链接和交换信息，最终相互增强。ITaaS 框架中的 ETC 映射图和服务功能路线图就是这两个核心功能交换信息和相互补充的一次机会。

一位 ITaaS 顾问的日记摘要

当我指导一个早期的客户服务转型团队时，在评估初始的服务功能路线图草案时出现的情景，会在未来与客户交流时再次出现。这个客户是一家页岩油公司，情景中涉及服务负责人第一次建立服务评估展示的工作，以建立最早的服务试点。

最初的草案是一张幻灯片，它把几个规模庞大且详细的项目路线图合并在一起，最终形成了一张可以用来考察天文学家眼神的视力表。第二版草案看起来更像是涉及了应用生命周期的路线图，反映出用来交付核心功能的平台上各种组件的升级状态（比如数据库的版本从 10.1 升级到 10.6）。

这一次，我查看了每一个条目并提出一个问题："您的客户从这里实际上获得了什么？"。在大多数情况下，我获得的答案只是持续的支持、稳定性或缓解已知的安全漏洞。每一次，我都指出这些是该服务的特性，我们应该代表客户在后台对这些特性进行维护，并且这些特性并不代表要交付的功能变更。换句话说，服务负责人应该在服务级别之下进行工作（查看第 4 章的日记中分享的内容）。

然而在一个条目中，那个服务负责人顺便提到，除了要确保能够提供持续的支持外，通过升级工作，还应让钻井工程师有能力对那些比以前深得多的井进行评估。就在这时，我从椅子上跳了起来，喊道："就是这样！"并且说到"实现深达 *X* 英尺的井眼分析"完美展示了我们正在寻找的条目类型。在会议结束 1h 后，服务负责人通过电子邮件发送了最终的服务功能路线图供我评估，很明显，我们已经通过这个例子达到了目的。这个路线图反映出在未来几个季度中会引入的一些有趣的功能，并且没有提供任何不必要的项目或技术细节。不久之后，在与业务负责人进行交流时，这个幻灯片完全改变了 IT 部门与这个业务部门之间的关系，并且帮助我们快速制定出了讨论未来功能的交流时间。

这种情景不仅为其他服务负责人提供了一个明确的参考，还在 IT 部门的文化转型工作中提供了另一个步骤，因为 IT 专家开始更多地考虑业务功能，而不仅仅是孤立的技术细节。

项目和资产的生命周期路线图，以及类似的细节内容对于业务负责人来说无关紧要，他们希望 IT 部门来代表其管理这些事务，并且只有在必要时他们才会参与这些内容的评估。然而，定制能够改进或改变业务部门运营方式的功能路线图，是一个把业务负责人领到谈判桌上，并且带来高价值联合服务规划的讨论议题。

5.5 总结

Cisco ITaaS 框架中的业务运营服务类型所交付的技术功能，能够对业务流程提供支持。为了正确指定和调整这些类型的 IT 服务，转型团队必须清楚地了解整个企业（包括 IT 部门内部）运营的功能和流程，以及每个部门对于技术功能的要求。

Cisco 的服务转型项目包括开发企业技术功能映射图，这个映射图可以为服务设计提供重要的输入内容。ETC 映射图为 IT 部门带来了很多创造价值的机会，但转型团队需要考虑一些重要因素。我们可以通过 EA 实践和负责记录业务流程的团队找出需要收集到 ETC 映射图中的一些信息，但有一些数据也可能需要通过整个企业的利益相关方进行收集和评估。

Cisco 建议采用三线方法来组织企业的业务功能，以此来确保转型团队在企业中收集到端到端的信息。这种方法还可以用来开发 ETC 映射图的叠加图形，以支持转型团队与利益相关方的评估工作，并且能够展示服务的一致性。三线分别如下。

- **业务功能**：业务线执行业务流程所需的功能集合，例如钻井、车辆制造或提供医疗服务。
- **公司职能**：公共企业业务单位执行业务流程所需的功能集合，例如负责人员招聘的人力资源部门。
- **IT 功能**：IT 部门执行专用于 IT 部门的流程所需的功能集合，例如 IT 服务支持。

为了支持服务的发展并使其继续与业务需求保持一致，转型团队应该为每项服务构建和管理服务功能路线图。这些路线图能够帮助服务负责人与客户利益相关方进行合作，了解未来的功能需求，支持架构设计和投资规划。

服务功能路线图作为服务负责人早期能够使用的工具，可以让服务负责人与客户利益相关方合作规划服务交付的未来需求。这些路线图会作为总体服务架构的一部分，也是更广泛的企业架构中的一部分。

第 6 章

服务设计和 IT 服务组合的建立

IT 转型团队现在已经明确定义了用来实现服务交付框架目标的 IT 服务。他们还使用一个多层级的分类系统，它提供了一个对目标服务蓝图进行战略性管理的架构，以及针对服务功能的完整映射，企业要想实现其业务流程就需要使用这些功能。通过上述内容以及本章介绍的其他输入信息，转型团队现在可以开始设计 IT 服务和构建服务组合。

但在开始之前，我们应该重新评估服务组合的目标和价值潜力。ITaaS 框架中的服务组合不再是简单的 IT 服务列表。相反，服务分类系统的引入为服务组合带来了一个层级结构，并且要求我们指定除了 IT 服务之外的元素；它还为服务交付工作提供了众多价值功能和成果。考虑到这一点，本章完整介绍了 ITaaS 框架的服务组合，其中包括注意事项、结构和设计，以及推荐用来开发和最终定稿的工作流程。

从这里开始，我们关注的重点会转移到服务组合中特定元素的设计，花费大量时间来评估各种指导方针、最佳实践和经验教训。我们还会介绍设计各种服务类型的指导方针，以及服务交付分类系统中每一层级中需要指定的元素。Cisco 的 ITaaS 框架中包含一个完整的参考服务组合，可以用它来加速这项工作的进程，使转型团队能够专注于企业的行业和业务所特有的 IT 服务设计。附录中包含了参考服务组合，以及使用这个参考服务组合的指导方针。

6.1 服务组合概述

服务组合不是一个新颖的概念，实际上，IT 服务管理标准多年来一直主张使用其来管理 IT 服务，因此我们可以在大多数企业的 IT 部门中找到这些服务组合。Cisco 的 ITaaS 框架利用服务组合的概念，保留其作为组织和管理 IT 服务的工件的核心目的，同时在 IT 服务交付框架中实现更具战略性的目标。接下来的内容能够确保读者清楚地了解服务组合的目标和价值，以及它对服务交付带来的影响。转型团队应该始终关注一些考量因素，并且仔细评估他们的计划方法和构建服务组合所使用的一般工作流程，这个流程中涵盖了审核、最终确定和管理 IT 服务组合所需的所有内容。

6.1.1 服务组合的用途和价值

很多 IT 服务管理标准只把服务组合作为一项能够列出各种服务的工具。虽然它确实具备这一基本功能，但 ITaaS 框架会把它作为实现服务分类系统的工具，允许在层级结构中的每一个层级上汇总信息，并且将其定位为 IT 负责人的战略工具。IT 服务组合的首要目的是能够让我们在服务交付层级结构中的不同层级上规划和执行策略。

为了说明它的价值潜力，我们举一个例子，假设服务交付团队可以在“战略服务组”这个层级上对服务成本和性能信息进行汇总。回想一下为了对战略性规划提供支持而在这个层级上聚合的服务。如果简单地把成本和性能与一个列出了上百项服务的服务组合相关联，虽然可以为特定的服务交付团队提供有价值的参考信息，但却不利于战略性规划。如果在更高的层级上对服务的成本和性能进行汇总，就能有效地为 IT 负责人创建出一个战略性仪表板。IT 负责人通过使用这些多层级的仪表板就可以进行更快速的评估，甚至随着时间的推移来监控服务蓝图中的战略部分，正是服务组合在驱动这些信息视图。

虽然把它作为战略性工具可以为我们带来众多价值，但 ITaaS 框架中的服务组合还有其他用途。在基本的层面上，通过使用分类系统，能够帮助我们把烦琐的服务列表组织起来，让服务组合变得易于查询和管理，即使对于那些把它只用作 IT 服务基本参考的 IT 部门也是如此。实际上，可以把它当作服务交付的参考工件，并且它还额外提供了战略性仪表板。无论如何它都是主要的 IT 内部工具。它还可以用来派生 IT 服务目录，这个目录用来实现客户请求门户，比如第 11 章中展示的企业电子商城。

ITaaS 框架的 IT 服务组合仍然是有关服务及其相关信息的有价值的参考，但它也可以作为服务分类的执行点，让我们更轻松地对服务组合进行组织和管理。通过在服务交付层级结构的每一个层级上谨慎设计信息集，服务组合还可以成为 IT 负责人的多层级战略仪表板。

6.1.2 服务组合的考量因素

在清晰地了解了服务组合的用途和潜在价值后，IT 转型团队可能会急于开始设计服务的工作。但在此之前，他们应该在服务组合的设计和开发工作中，融入一些通用和特定的考量因素。

对于服务组合来说，第一个通用的考量因素是它付出的巨大工作量。设计一个完整的服务组合是 IT 转型团队会在服务转型项目中面对的复杂并且庞大的任务。服务成本和性能的战略性开发也是一项重要的工作，并且可能会更为复杂；同时服务组合设计的广度及其自身的复杂性，也使它成为一项耗时的工作，通常它所需的时间会远远超过大多数团队所预计的时间。需要记住的事，转型团队并不仅仅要设计一套完整的 IT 服务，使其能够在整个企业业务中提供端到端的功能，还要在服务分类系统中的每个层级上指定特定的元素。我们要确保 IT 负责人、利益相关方和转型团队都了解这项任务，并且不会在时间表上过度消耗精力。

这项工作自身的复杂性是另一个考量因素。很多设计经常偏离最佳实践，或者让转型团队转向不同的方向，从而导致在某个服务组合层级中指定的要素不具有连续性。

这项工作的长度可能会导致一些团队成员不再使用原始的 IT 服务设计方法，这与 ITaaS 框架中的 IT 服务定义相矛盾，并且也无法支持未来的成本和性能策略。变革领导团队对于推动端到端的一致性至关重要，要确保组织所提供的服务能够遵从本章后面介绍的服务和最佳实践的定义、特征，以及服务交付的指导原则。

IT 转型团队的一个重要优势是 ITaaS 框架中包含一个参考服务组合，可以把这个参考与附录中提供的指南一起使用。这个参考服务组合为转型团队提供了初始的技术基础服务和企业终端客户服务，这些服务在任何行业的 IT 部门中都是通用的。把这些服务当作未来服务设计的指南，会减轻自定义的工作量并且便于我们轻松地采用。这样做可以显著降低整体的工作强度和复杂性，并且使转型团队能够把大部分精力集中在他们的行业和企业业务所特有的业务运营服务上。

需要记住的是，虽然服务组合的大部分设计工作是由 IT 转型团队承担的，但并不代表这项工作只能在转型团队内部完成，其实它也无法仅在 IT 部门内部完成这项工作。整个服务组合需要在相应的利益相关方之间进行评估，并且要根据他们反馈的意见进行完善。评估的实践工作会在本章后续内容中进行介绍，但这时必须使用变革领导力职能团队所管理的价值沟通和服务转型指导。评估和审查服务组合的提议，需要在 3 个主要利益相关方之间进行：IT 负责人、IT 内部利益相关方和业务利益相关方。

随着 IT 转型团队对服务组合的推进，并且开始与利益相关方一起对服务组合进行评估，IT 转型团队应该考虑采用一些策略来有效地展示和评估服务组合中的相应部分。常用来管理开发中的服务组合的工具是电子表格，它可以轻松捕获并排列相关数据，但其并不总是最适宜的评估方法。Cisco 建议使用服务组合的图形进行展示——比如使用简单的方框表示服务组合中的指定部分，这样做易于呈现和评估。如图 6-1 所示。

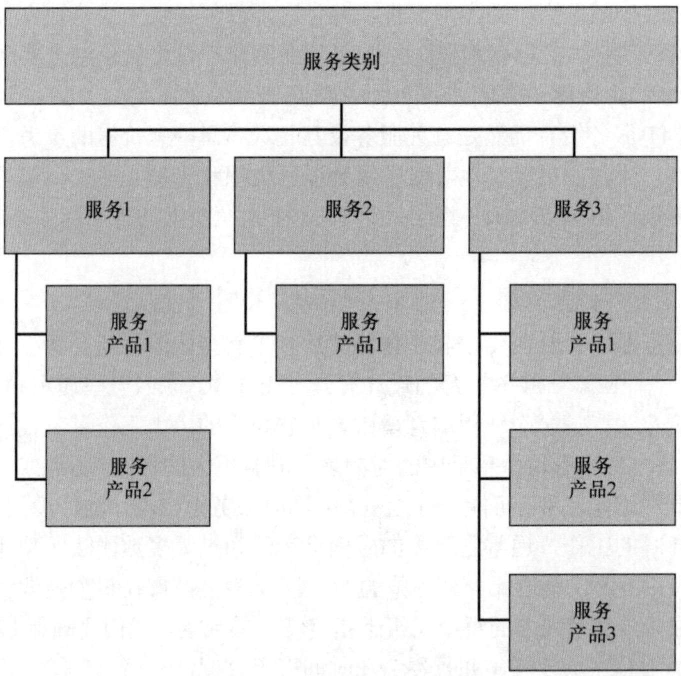

图 6-1 服务组合框图样例

除了要在整个设计阶段对服务组合进行管理外，转型团队还应该积极地考虑长期托管服务组合的需求和相应的理想平台。要记住的是，ITaaS 框架提供了一个机会，即使用 IT 服务组合作为多层级的战略仪表板，但这需要一个平台，能够在不同的层级上为 IT 负责人汇总相关的服务信息。即使转型团队一开始只把服务组合当作一个服务参考，也仍然需要一个能够提供查询和管理的平台。因为服务组合并不是静态的，如果要跟着业务的需求而发展的话，我们必须随时对其进行管理。

6.1.3 服务组合设计的考量因素

IT 转型团队在建立服务组合时，必须考虑一些与设计和方法相关的考量因素。请注意，其中的一些考量因素会与第 3 章中涉及的建议相呼应。

第 3 章中推荐了一个自顶向下和端到端的 IT 服务设计，来确保 IT 部门的运营能够保持一致性和高效性。自顶而下的方法会从业务运营服务类型和企业终端客户服务类型开始，然后指定为它们提供所需的技术基础服务类型。这种方法可以确保所有 IT 人员和资产与相关的服务保持一致，并且可以让 IT 部门有机会对那些无法组合的服务进行改组或重新调整，从而确保其有效运行。如果服务组合设计工作开始于技术基础服务类型，则往往会在早期调整 IT 资产，并且难以达到自顶而下方法所带来的效率。另外，端到端的服务设计支持向 ITaaSO 进行过渡，能够创建与服务相一致的 IT 资源和预算的并行视图，如果只指定了一部分服务的话，是无法获得这种视图的。

ITaaS 框架的参考服务组合能够支持这种自顶而下的设计方法，转型团队可以从一开始就专注于业务运营服务。然后，当转换到企业终端客户服务和最终的技术基础服务时，他们需要把剩余需求与参考服务组合中列出的 IT 服务进行对应，在需要时进行定制，并省略不存在的需求，最后为参考服务组合中没有考虑到的功能需求指定服务。

1. 服务组合设计的输入内容

在开始开发服务组合之前，转型团队应该确认他们已经拥有了所有相关的输入信息，并且要花时间谨慎地评估每一个信息。

- 服务定义。
- 服务交付分类系统。
- 企业技术功能（ETC）映射图。
- ITaaS 参考服务组合。
- 服务交付的指导原则。
- 现有的服务管理工件。

虽然读者应该熟悉这些内容，但我们仍然强调应该使用现有工件来进行 IT 服务的交付。ITaaS 框架中独特且更具战略性的 IT 服务设计可以为新服务组合的开发提供保障，允许新的 IT 服务组合支持新的 IT 服务交付方法。这并不意味着用于支持服务交付的现有服务组合、目录，以及其他数据和文档都没有用处。相反，这其中的很多资产都可以成功地用于新服务组合的设计，通常只需要把它们映射到分类系统中除了服务这个层级之外的其他层级就可以了。举例来说，之前服务组合中的很多元素都可以加快服务产品（Service Offering）的指定速度，特别是对于技术基础服务类型和企业终端客户服务类型来说，它们最终会被映射到 IT 服务目录请求中，详见第 11 章的介绍。转型团队需要重点考量的因素是，了解已存在的内容并尽可能地利用它，同时不要忽略 IT 服务交付的指导原则和未来预期的结果。

2. 服务组合的开发工作流程

在进行 IT 服务组合的开发工作时，推荐使用以下常规的工作流程。

- **构建服务组合：**转型团队要为服务组合指明特定的数据元素、创建初始的信息集，并使其与分类系统中的每个层级相对应。
- **设计服务：**利用服务的定义、参考服务组合和 ETC 映射图，在企业中设计一个完整的端到端 IT 服务草案。需要注意的是，Cisco 建议在这个阶段开始进行初始的服务产品设计、捕获潜在的服务资产信息，并记录可能的服务链。
- **设计剩余的产品组合元素：**随着完整的服务集即将完成，可以使用服务分类系统来指定分类系统中组织性层级（Cisco ITaaS 参考分类系统中的“服务类别”和“战略服务组”这两级）中的元素。

- **评估服务组合：**转型团队开始在每个利益相关方组中针对服务组合的初始提案进行评估。我们应该仔细考虑每个反馈信息，以便对服务组合提案进行整合和完善。
- **识别服务链：**转型团队要记录参与服务链的所有服务，并建立这些服务的成本模型和服务性能策略。
- **完成服务组合：**IT 转型团队对服务组合进行端到端的评估，包括评估其设计的一致性、对于服务交付指导原则的支持，以及用来支持 IT 运营模型和企业业务的其他要求。

时间线范围并不包含在内，因为根据企业的规模和运营的复杂性、输入的信息，以及转型团队的整体经验和对 ITaaS 框架的掌握，时间线会有大幅度的变化。作为一般的规则，服务设计是最重要，也是最耗时的一步，其他的服务组合元素设计通常会在它的 1/3（甚至 1/4）的时间内完成。考虑到这项工作需要跨越整个企业并且端到端地完成，甚至利益相关方是否可以参与转型团队的工作也会为评估的时间线带来重大影响，但服务组合通常在几周之内就可以完成。

虽然这些步骤在很大程度上是按顺序排列的，但转型团队可以通过瀑布法轻松错开每个阶段，如图 6-2 所示。这里的关键是要意识到在当前阶段完成前，过早地开始下一阶段有可能带来设计质量问题，甚至返工。举例来说，服务类别和战略服务组这两级的指定通常在提交了第一轮服务后变得清晰，但如果让它与服务设计工作同时开始，则这时只能对服务类别进行猜测。

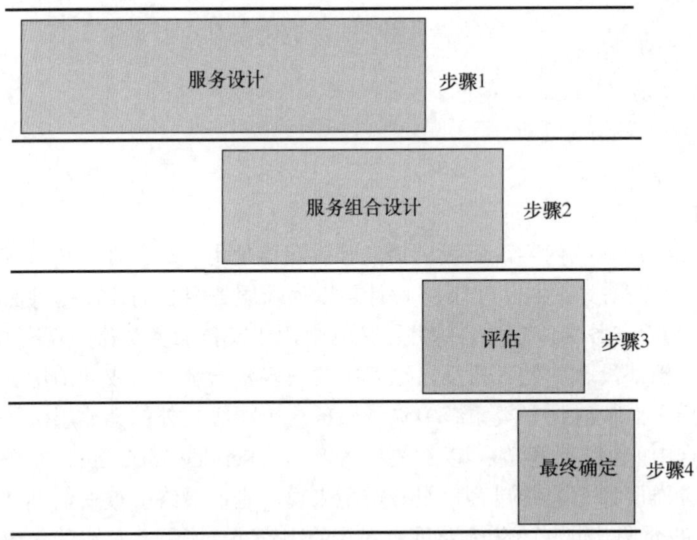

图 6-2 服务组合开发的工作流程

3. 服务组合的构建

IT 转型团队的一项重要工作是对与服务组合相关联的信息进行规划，既要在一开始就支持服务设计，也要在长期工作中支持战略性规划。最终向战略仪表板的过渡取决于服务成本、性能和其他转型团队还无法使用的策略信息，但重要的是要把它规划到服务组合中。

服务组合中基本的数据元素分为以下这些。

- 战略服务组。
  - 服务执行主管：[姓名]。
- 服务类别。

    - 服务架构师：[姓名]。
- 服务。
- 服务描述。
- 服务负责人。
- 服务交付人员。
    - 服务架构师：[姓名]。
    - 服务产品经理：[姓名]。
    - 服务执行主管：[姓名]。
- 服务产品。
- 服务资产引用。
    - 应用集。
    - 产品或设备引用。
    - 人员参考。
- 服务性能信息/链接到仪表板。
- 服务 TCO 信息/链接到仪表板。
- 服务功能集：[描述服务所交付的功能或链接到 ETC 映射图]。

在任何时候，转型团队都要与利益相关方团体进行合作来评估服务组合中的各个部分。举例来说，利益相关方可以同意转型团队所提出的服务，并提供与服务相关的服务产品最初提案，然后转型团队可以对其进行优化。尽可能地捕获服务产品和服务资产引用，可以为未来的服务负责人节省时间，同时帮助他们快速优化新启动的服务。

4. 服务组合的评估

随着服务组合即将完成，一项重要的工作是与特定的利益相关方一起评估和细化各部分信息。我们应该和 IT 领导团队一起审核完整的服务提案，以及“服务类别”和“战略服务组”这两级；还应该与 IT 内部团体一起评估服务组以及服务聚合，这些 IT 内部团体负责为指定服务的架构、流程和预算提供最终的支持，服务负责人和其他服务交付决策很可能就来自同一组利益相关方；最后，我们应该和整个企业中的利益相关方组一起评估业务运营服务类别中的每个部分。

我们还可以评估服务产品和服务资产引用的初始提案，但应该鼓励新任命的服务负责人对其进行改进，来支持高效的服务管理。服务组合评估和最终确定工作的主要关注点在于服务以及对于 IT 负责人来说这些服务最有效的聚合方式。

对于转型团队而言，重要的是要积极收集输入信息，并确定评估流程需要多长时间。在这里我们的目标是避免出现“分析瘫痪”（analysis paralysis）的情况，或者说需要避免转型团队对服务组合的一部分进行没完没了的评估，这样做会让利益相关方在永无止境的循环中不断重复。第 3 章中曾把“80/20”规则称为支持成功转型计划的最佳实践，并且强调了要把“转型工作的集中化权威机构”作为关键的成功因素。这些原则专门用来支持转型团队的评估工作，让转型团队能够评估何时已经拥有了足够的反馈信息，现在只需要做出决策来继续完成项目。

IT 转型团队在与利益相关方进行合作时，需要遵循以下一般指导方针。

- **做好准备**：转型团队不应该只准备一套材料来描述服务和服务组合设计的方法，还应该完全理解当前正在评估的提案，并且要说明这个服务提案会对利益相关方带来哪些影响。

- **要有耐心：**除了最初与利益相关方就服务和服务组合设计原则进行评估的工作，以及展示初始的提案之外，转型团队还需要在不同的团队和利益相关方之间举办多轮评估来收集所有相关的反馈信息。转型团队应该始终专心倾听每一轮评估的反馈意见，然后做出最佳决策，从而为相关服务以及更广泛的转型项目提供支持。
- **预期变化：**转型团队不应该独自参与提议的设计，而是应该做好准备并且愿意根据高质量的输入信息和合格的反馈信息来更新提案。同时也要记住，未来管理服务并非是核心的转型团队，而很可能是利益相关方。
- **记住 80/20 规则：**当前的提案是否为 80%正确，并且可以在接下来的几个月内对剩下的 20%进行优化？如果是这样，那么随着时间的推移，服务交付团队会把提案付诸实践并进行改进，这样一来，最佳解决方案就会逐步形成。需要记住的是，即使是最好的设计，也需要在实践中进行调整和改进。重要的是，提案在当前看来基本上是正确就可以了，把完美的正确性留到将来。
- **使用 ITaaS 框架的参考服务组合：**参考服务组合可以加速服务组合的初始服务提案，也可以把它用作有价值的比较标准。转型团队应该仔细考量那些与参考服务几乎没有共性的案例。

5. 识别服务链

在开始最终确定服务和服务组合设计时，IT 转型团队应该尽力确认所有的服务链要求。服务链是 Cisco ITaaS 框架中的一项重要机制，用来建立服务交付的总成本模型，并有助于我们理解服务性能对于其他服务的影响。转型团队要记录服务链中的服务，这样做可以帮助他们更快地完成服务成本模型策略，并改进服务性能策略，甚至能够在早期的服务交付中对服务负责人提供支持。

6. 完成服务组合

每当讨论最终确定 IT 服务组合的工作时，我们并不是在暗示服务和服务组合设计是完美的。IT 服务和服务组合的其他元素必须随着时间的推移而调整，以便我们能够从服务交付功能中获得最大的价值，并且让其与不断变化的业务需求保持一致。事实上，IT 转型团队应该预料到，甚至在转型项目完成之前就要开始实现一定程度的调整。这是把服务交付框架付诸实践的结果，因为在早期服务试点中，服务交付角色（如服务负责人）需要慢慢适应 ITaaS 框架。

IT 转型团队在最终确定初始提议的服务组合工作中，应该执行以下步骤。

- 准确性和完备性评估。
- 端到端的一致性和质量保障评估。
- 按服务交付的指导原则评估。
- CIO 和高级 IT 负责人的评估和签字。

准确性和完备性评估步骤的目的是考虑“我们有没有错过什么显而易见的问题？”。由于 ETC 映射图包含的内容很多，并且创建服务组合的工作已经到达这个程度，因此可能会遗漏一些内容，而且这些内容可能是 IT 部门，甚至是企业业务战略的主要关注点。举例来说，假设一个为企业提供支持的 IT 服务组合严重依赖于厂商，但在服务交付功能中未能包含厂商管理，这是因为只有少数利益相关方能够识别出这些需求，而这些利益相关方却没有参与到工作中。转型团队应该利用这次机会挑战自己，并提出这个问题：“我们忘了什么吗？”。

服务组合的初始提案是由 IT 转型团队中多个小组创建的，他们会与大量利益相关方进行协作并纳入他们的意见；第二次评估工作的目的是确保设计工作具有端到端的一致性。这时还会考虑质量保障——比如根据服务定义提出的服务提案，确保我们已经解决了 ETC 映射图中识别出的所有要求。

指导原则评估可以快速进行，但这是必不可少的工作，而且不能掉以轻心。同样，转型团队应该相信服务和服务组合设计工作的成果与服务交付的指导原则完全匹配。

6.2 设计 IT 服务

现在 IT 转型团队已经了解了该如何构建和进行服务组合的开发工作，我们可以开始考虑在服务交付层级中，每个层级的元素设计工作了。以下内容描述了在整个企业中，端到端地设计 IT 服务的注意事项和最佳实践。IT 转型团队的目标是指定一个完整的服务集。正确地设计这些服务，会对转型项目和服务交付框架的成功带来深远的影响。随着服务转型工作的开展，初始的服务集应该会得到有限程度的更新和重新处理。同时，如果大型服务组从一开始就无法支持 ITaaS 框架的原则，那么沟通服务价值的策略以及实现服务转型的预期成果会变得更加困难。

首先，我们会先回顾服务设计的一般方法和最佳实践，并且检查 ITaaS 框架中与 IT 服务设计相关的常见错误和经验教训。然后，还要考虑服务类型对于服务设计的影响。最后，考虑企业范围的影响，例如为指定的企业业务设计适当数量的服务时，要考虑企业业务的规模和复杂度对于服务设计的影响。

6.2.1 基本 IT 服务设计

在 ITaaS 框架内，IT 转型团队应该如何设计单独的 IT 服务？

回想一下，把 IT 服务定义为 IT 部门所提供的一组技术功能，这些技术功能是实现客户生产力和业务成果的流程所必需的，要以经济高效的方式对 IT 服务进行管理，同时通过技术实现主动创新、转型并增强业务成果。这个定义为我们提供了 ITaaS 框架针对初始服务设计的建议：一组必需的技术功能。

IT 转型团队先指定 IT 服务，其中包括技术功能需求的逻辑分组，然后通过一系列考量因素来进一步优化并调整提议的服务规模，这个提议服务就是交付这些功能的服务。这些细化工作可能会包含添加其他功能或者删除过于复杂的功能。在某些情况下，转型团队甚至可能会意识到，他们开始使用的原始功能集可以代表两个或多个 IT 服务通过。需要注意的是，这种基本的服务设计方法主要适用于设计业务运营服务，因为企业终端客户服务和技术基础服务的开发可以利用参考服务组合，并且很少需要从头做起。本章后续内容会解释不同服务类型中独特的设计方法。

通过将技术功能进行分组来实现单个业务流程，这是一种简单的方法。但需要记住的是，有些流程可能具有有限的技术功能需求。在这些情况下，需要考虑把支持相关业务流程、流程组或主要业务职能的功能放入一个分组。

IT 服务设计的基本考量因素是把单项服务的管理与其带来的价值机会谨慎地对应起来。换句话说，我们希望确保 IT 服务所交付的功能集足够重要，以保证支持服务价值的沟通策略，其中包括构建 TCO 模型、开发和维护服务性能策略。这个概念最初是在第 4 章中进行介绍的。服务设计非常依赖于底层技术，比如特定的应用或者通过公司电子商城所提交的请求，它们通常都很难制定出有意义的性能战略或 TCO 模型。与此同时，我们不希望服务部门拥有如此庞大或复杂的功能集，这会导致他们无法理解服务相关的成本或性能。

指定 IT 服务的结果是为 IT 部门带来服务管理开销。在服务组合中定义的每项服务都关联着 TCO、性能策略、功能路线图和其他元素，最终带来的服务管理开销需要服务负责人和其他服务交付角色来承担。另一方面，服务产品（Service Offering）与这些元素或其开销没有直接关联。这让转型团队能够在前期设计工作中建立更少的服务，因为他们可以利用服务产品来区分不同的功能，并且总是可以在之后把这些服务产品拆分到单独的 IT 服务中。我们会在后面讨论服务产品的设计，并且为那些努力把重要功能分为一组的转型团队提供有帮助的选项，而不是把另一项服务中的服务产品分为一组。

在转型团队认为他们已经对一组功能进行了适当的规划后，可以通过几个不那么重要的考量因素来帮助完善服务，并凸显出进一步改进功能集的机会，或者潜在地表明早期服务产品的指派方式。不应该用这些考量因素代表启动一项服务的理由，而是应该利用这些因素来表明一个服务雏形的最佳结构。

转型团队应该对当前服务设计的最终客户群进行评估，并且要考虑是否用一个不同的功能组就能更好地巩固最终服务负责人需要支持的潜在客户。对功能集提案中的服务资产进行考量，可能也会让转型团队更新他们的提案。同样，对功能集微小的更新可能有助于简化其所涉及的服务资产，从而帮助服务负责人管理服务交付。

当 IT 转型团队考虑为他们新建立的 IT 服务命名时，要记住服务应该与客户达成一致，并且能够反映正在使用的内容，而不是用来实现这项功能的底层技术。举例来说，虽然可以利用众多软件平台来提供“产品设计”等业务流程所需的各种功能，但我们不希望用平台的名字给这个服务命名。相反，转型团队应该考虑使用能够描述平台实际功能的名称，甚至使用“产品设计技术”或类似的服务名称。我们的目标是确保客户群能够立即熟悉服务所交付的功能，而不管其是否熟悉当前可能用来提供服务的 IT 资产。

最后需要提醒的一点是，我们希望鼓励转型团队始终回顾服务的定义和特征，以及服务交付的指导原则。IT 服务应当仅为了响应经过审查的技术能力要求而启动，而不是 IT 人员、资产、流程或成本。

一位 ITaaS 顾问的日记摘要

在 Cisco 早期的 ITaaS 工作中，我面临的一大挑战是正确地调整服务的规模，从而促进我所知道的 Cisco 服务战略评估和规划。也许是我的技术背景起到了作用，或者是我曾经接触过的 IT 服务管理标准和实践给我留下了印象，我只是为服务设计的工作使用了一种更具有战术性和技术性的方法。

我很快意识到这种方法会让单项服务的管理变得更为复杂，同时也让服务组合中服务的数量倍增。我频繁尝试使用性能仪表板和建立成本模型，但只得到了一些无关紧要的数据。更糟糕的是，服务本身的范围以及它对于业务运营所带来的影响，根本不足以证明让高级 IT 负责人和业务负责人在一个房间中讨论它的价值是合理的。

事倍功半之后，我测试了能够反映出 Cisco IT 工作并且也代表了 ITaaS 框架原则的更具战略性的方法。服务终于有了意义。要想证明管理服务的开销是合理的，就需要清楚地了解服务为企业运营带来的影响和价值。性能仪表板和 TCO 模型中反映了以前缺失的重要信息。现在有理由把高级 IT 负责人和业务负责人汇集到一个会议室中，共同讨论服务的价值并为未来进行规划。

我有丰富的经验可以传达这种方法对于 IT 服务设计带来的价值，我目睹了 IT 负责人建立一项服务有多快，仅有的目的是在成本元素中隐藏各种已经存在的资产。以这种方式指定服务无法展示其对于企业业务提升的价值，这种方法指定的服务主要用来容纳那些无法适应某项服务的资源（该服务提供的是另外一些必需的功能）。在服务组合中包含哪怕一项类似的 IT 服务，也会为成本和性能策略带来挑战，并且会在用于规划和引导 IT 部门的服务蓝图的战略性视图中添加令人困惑的变量。

糟糕的是，这些多余的服务导致 IT 部门无法达到新的效率水平，同时也大大降低了其他 IT 服务的价值。

IT 转型团队必须在整个服务设计工作中始终保持警惕，并且确保他们的工作总是遵从服务组合中每个部分的服务设计原则。如果他们希望通过采用服务交付 ITaaS 框架来实现高效运营，就必须抵制乱建服务的诱惑，不要以必需的技术功能之外的任何其他原因来建立服务。

6.2.2 按类型设计服务

ITaaS 框架中引用的 3 种服务类型都可以关联一些特定的设计考量因素，这些考量因素可以为 IT 转型团队提供宝贵的指导，包括如何更好地利用参考服务组合和通用设计方法，甚至也包含一项服务参与服务链的可能性。

ITaaS 框架的参考服务组合中主要指定了企业终端客户服务和技术基础服务，因为这些服务在不同的行业中都是相同的。这意味着业务运营服务必须从头进行创建，可以使用 ETC 映射图作为主要的输入信息，并且密切遵从前面描述的基本服务设计方法。这类服务对于特定的行业和企业来说是独一无二的，并且是根据企业运营的规模和复杂性形成的。因此，参考服务组合（如 ITaaS 框架中的参考服务组合）中不可能包含这部分内容。

需要记住的是，这些服务会参与第三方提供的服务评估工作，并且在把 IT 部门建立为业务团队可以信赖的顾问过程中，这些服务具有很大的影响力。对最终客户群的考量可以并且也应该影响这些服务的设计，服务转型团队应该根据特定利益相关方的关注重点，把一些功能组成一组，同时还要确保在服务组合中不会出现重复的情况，也就是针对那些非唯一性的功能需求不要出现功能的重复。举例来说，执行项目管理所需的技术功能需求可能会被定义在首要的企业功能中，但类似的需求可能会在企业中多个地方屡次出现。要想更高效地提供这些功能，需要一项能够利用服务产品为不同团队提供差异化功能的 IT 服务。

与这些服务类型相关联的服务资产通常是应用或应用组，也可能是支持过程控制系统和工业控制系统（PCS/ICS）的硬件资产和架构。这些服务常常会参与到服务链中，使用其他 IT 服务所提供的功能，并且通常用于存储数据和应用，以及平台托管。转型团队希望与这些服务相关联的名称，能够反映出交付给特定流程或职能的功能（技术）。

与业务运营服务不同，企业终端客户服务的设计会直接为企业中的终端客户提供生产力和协作功能，这些服务并不严格限定于备案的需求。虽然这看起来似乎背离了服务设计的关键原则[①]，但实际情况是，把企业终端客户服务的设计建立在已备案的技术功能上，这种方式在当今的企业 IT 部门中是不现实的。从企业中的每个客户去映射这类技术功能是不切实际的，并且也不太可能明显改变服务的结果。

相反，IT 转型团队可以根据他们所提供的功能来指定服务，并把这些功能与 ITaaS 框架中的参考服务组合进行对比。分配服务负责人并且完成那些能够持续创造价值的工作，可以帮助我们实现服务功能的合理化、调整适当的规模、找出重复项，并最终实现高水平的高效运营。这些服务负责人会使用其服务性能策略中的度量标准类别来设置优先级，以此帮助他们提升效率，度量

① 关键原则：这里指由上而下的设计原则。——译者注

标准会在第 7 章中进行介绍。

客户群对于服务设计工作没有太多的参考意义，因为使用这些功能的人实际上遍布在企业，甚至是 IT 部门中，因此正确调整服务规模的问题就变成了 IT 部门希望在哪个层级上实现服务性能和成本策略。这个问题的结果可能最初只是一个有些根据的猜测，需要服务负责人在之后的工作中进行改善，因为到那时提供这项服务的范围和复杂度会变得清晰。参考服务组合在塑造这些服务方面是无价的。

与这些服务相关联的服务资产范围很广，从独立甚至大型平台上的软件，到笔记本电脑和台式机、手机和平板电脑等硬件。它们的名称很容易达成一致，并且也能够反映出它们所交付的功能组，比如“移动设备”或“企业计算硬件”。这些服务有时可能会参与到服务链中，使用其他服务的功能或者为其他服务提供功能，但频繁程度要低于其他服务类型。

在理想情况下，只有在制定了业务运营服务和企业终端客户服务，并且对于这些服务所需要的技术功能有所了解后，我们才能设计技术基础服务。通过使用这种方法，并且仅指定那些当前有所需求的服务，当今很多 IT 部门都有希望能够提升工作效率。

与此同时，在大多数情况下，IT 转型团队可以放心地采用已在当前基础设施和平台中存在的许多服务，比如网络连接服务和应用托管服务。这些服务还会反映在参考服务组合中，转型团队也可以使用参考服务组合来审核自己的服务提案。

6.2.3 企业范围内服务设计的考量因素

企业业务的规模以及运营的复杂性会对单项服务的设计产生影响，同时还向转型团队传达出服务组合中总体服务的数量信息。首先，表 6-1 中提供了一些服务数量范围，展示了在不同规模的企业中应用 ITaaS 框架的应用设计原则所产生的服务数量。

表 6-1 企业规模和服务数量

企业规模	详情	总服务数量
小型	100~5000 员工，低运营复杂性，有限市场	10~40
中型	5000~20000 员工，在多个市场中运营	40~80
大型	20000~100000+员工，复杂的全球运营模式，拥有多个市场和业务类型	80~150

现在应该立即强调的是，这里展示的服务范围只是为 IT 转型团队提供一个参考，而不是要在服务设计工作开始之前就设立服务的目标数量。不应该牺牲正确的服务设计原则，也不要先入为主地确定服务组合中服务的总数量。同时，如果转型团队完成了对于服务组合的初始提案，并且得到的服务数量远远超出了上述范围，这可能意味着我们没有一致地应用 ITaaS 框架中的服务设计原则。上述数量范围的决定性因素常见的是业务运营的复杂性。IT 转型团队应该考虑业务运营的规模和复杂性对于单项服务设计的影响。

这些因素不仅会对服务产生影响，也会影响服务组合中的多个层级。举例来说，考虑在两个不同的企业中提供用来支持采购功能的技术功能。第一家企业是在中部地区提供咨询服务的中型企业，因此采购功能范围内的流程和相关成果的范围比较窄，而且不会过于复杂。由此产生的技术功能要求很有限而且很直接，并且通过建立一项服务就能在整个采购功能中提供技术功能。这个示例的服务组合中包含服务、服务产品和相关服务的聚合，如图 6-3 所示。

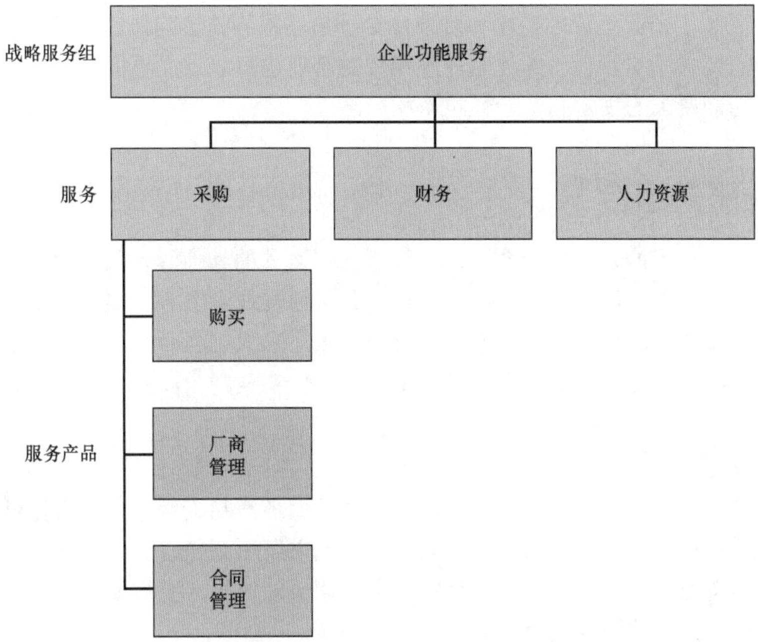

图 6-3 中型企业服务设计样例

现在再来看一个制造业的大型企业，其中它的采购功能是供应链的关键组成部分，会直接影响企业在市场中能否成功。与采购功能相关的工作流程和预期成果要复杂得多，并且需要的技术功能范围更广。技术功能需要的范围和复杂性会推动创建多项 IT 服务，每项服务在采购功能中支持特定的流程。图 6-4 中展示的服务组合能够支持相同采购功能中更多且更复杂的功能需求。

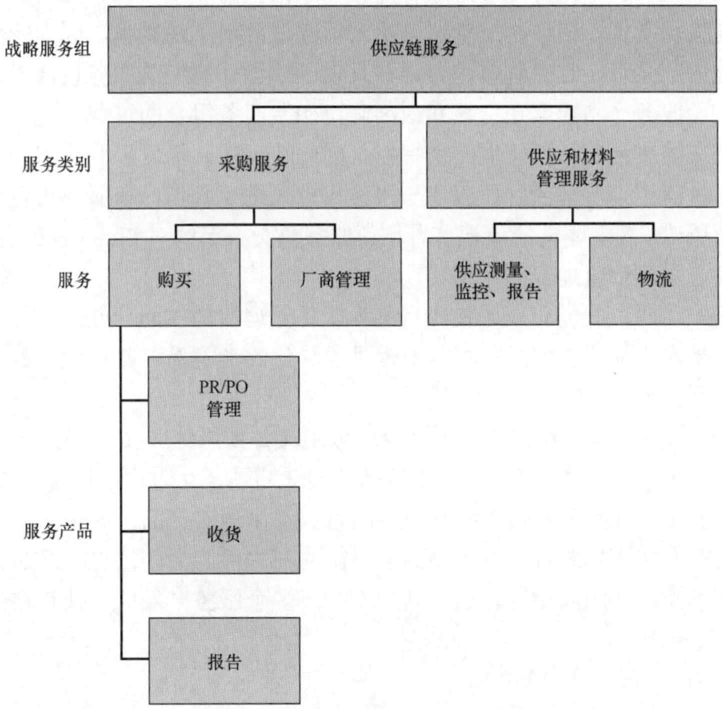

图 6-4 大型企业服务设计样例

这些示例展示了企业运营的规模和复杂性对于单项服务的影响，这反过来又会对技术功能提出不同级别的要求。实际上，即使是规模相似的企业也可以定义不同的服务来支持类似的流程，同时技术功能要求的规模和复杂性也不相同。

6.3 设计服务组合

第 4 章详细介绍了服务交付分类系统中除服务层之外的其他级别的用途和价值。这些额外的级别为我们的服务组合创建了一个层级结构，并且通过聚合服务（服务类别和战略服务组）以及个体服务（服务产品和服务资产）进行管理。接下来我们会介绍分类系统中每个层级的元素设计和指定方法，并且为每个元素提供了示例和最佳实践。

6.3.1 设计服务产品

通过回顾第 4 章我们会发现，服务分类系统中的服务产品为服务负责人提供了一个高度灵活的机制来管理每项服务。服务负责人可以使用它们来组织并轻松管理服务、在提供差异化功能的同时最小化资源和资产，甚至可以用它来实现期望的成果。更重要的是，它们的低开销和易引入性对于服务蓝图的影响很小。

服务产品提供的灵活性、低管理开销以及不会对更广泛的服务蓝图带来影响的特点，为转型团队实现新功能需求的交付提供了理想的选择。如果后来确定了服务产品能够满足自己的服务，那么我们就可以把功能分离出来、分配服务负责人、构建 TCO 模型并开发性能策略。这里的重点是，除非对于新服务有明确的需求，否则转型团队应该尝试把服务最小化。

Cisco 建议 IT 转型团队在服务设计阶段尝试指定一到两个服务产品。这样做可以在审核期间，帮助潜在的利益相关方更好地设想服务提案的未来重点和规模，并为新任命的服务负责人启动和运营服务提供支持。但严格来说这只是一项建议，而不是要求，因为转型团队有时很难在某些服务类型的产品级别定义细节内容，并且也不应该让他们的服务设计工作停滞不前。即使转型团队的初始服务产品提案在审核和最终确定初始服务组合的过程中会发生巨大的变化，但由于它们所拥有的灵活性和低管理开销特点，因此转型团队仍可以利用它们来解决来自不同利益相关方的各种问题。转型团队还应该与服务负责人进行合作，在服务负责人接管服务后对提议的产品进行更改。转型团队应该把这看作是服务负责人已经对 ITaaS 框架有了深入的了解，并且自信地担负起服务价值提升的责任。

在识别服务产品时，我们可以通过查看其为服务管理所提供的功能，以及它们是否适用来进行判断。举例来说，提议的服务是否需要提供差异化的功能？这些功能是否可以按客户群或底层服务资产进行分组？

从长远看来，每项服务在理想情况下至少应该定义 2 项服务产品，但这并不是严格的要求。需要记住的是，很多服务负责人发现在对服务交付进行了几个月的管理之后，更容易指定适当的服务产品。一般而言，服务负责人经常使用的是 3~5 个服务产品。如果需要 5 个以上的服务产品，则服务负责人在管理和维护每个产品上付出的精力可能会超过这些产品带来的价值。过多的服务产品也可能成为一项指标，表示其中一个或多个服务产品应该拥有它们自己单独的服务了。

6.3.2 捕获“服务资产的引用”

服务资产几乎不需要“设计”工作。相反，IT 转型团队只需要识别与服务相关联的不同类型的服务资产就可以了。从那里开始，真正的设计工作涉及如何更好地引用服务组合中广泛出现的服务资产，同时也要确保把它作为指导 IT 部门的战略性工具。

回想一下，服务资产就是各种资源、资产、流程甚至是预算，而它们真正实现了服务所交付的功能。服务资产中可以包括从独立应用到大型应用套件的所有软件，并且还可以涵盖从服务器、存储、阵列、智能手机、笔记本电脑、网络设备，到 IT 职员（人员）的所有硬件和人力资源。记录一项服务的交付中所涉及的每项资产是一个重要的工作，IT 转型团队在进行初始的服务组合设计时，很可能想要了解他们需要在多大程度上识别这些资产。

简短的回答是 IT 服务组合应该只引用那些正在使用的服务资产类型，并且尽可能地直接将其链接或映射到其他平台，比如资产数据库、应用组合、配置管理数据库（CMDB），甚至企业目录。这些平台专门用来管理和记录特定的信息，且更适合捕获细节信息，比如许可证信息、序列号或者类似的特有信息。设计工作侧重于评估这些平台的结构和组织，并且确定如何能够更好地把信息链接到服务组合，其中包括与之关联的详细程度。服务组合中可能会包含以下服务资产的引用。

- 一线桌面支持团队。
- 网络设备：WAN 路由器。
- 独立的许可应用：[名称]。
- 多用户的托管平台：ERP 系统[名称]。

很多 IT 部门都为把服务组合链接到这些系统而开发了解决方案，让客户能够从一个平台查看与服务相关的完整应用列表以及详细信息，比如成本和许可证信息。成功地在平台之间链接信息可以加速服务交付的众多战略策略和流程，以及 IT 部门的其他功能。

6.3.3 设计战略服务组

第 4 章确定了 ITaaS 服务分类系统和服务组合中顶级服务聚合的目的，为 CIO 和高级 IT 负责人提供了 IT 服务蓝图的战略性视图。考虑到这一点，构成服务交付层级结构最顶层的特定元素，取决于 IT 负责人希望针对企业业务和 IT 部门建立哪些方面的可见性。

IT 转型团队可以开始为这些元素开发初始提案，这会在这个服务组合层级上，与初始的服务设计同步进行。但他们同时应该留意几个考量因素。首先，战略服务组（Strategic Service Group，SSG）的设计不应该对单项服务的设计产生过多影响，更不用说让它取代基本的服务设计原则。换句话说，转型团队应该确保最重要的工作是设计服务，以响应技术功能的要求，而不是仅仅提出构成战略服务组的服务。转型团队还应该意识到，随着服务设计工作的推进，以及整个企业中 IT 服务的最终蓝图开始成型，他们可能需要重新审视之前针对战略服务组的提案。考虑到这一点，他们可能会选择延迟提出 SSG 提案，直到服务设计工作完成一半以上。转型团队应该始终记住的是，最终的设计可以而且也应该受到 IT 领导团队的影响。

Cisco 建议在分类系统的战略服务组这一层级中设计不超过 10 个元素，对于大多数 IT 部门来说，4~6 个是理想选择。如果指定了少于 4 个或多于 10 个战略服务组，就违背了这个层级战略聚合的重要意义。Cisco 的参考分类系统中指定了 6 个战略服务组。

针对战略服务组提出的最好建议是，让 IT 转型团队考虑以下问题：CIO 和高级 IT 负责人会针对 IT 服务蓝图提出哪类问题？针对使用聚合服务信息来支持首要任务，最有价值的观点是什么，他们会面临哪些决策？下面我们展示一些示例。

- 我们是否可以看到 IT 部门提供的技术功能（这些功能被看作是企业业务运营的竞争优势）？

- 用来支持通用公司职能并交付企业中标准需求的服务总运营成本是多少，是否可以把这些服务进行融合，来降低这些成本？
- 实现 IT 运营模型的服务总成本是多少，这些成本随着时间是如何变化的，以及如何预测这些变化？
- 核心“技术基础服务”的高水平性能是什么，这对于直接为客户提供支持的“业务运营服务”和“企业终端客户服务”有什么影响？

Cisco 的 ITaaS 框架和参考服务组合中包含一组 SSG，这些 SSG 是基于 Cisco 自身 IT 服务组合的原创组织原则设计的，并在不同规模和行业的众多企业业务中进行了优化。与参考服务组合中的每部分一样，它们既可以加速和指导转型团队的工作，也应该在必要时对这些内容进行仔细检查和定制化，这样才能符合 IT 部门和企业业务的特征和目标。

- **具有竞争优势的业务服务：**业务运营服务，主要用来实现企业业务线流程，其中包括技术功能的交付，这些技术功能能够在市场中为企业业务提供差异化，使其赢过竞争对手，或者支持领导团队推动的战略和成果。
- **标准业务服务：**业务运营服务，主要用来实现企业业务线流程，其中包括提供行业内标准和成熟的通用功能。
- **公司职能服务：**业务运营服务，主要用来支持通用企业职能流程，比如人力资源、法律和财务。
- **企业生产力服务：**企业终端客户服务，用来实现企业中一般生产力、通信和协作。
- **技术基础设施和平台服务：**技术基础服务，用来提供让其他 IT 服务能够实现其功能的技术功能。
- **IT 即业务服务：**业务运营服务，用来支持 IT 运营模型的特有流程，并让 IT 部门能够像竞争性业务那样运营。

参考服务组合中推荐的战略服务组 IT 服务聚合，能够有效地把技术基础服务类型和企业终端客户服务类型分到不同的类别中，为 IT 负责人提供直接的可见性，使其专注于每个类别的独特需求。业务运营服务类型则会按照服务开启的运营内容进行分类，建立各种运营服务的可见性，包括支持通用公司职能 BU、行业和企业独特业务线，以及 IT 部门自身运营服务的可见性。对于那些支持业务线的服务，IT 负责人和业务负责人可以另外划分出会颠覆行业并使企业成为市场领导者的功能。这种差异化能够使 IT 部门把竞争优势服务专注在独特的需求上，比如与业务执行者进行服务评估、投资优先级分配，以及在服务性能基础上增强安全性。

再次强调，我们可以并且也应该根据需求来定制战略服务组中服务分类的名称和指导原则，以实现 IT 部门的目标。无论最终的服务组合与参考服务组合中的元素有多相似，关键在于转型团队要记住为分类系统中这个层级建立的名称和目的。如果指定的元素无法为 IT 服务蓝图创建一个战略性视图，则服务交付分类系统中的这个层级就没有实现它的基本目的。

6.3.4 设计“服务类别”

分类系统和服务组合中这一层级的共同角色是提供一个初始的步骤，把在服务组合中定义的重要且相似的 IT 服务集汇聚起来。服务可以按照体系结构、技术领域，甚至客户群进行分组。IT 转型团队需要重点考量的一个因素是它为 IT 部门创造的机遇和价值。

Cisco 建议转型团队按照技术领域来对技术基础服务和企业终端客户服务进行分组，按照功能来对业务运营服务进行分组。表 6-2 展示了一个示例。

表 6-2 领域和功能分组

服务类别样例	IT 服务
企业销售功能服务	收入核算功能、客户数据管理、合作伙伴计划管理
协作服务	电子邮件和日历、视频会议、短消息技术
网络和访问服务	企业网络、合作伙伴连接、家庭和远程访问
应用开发服务	企业应用定制化和开发、移动应用开发、可编程基础设施开发

另一个考量因素是让服务架构师和 EA 实践人员把服务分组为共享架构类别。这种做法会创建一个服务聚合，从而更好地实现架构的规划。

服务类别中的服务数量应该至少有 2~3 项，并且最大不要超过 12 个，超出这个数量可能会让服务组变得难以管理。需要记住的是，对于采用四层级分类系统的服务交付框架来说，这个层级是从服务交付层级结构中删除的，这样做有利于保留战略服务组的功能性。最初选择使用五层级分类系统的转型团队如果发现自己很难使用 2 个以上的服务来填充服务类别，就应该考虑转而使用四层级的服务组合。

6.4 总结

在 ITaaS 框架内，服务组合的目的是应用服务交付分类系统来创建一个用于管理 IT 服务蓝图的层级结构，它的目标是创建一个战略性工具，实现 IT 部门中不同层级的规划和策略。

IT 转型团队首先应该考虑如何构建服务组合，以及如何在服务组合中呈现信息。从这里开始，他们会设计 IT 服务以及分类系统中的其他层级，以便实现企业对技术功能的需求。当初始的服务组合提案即将完成时，我们应该与适当的利益相关方一起对其进行几轮的评估和审查。在集合了反馈意见后，转型团队可以通过端到端质量保障评估和一致性检查，并且由高级 IT 负责人进行签名，以最终确定服务组合。

基本服务设计一开始是把相关的技术功能需求分为逻辑分组。这时，转型团队会综合考虑一系列考量因素，比如管理的复杂性和相关的客户群，以便对最初的提案进行完善。服务类型也对服务设计有所影响。业务运营服务会利用 ETC 映射图作为关键的输入信息，而企业终端客户服务和技术基础服务会更多地利用参考服务组合。

初始的服务设计中还应该包括服务产品的提案，这有助于我们拟定服务的范围，并且与利益相关方一起进行信息性评估。转型团队应该对记录服务资产引用的最佳方法进行评估，并且捕获每个提案最初的引用。指定了相关信息后，服务负责人有责任确定最终的服务产品和服务资产。

战略服务组设计的重点在于为 IT 负责人创建 IT 服务蓝图的战略可见性。Cisco 的参考服务组合中包含一组 SSG，这些 SSG 已经被不同行业的 IT 负责人成功使用，转型团队可以对这些 SSG 进行定制化。服务类别提供了第一级的聚合，为 IT 部门的其他组织提供功能并创造价值。Cisco 建议按照技术领域对企业终端客户服务和技术基础服务进行分类，按照职能或利益相关方对业务运营服务进行分类。IT 转型团队还应该考虑把服务类别当作架构组，建立一个与 EA 实践交换信息的地方。

第 7 章

服务交付的角色和职责

虽然 IT 服务代表了 ITaaS 框架的顶点——并且经常受到很多的关注——但最终承担交付服务的团队创造价值并且代表框架的基础。ITaaS 框架所定义的服务交付角色把此功能付诸实践，并且充当 IT 部门和企业业务之间传递价值的媒介。如果 IT 部门中的这一群人没有采用服务端到端的思维模式——这种思维模式会把通过 IT 服务创造的业务价值放在首位——那么 IT 部门的服务转型工作就只不过是一套华而不实的新幻灯片文件和文档，这些内容对于业务或 IT 部门的未来影响不大。

本章进一步展示了这些角色的目的和价值。从这里开始，我们会分享多年来的一些相关经验，也就是 IT 部门在引入这些角色时可能会面临的挑战。在讨论 ITaaS 框架中定义的每个角色时，我们会重点关注"服务负责人"。ITaaS 框架中没有任何其他角色会对实现服务转型的期望价值成果具有如此强大的影响力。同时我们还会关注服务交付角色是如何相互作用和支持的，以不断推动并提升服务价值水平，管理总体的服务交付框架。

7.1 服务角色的目的和价值

到目前为止，本书已经对 ITaaS 框架所定义的服务角色和职责的重要性，做出了强有力的陈述。在这一部分中，我们会对这些陈述进行扩展，确保 IT 转型团队能够理解并交流这些服务角色对于 ITaaS 框架的依赖程度。

从最高层次上来说，ITaaS 框架中服务角色和职责组件为未来的服务交付框架，以及端到端服务组织创建了以下几个主要功能。

- 为服务交付工作创建了一个清晰的操作和执行结构。
- 确定了每项服务交付工作的责任。
- 建立了一个客户参与和关系培养的结构。
- 持续支持 IT 部门向 ITaaSO 过渡的文化转型。

7.1.1 构建服务交付

服务交付是 IT 运营模型中一项庞大而复杂的功能，重要的是我们要知道谁应该在何时做什么。ITaaS 框架的服务角色和职责部分为我们提供了许多策略和流程的结构，这些策略和流程都是执行交付工作和沟通服务价值所必需的，并且它们还有助于确定谁将负责管理、维护和使用这些支持工具和工件。

ITaaS 框架需要将一套广泛的职责与一组定义的角色保持一致。角色和职责之间的相互关系建立了一种结构，让服务交付框架能够顺利且一致地运作。如果没有这样的结构，即使是最佳的服务交付策略也可能会运行得不够稳定，可能需要不定期对其进行调整并再次启动，也可能在进度和预期成果之间出现比较大的延迟。这是由于人员众多导致角色的定义不明确，因而难以区分责任，致使场景混乱、工作重叠，以及职责覆盖缺口等情况反复发生。

7.1.2 建立问责制

企业负责人必须建立一个明确的问责制，才能对业务成果提供支持，并在一致的基础上创造价值。这与 Cisco ITaaS 框架为业务功能带来的效果是一样的。如果没有问责制，业务功能也可能不定期地实现成果并体现价值，但当业务负责人计划和执行战略时，他们必须要依赖持续稳定的运营状态和成果。这就反过来要求建立问责制。

这时，可能有人要问："我们不是已经通过把职责与服务角色结合在一起建立问责制了吗？"。

问责制和职责是不同的概念。职责与执行或开展活动的人员相关，并且多个人员可以承担相同的责任。然而问责制与单个人员相关，这个人需要为最终的成果负责。

在竞争激烈且透明度高的商业环境中，如果没有实现业务预期成果，那么就会是单一责任方而不是职责各异的一个资源池的人员承担责任，这是高级领导层所寻求的。两者之间的差异在经常被使用的 RACI 矩阵中也很明显，RACI 矩阵清晰地区分了责任方（Responsible Party）和负责方（Accountable Party）。

问责制并不是做简单的分配，而是必须被每个人员完全接受，这就是 ITaaS 框架中服务角色和职责组件的用武之地。在我们一同使用本章中介绍的原则、最佳实践和更广泛的 ITaaS 框架时，这个之前一直未被 IT 部门重视的成果问责制的提案被个人资源视为一个难得的机遇。换句话说，ITaaS 框架提供的细节和结构意味着问责制并不是高级 IT 负责人"推动"的。相反，它是一个提案，会得到服务交付策略的大力支持，同时还代表了未来 ITaaSO 的可见性。

7.1.3 培养 IT 和业务之间的关系

在第 1 章中曾经强调了与 IT 部门建立牢固的关系，并将其建立成业务可信的顾问，所需要的不仅仅是简单地协调 IT 服务和业务运营之间的关系，以及使用一些工具来优化性能和成本。这些最终为能够利用 ITaaS 框架创建策略的个人社区提供支持，以启动和培养与业务客户的牢固关系，并且通过服务来提升业务价值。

IT 部门不可能靠着一小队人马就突然推动与业务客户的关系，而仅仅因为这小队人马人人都宣称自己代表了一类先进的 IT 专业人员，他们提出了服务交付的大胆想法。这样做只会为大多数业务客户敲响警钟，这些客户可能已经看到并且支持过与 IT 部门之间的失败协作。相反，ITaaS 框架创建了一系列结构性的服务角色，它的目标是与业务进行合作，并且提供实现这种做法的策略和工具。通过定义这些角色，IT 部门可以指定业务线所需的特定角色，策略和工具能够对角色提供支持，并且校准和测量服务对于业务提供的价值，以便随着时间的推移来建立信任关系。

ITaaS 框架的服务角色和职责组件所建立的结构还提供了所需的组织级别，以及与客户合作的服务角色的一致性。用来对指定 IT 服务提供支持的角色及其相关职责，在整个企业中都是相同的，而不管客户或服务的类型是什么。在客户进行评估时，IT 服务交付的订单和一致性能够确保 IT 部门的服务交付新模型完全建立并且是成熟的。因此，这些工具能够鼓励客户对相应的工作提供支持，并且在与 IT 部门进行协作时，有信心得到回报。企业中的 IT 客户会认可和使用同一个服务交付结构，并与其他服务角色一起来评估和规划服务，以便支持他们的运营。

要想这样做，在定义角色时应该有明确的关注重点和目的，目标是与业务进行合作，并且还要获得成功所需的支持，以便在企业中为 IT 服务交付提供所需的一致性。

7.1.4 持续进行 IT 部门文化的转变

作为在 IT 部门中展示端到端服务理念的榜样，所有服务交付角色要共同平等分担职责。被提名来履行服务角色职责的个人会带来 IT 部门新文化的第一波浪潮。

IT 部门向 ITaaSO 组织的文化转变不会自动发生，我们需要人为启动这种转变，在企业中为 IT 服务交付指定服务角色就是第一步。随着担任这些角色的个人对服务交付框架的采用和价值成果的推进，他们优先考虑业务需求和客户满意度的思维方式可以成为 IT 部门中其他人员有效的参考。

CIO（少数高级业务负责人）和一个小型 IT 转型团队可以扮演 IT 部门未来文化中宏伟梦想的规划者角色，但他们根本无法仅仅凭借自身来促进文化转变的完成，尤其是当他们与 IT 专家看待 IT 优先级的视角完全相反时。相反，服务负责人和其他服务交付角色是推动事情发展的关键因素，他们会以自己为例，奠定未来 IT 部门的基调和优先要务。

7.2 服务交付角色的挑战和考量因素

作为 IT 服务交付的基础，服务交付角色以及职责的匹配度必须足够高，才能支持框架中的其他部分。然而对于 IT 转型团队来说，形成这个基础将极具挑战性，因此接下来的内容会着重关注这些挑战，为转型团队的成功部署提供指导。

7.2.1 IT 服务角色和职责的考量因素

需要记住的是，Cisco 的 ITaaS 框架在设计时是与组织结构无关的。无论 IT 部门的组织结构如何，都可以轻松采用这个框架，并且它能够在小型企业，甚至大型重组企业中不间断地提供价值。为了实现这个目标，ITaaS 框架把服务交付角色看作是一个逻辑的任务集合，职责可以与任何个人进行关联，而不是直接与 HR 部门所管理的某个确定了组织匹配和薪酬的工作档案相关联。这种区别为服务交付框架提供了重要的灵活性，并且意味着一个人可以承担多个角色，我们能够为每项工作启用最佳候选人，而无论他的职位或工作描述是什么。

以 IT 部门中的基础设施总监这个正式职位为例。与这个正式职位相关联的职责是监管多个职能团队及其经理，每个职能团队都专注于特定的基础设施（网络、托管等）的运营和管理，并且负责管理部门的预算。同一个人（基础设施总监）可以自愿申请或者被提名为某个 IT 服务的服务负责人，并且他还需要承担与这个服务交付角色相关联的职责和任务，以及与其他角色或这些角色所需要执行的功能相关联的一些职责。

IT 部门的负责人需要了解并对这些更高级别的职责有所规划。IT 负责人和转型团队还应该确保潜在候选人了解这一事实：这些角色是对他们现有的角色和职责的补充，同时也展示了角色所提供的曝光度和机遇。在某些情况下，特定服务角色的理想候选者可能需要分担当前的职责，以便获得成功履行这项服务角色的附加职责所必需的资源。在接下来强调变革领导力的部分中，IT 部门需要主动为那些选择通过服务角色来增强当前工作职能的个人提供支持和鼓励。

那么与服务角色相关的职责在实际中需要付出多大的工作量呢？

这没有唯一的答案，因为有很多因素都可以带来不同程度的影响。从企业和 IT 部门的规模、服务设计，到服务交付框架的成熟度，这些内容都会对给定的服务角色的工作量带来影响。用来支持服务角色职责的工作，也会受到流程、工具的成熟度，以及当前自动化水平的巨大影响。举例来说，一家 IT 部门中的服务负责人一开始可能必须手动完成大量的服务性能和成本开发工作，而另一个 IT 部门却使用动态信息仪表板来实现完全的自动化。关于服务角色相关的工作量级别，我可以自信地推荐一条规律：在服务转型项目的早期服务试点中，我们可预见的工作量是严重膨胀的，然后随着流程的成熟和自动化程度的提高而显著降低。

最后需要记住的是，虽然在 IT 部门中只有一部分人拥有服务交付角色，但每个成员都要从长远的角度，采用以服务为中心的思维模式。必须意识到，IT 部门的未来是专注于能够为业务提供支持的服务，每个人都是这个服务交付机制中的一部分，即使他不具有服务角色。在采用了 ITaaS 框架后，我们仍然需要一些正式工作职位，比如网络工程师、系统管理员和应用开发团队，只是这些职位现在可以与业务的需求实现匹配。换句话说，很多 IT 专家的日常工作基本保持不变，但他们应该对于自己的活动有更深层面的理解，也就是自己是如何对各种 IT 服务实现支持的，而这些 IT 服务又如何对业务成果产生影响。

7.2.2　如何识别优秀的服务交付人员

服务转型项目中的一个重要步骤是提名第一批人员，为他们赋予转型团队定义的角色。要想让转型团队顺利发展并实现其价值成果，第一批服务交付角色要在早期框架中展示出 IT 部门创造的价值，以及为企业业务创造的价值。这些角色还必须给转型为端到端服务组织的新文化做出榜样。

如果最早的这批候选人最终未能采用我们的目标思维模式，或者未能通过服务展示出价值，则可能会对服务转型的未来带来问题。反过来说，如果最初选择的候选人体现出了我们的理想思维模式，并且通过 IT 服务展示了业务价值，那么这就成功为服务交付框架和 ITaaSO 打下了基础。

转型团队面临的挑战是，曾用来雇佣和提升 IT 部门人员的标准，通常与当今转型团队想要按服务角色寻求培养的优秀人才特征几乎没有什么共同之处。IT 经理、负责人、高级工程师或者架构师，与给定服务交付角色的成功之间没有太大关联。呆板地把服务角色与现有组织的工作岗位（比如 IT 经理）进行一一对应的做法很难成功。Cisco ITaaS 框架推荐的最佳实践是假设这个服务角色适用于 IT 部门的任何位置，然后广撒网。虽然对这个原则有一些通用的限制——比如服务执行主管通常会直接向 CIO 汇报工作，因此不太可能由高级工程师来担任——关注个人的素质和思维模式是成功识别最佳候选人的关键所在。

每个服务角色都关联着一些职责，这些职责又关联着一些特质来支持候选人履行其职责。举例来说，服务架构师应该具有 EA 经验，服务执行主管应该具有高级商业头脑。但一般而言，服务交付角色的每位候选人都应该具有以下特质。

- 理解并支持 IT 部门对其母公司应尽的义务（在高效运营的同时对业务成果提供支持）。
- 展示出对于 ITaaS 框架的深刻理解，以及如何利用战略、流程和工具，来通过服务为业务提供价值。

- 展示出适用于未来 ITaaSO 的理想思维模式。
- 展示出对于服务角色及其相关职责的深刻理解。
- 能够为指定服务交付角色所关联的成果负责。
- 确保可用资源或规划，来实现服务角色职责所需的可用性。

第一波服务交付角色的候选人“理解能力强”，并且几乎不需要转型团队的鼓励或指导。如今每个 IT 部门都存在一些个人已经从根本上在对 ITaaS 框架的目标提供支持了，即使他们从未听说过 ITaaS 框架。转型团队只需要找出这些人员并为他们提供机会，来以一种他们曾经希望使用但却缺乏策略和工具的方法，来支持 IT 部门和企业业务。请忘掉简历和证书，寻找正确的思维模式和动机。

7.2.3 服务转型角色和职责面临的挑战

这一部分重点介绍 IT 部门和转型团队在采用 ITaaS 框架时可能面临的挑战，以便他们能够主动应对，甚至避免。启用服务交付角色可能对 IT 部门是很大的颠覆，但我们可以让这种影响最小化，那么只需准备好 IT 转型和变革领导力的职能即可，这首先需要我们了解将要面临的是什么。

预计我们会遇到的一个挑战是对于 IT 部门文化转变、优先要务，以及个人思维模式的抵制，这些挑战会在启用服务交付角色后很快出现。需要记住的是，以服务为中心的思维模式把重点放在通过技术实现业务成果，而不仅仅是技术本身上，这与很多 IT 专家在过去几十年中建立的思想背道而驰。IT 部门中的一部分人会积极支持并采用新的方法，在很多情况下，这些人过去曾试图与业务建立更好的匹配和相互关系，但缺乏适当的战略和支持，他们应该被赋予第一波服务交付角色。

IT 部门中更多的是那些不愿意优先共享 IT 服务交付新愿景的人，但我们可以寄希望于他们能够支持 ITaaS 框架，并且随着时间的推移，可以使用适当的变革领导策略来转变他们的理念。随着转型团队在整个企业中发展端到端服务，这部分人应该代表第二波和未来的服务交付角色。

IT 部门中的另一部分（希望只是整体中的一小部分）人会公开或暗中反对服务转型带来的新文化和优先重点。现实情况是 ITaaS 框架所关注的重点和优先要务，在某些情况下，无法与当今一部分 IT 专家的思想相融合。需要注意的是，这些人并不一定会反对 ITaaSO 所传达的目标，而是反对它所需要的改变。转型团队应该预见这种反对意见，并且要避免让这类人担任早期重要的服务交付角色，无论这个人目前的职位和工作职能如何。

实际上，服务交付角色可以作为人员信息过滤器。那些需要变革领导力提供全力的支持，并花费时间来转变思维模式，与 IT 部门的发展方向相同的个人将脱颖而出。同时，在服务转型开始之前，高级 IT 负责人必须明白一点，并不是所有的组织成员都适合于服务转型后的 IT 部门。无论这些人当前取得了何种成就，这都是不争的事实。

每个承担各种服务交付角色的个人都会面临另一个重要的挑战。回想一下，服务交付团队应该为他们的客户调用各种 IT 资产、人员、流程和预算，来最终实现这项服务所交付的功能。如果无法从 IT 负责人那里获得正确的消息和支持，则会导致“有责无权”的情况出现。换句话说，在这种情况下，一个角色（如服务负责人）承担的责任是为他的业务客户产生价值，但当他面对各种需要为这些需求提供支持的 IT 人员时，只会遇到强烈的抵抗和不服从。为了避免出现这种情况，必须在整个 IT 部门中找到能够推动服务交付的个人来担当这个角色，他代表了业务需求，因此他应该能够从 IT 部门的其他部分获得优先级最高的支持。这是向 ITaaSO 过渡的文化转变过程中一个至关重要的方面。

当 IT 部门和转型团队第一次宣布并启用第一批服务交付角色时，他们应该预见 IT 部门中会立即出现以下问题和疑虑。

- 不管是现在还是将来，新的服务角色是否意味着组织重构？
- 是否要聘请新员工来担任这些角色？
- 新角色对于现有工作职能的覆盖是否会导致裁员？
- 这些角色对我的影响是什么？

第一个问题在之前已经解决了，Cisco 建议变革领导团队要传达一种消息，即服务转型与组织机构的结构无关，并且不需要对任何部门进行重组。事实上，Cisco 建议在服务转型之前和之中，都要避免实施任何层级的重组，以便加快转型的速度。这并不是说不需要进行组织结构的重组，为了更好地对 ITaaSO 提供支持，并且转型到快速 IT，未来可能需要重组。基于 ITaaS 的服务交付框架，辅以转型到快速 IT 的漫长旅程，应该能够随着时间的推移为 IT 部门提供优化组织结构的信息。

我们也不需要雇用新员工。请记住，服务交付角色代表着一系列职责，这些职责可以扩展（而不是取代）现有的工作职能。新引入的服务职责不应该以任何方式取代当前执行功能的要求。虽然担任服务交付角色的个人的工作量将会增加，但大多数 IT 部门发现他们可以支撑额外的工作量，并且无须增加人员的数量。回想一下前面介绍的内容，IT 部门应该会预测到，随着流程的成熟和自动化程度的提高，与服务交付相关的工作量会随着时间的推移而降低。IT 部门的目标应该是在当前组织中对每个人进行培养、支持和提升，来推行这些新的服务角色和职责，并实现服务转型的价值成果。

服务交付角色对于 IT 部门中的每个人有什么影响？它能够解决工作职能的需求，并以高优先级来对 IT 服务的交付提供支持。IT 负责人还应该考虑利用这个机会征求志愿者对于未来服务交付角色的意见。简而言之，转型团队和高级 IT 负责人针对这个问题给出的回答应该是强调新的关注点和机遇，而不是对现有工作职能做出重大改变。

7.2.4 变革领导力的建议

服务交付角色的宣布和启用通常等同于服务转型项目的“盛大开幕”，以及 IT 部门开始使用新方法来交付服务。虽然很多 IT 和业务利益相关者可能都参与了开发 ETC 映射图或者审查服务组合的工作，但更大规模的 IT 部门不太可能接触到与服务转型相关的关键消息。这就是我们鼓励 CIO 和变革领导团队开始以广泛且一致的消息来对早期服务转型给予支持的原因之一。

在服务转型项目的这个阶段中，变革领导力的目标是确保整个 IT 部门的首次重要交流获得成功。变革领导力需要尽快针对一些关心的问题进行沟通，并且主动为与服务角色和职责相关的常见问题提供答案，来预防 IT 部门中出现的大范围疑虑。Cisco 强烈建议转型团队考虑在应用新角色和职责的消息颁布后带来的问题，准备相应的材料来就这些角色的详细信息进行沟通，并解决这些问题和疑虑。这个材料可以采用广泛发布的 FAQ 形式、手册形式，以及高级负责人举办的职工大会形式。一份详细的服务交付角色手册可以是用来分发的极为有效的工件，Cisco IT 部门的员工在几年之后还能回忆起“在那一天我们知道了这事儿是真的”。

变革领导团队在支持每个人成功担当各种服务交付角色方面起着重要的作用。培训材料和会议不仅能够帮助这些人员实现早期的成功，还确保每个人都以相同的方式与客户进行合作。晋升计划支持和奖励获得成功的服务交付志愿者，它可以激励人们以一种积极的视角来看待承担新职责这件事。

7.3 如何设计和定制服务交付角色

虽然本章其他部分详细介绍了 Cisco 的 ITaaS 框架是如何定义服务交付角色和职责的，但重要的是 IT 转型团队要明白如何让这些角色适应他们自己的 IT 部门。转型团队可以对标准角色进行重命名或修改，也可以转变和重新调整与某个角色相关联的职责。

在 IT 转型团队对角色和职责进行修改时，Cisco 强烈建议他们遵循以下的重要原则。

- 虽然可以删除或合并服务交付角色，但剩下的一个或多个服务交付角色必须能够支持并与 ITaaS 框架中确定的全部职责保持一致。
- ITaaS 框架中定义的服务负责人的角色和职责应该保持不变，因为它们对于服务交付框架的运营和成功具有重要意义。

起初的原则是要保留所有需要完成的事情。我们很快就会了解到，ITaaS 框架中定义的很多角色可以轻松地在较小的 IT 部门中被整合，在某些情况下甚至可能不会被采用。在出现这种情况时，转型团队必须谨慎审查 ITaaS 框架赋予该角色的职责，并且确保这其中的每一项职责都与企业打算采用的另一个服务交付角色对应。虽然对于不同的 IT 部门来说，角色采纳和实施的最佳方式不尽相同，但负责运营服务交付框架的职责大体上是保持不变的。就好像我们在组装家具时拧松或者弄丢了几个螺丝，如果没能考虑到 ITaaS 框架的功能和职责的话，则最终会导致 IT 服务交付框架变得不稳定，当有足够大的重量（压力）施加在上面时，它很可能会崩溃。

另一项原则旨在根据多年的经验提出警示性的建议。我们要把服务负责人这个基本角色和职能作为 ITaaS 框架的关键因素。接下来的内容将会详细介绍服务负责人的角色和职责，并说明其对于 ITaaS 框架的重要性。但应该理解的是，虽然我们把对于 ITaaS 框架中角色和职责的修改作为适应 ITaaS 框架的优势，但当应用于服务负责人这个角色时，这种做法实际上是一个缺点。在实践中，服务负责人的角色和核心职能最好保持原样，对于任何规模的 IT 部门都应该采用大致相同的方式。在成功的服务转型工作中对于服务负责人角色的更新，实际上就是在其中添加来源于其他角色的职责。ITaaS 框架中定义的所有职责默认都应该是服务负责人的职责，除非将其明确关联到其他角色。

IT 部门和母公司业务的规模为更新服务交付角色和职责提供了明确的指示。本章中定义的多种标准角色都为大规模全球性企业和 IT 部门提供了最佳实践的参考。这些不同的角色都在大规模、全球性、运营背景复杂的企业的服务交付功能运营中发挥着重要的作用，但其在较小规模的企业中可能会难以被采用。较小的企业应该预料到需要合并其中的几个角色。不管企业的规模如何，都可能有几个角色并不适用。

需要注意的是，转型团队不应该完全重新定义这些标准角色和职责。它们已经在 Cisco 自己复杂的全球性 IT 部门，以及不同规模和行业的 Cisco 客户的工作中发挥了重要的作用。我们要把服务交付角色和职责作为一种实践标准，而不应该对其进行大规模修改。

为简化部署，更改 ITaaS 框架中定义的角色名称可以算是一种简单的替代方法。IT 部门可能已经实现了一些角色，并且使用了与 ITaaS 框架中相同角色类似的名称，在这种情况下，要确保（无论是否改过名称）这些角色能够与适当的职责对应，并且考虑这些角色如何与其他服务交付角色、更广泛的服务交付框架进行交互。

无论最终的服务角色与 ITaaS 框架中的角色有多接近，转型团队都需要进行评估、最终确定，然后在整个 IT 部门中以正式文档的形式记录每个角色及其职责。我们的目标是不仅为实际上担任服务交付角色的个人，也要为整个 IT 部门中的其他人提供一个详尽的参考。CIO 和高级业务负责人应该对这个文档进行评估和批准，之后转型团队才能把文档分发出去。

7.4 服务交付角色和职责

这一部分介绍了 ITaaS 框架中定义的服务交付角色。每个角色都与一组职责相关联，这些职责对于服务交付功能的成功运作，以及实现 ITaaS 框架的价值成果至关重要。标准的服务交付角色如下所示。

- 服务负责人。
- 服务执行主管。
- 服务架构师。
- 服务产品经理。

我们还会讨论 IT 服务管理团队或服务管理办公室的职责。这个职能团队可能已经存在于 IT 部门，并且积极参与到了服务转型项目中，它负责采用与管理 ITaaS 框架的 IT 服务交付的工具和流程。

回想一下，每个服务交付角色都应该与服务交付分类系统中的某个层级相对应，并最终有效地利用这个多层级架构来实现服务交付。Cisco ITaaS 框架所推荐的标准服务交付角色的对应关系如图 7-1 所示。

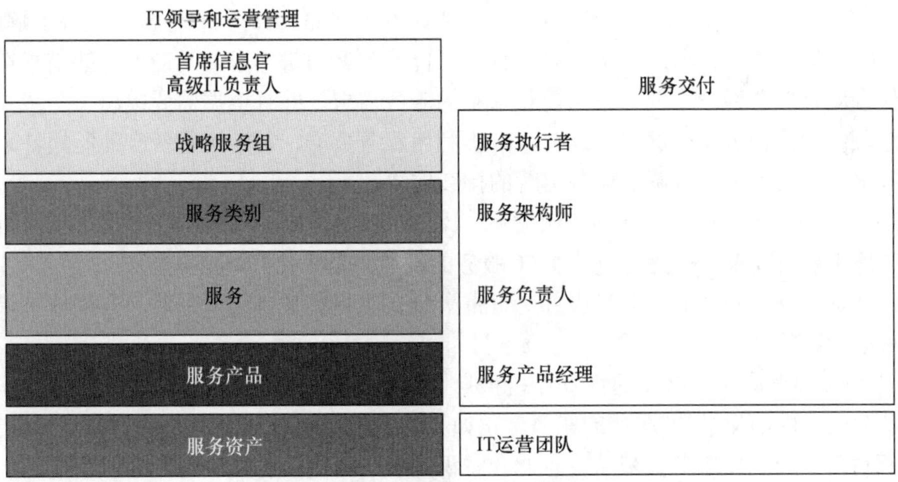

图 7-1 服务角色和分类系统的对应关系

7.4.1 服务负责人

在 Cisco ITaaS 框架内，没有其他服务交付角色能够与服务负责人拥有相同的可见性和重要性。服务代表了 ITaaS 框架的顶峰。

服务负责人角色：服务负责人的职责是端到端地交付和管理一项服务，并且为这项服务给 IT 部门和企业业务提供的价值负责。

为了详细介绍这个定义，首先要考虑端到端交付和管理所包含的内容。端到端地交付是指服务负责人需要从根本上对与服务相关的技术功能的持续交付负责，并且要确保在需要时或者在客户提出要求时，相关功能是可用的。这意味着不仅要覆盖所有服务产品交付技术功能需求，还要主动确保满足业务客户在未来可能提出的要求。服务交付的职责由服务负责人承担，无论负责指定产品的服务产品经理是谁，或者负责运营各种服务资产（我们需要使用这些资产来实现服务的技术功能）的技术团队（或技术经理）是谁。

交付了一系列业务所需的技术功能，并不意味着为企业业务带来了附加价值。事实上，如果在要求的规模和性能水平上交付这些功能的成本过高，那么这项服务可能实际上完全没有提供任何价值，反而消耗了资源。服务负责人需要确保服务总是在交付价值，并且能够发现那些增加价值的机会，通常可以通过降低运营成本、扩大和提升现有功能，或者引入新的变革能力来实现这一点。同样重要的是，服务负责人和IT负责人不能把服务价值看作是一个单一的、静态的并已经实现的里程碑，然后简单地将其维持下去，而是要把它看作是一个不断提升的标准。

服务负责人是唯一对服务的交付和价值负责的IT人员，他们没有权力指责或把责任推卸给其他部门。这就是IT负责人必须在整个部门中传达对于服务负责人的优先支持，并且提名拥有正确企业家思维方式的人员成为服务负责人的原因。

7.4.2 服务总经理

对于大多数IT专家来说，与服务负责人相关联的责任和职责范围是针对IT服务的优先级和理念的重大转变。即使是在商业管理方面具有先进教育经验的高级经理和主管也可能会在这时犹豫不决——是否要完全接受这种思维方式，即把业务的优先级放在技术之前。为了更好地阐明服务负责人理想的行为和思维方式，Cisco 建议候选人把自己看作是小公司的总经理或CEO，因为这是他们需要负责的服务。

公司的总经理或CEO需要创建、维护并不断评判完整的业务计划，他需要充分了解业务（服务）的价值主张及其客户群。“公司”是否提供了能反映客户群需求的功能？这些需求在未来可能发生什么变化？总经理需要考虑当前和未来的服务需求，并且根据需要提出一个或多个扩展选项。他还希望确保公司能够有效运营、积极利用服务资产、制定闲置资产的利用计划，以及通过投入来提高生产力或者降低服务运营的持续成本。

总经理还应该了解业务之间的依赖关系，比如供应链所需的材料。在使用ITaaS框架的环境中，这意味着通过服务链使用另一项IT服务的功能。如果我们无法提供这些功能，或者在客户需要时无法执行这些功能，会对服务交付带来什么影响？是否可以采取一些措施来最小化这些依赖关系带来的影响？

CEO还需要考虑所有潜在的竞争者。事实上，IT部门，尤其是服务负责人必须意识到他们正面临着在企业内部交付IT服务的竞争。正如我们在第1章中所讨论的，当今IT部门正面临着“影子IT”和公共云服务的威胁。企业会意识到有一些机会正在出现，这能让他们绕过自己的IT部门获得团队所需的能力，并且这些机会通常会被看作是更为灵活且更具有成本效益的替代解决方案。

想要避免竞争的最佳策略就是承认竞争，理解竞争，并积极地评估和对比产品之间的不同，最后清楚地向客户传达一个更好的价值方案。在当今的IT部门中情况也是这样，Cisco的ITaaS框架能够帮助服务负责人对比潜在的竞争者，并且展示更好的价值主张。服务负责人可以通过利用ITaaS框架，把IT部门变为值得信赖的顾问，以此来实现上述目的，这个顾问可以减轻业务部门在技术知识和管理上的负担，同时还能够代表业务部门进行创新。ITaaS框架支持很多策略和工具，这些策略和工具可以针对竞争者的价值主张为我们提供支持，比如第8章中详细描述的服务性能基准实践。然而，正是服务负责人能够利用这些策略，凭着对获取技术功能的替代解决方案的清晰理解，对比他们的服务在当前和未来提供的价值，从而成功地吸引客户群。

CEO 必须对服务提出质疑，对于 IT 服务者来说，一个很难回答的问题就是，如果通过从自身 IT 部门之外的地方获得所需的技术能力，是否可以为企业和客户实现更高的价值？

每个 ITaaS 服务负责人都需要考虑这个决策，并且在常规基础上进行重新评估。IT 部门实现自身技术功能需求的方式与他们的业务客户相同。服务负责人有责任以有效且可靠的方式，根据客户对技术功能性能水平的期望，为客户群提供技术功能。在如今的环境中，实现这一目标可能意味着我们要综合利用各种厂商、合作伙伴和公共云服务，来增强 IT 部门的能力。很多服务负责人最初都不愿意使用这些选项，因为他们认为这些选择可能会对其 IT 部门带来负面影响，但事实上，众多服务负责人的共同决策可以推动 IT 运营模式的重大变革，如果不做出改变，就会错过这个机会。举例来说，我们可以在更大的范围内重新协商与厂商或合作伙伴的协定，可以展示内部基础设施和团队的明确投资需求以促进所需功能，也可以调动资源来实现最优使用。关键是服务负责人要“不遗余力”地提升服务所交付的价值，以及高效地运营他们的服务。

重要的是，CEO 拥有公司的大局观。这个大局观会反映出很多细节信息、考量因素和难以抉择的问题，CEO 需要不断进行评估，并为公司（服务）指明方向，以支持 IT 部门和企业业务实现更高水平的价值。如果我们把这个大局观公平公开地分享给客户群以及为服务提供支持的人员，就会为 IT 服务建立一种前所未有的支持（甚至忠诚度）。Cisco ITaaS 框架中的服务负责人和公司 CEO 的相似之处多过当今任何 IT 角色，ITaaS 框架为服务负责人提供了沟通并实现这一大局观的必要工具和策略。IT 部门面临的挑战在于，首先要确定适合的候选者来履行服务负责人的角色，然后还要展示出 IT 部门希望服务负责人所采用的 IT 服务交付思维模式，并为他们提供支持。

1. 服务负责人的职责

服务负责人在服务交付角色中是非常独特的，因为他们在服务交付的诸多方面不仅“有责”（Responsible）还要“负责”（Accountable）。虽然下面列出的很多职责都可以由多个其他服务角色来承担，但对于端到端交付、高效管理以及服务提供的价值，服务负责人必须接受最终问责，下面列出的很多职责会对上述结果带来直接影响。服务负责人角色的主要职责包括以下内容。

- 了解客户群的优先要务、目标和要求，包括服务所支持的业务流程及其相关成果。
- 确定客户群和重要的客户利益相关方。
- 分配并批准所有为服务提供支持的服务交付角色（服务架构师、服务产品经理）。
- 对服务进行组织，包括指定服务产品。
- 主动找出并推荐能够提升客户生产力或业务成果的技术解决方案。
- 开发、管理和优化衡量服务性能的流程，以及用来把技术指标与技术对于业务成果的影响进行关联的策略。
- 对于影响了服务功能的重大故障进行沟通，确保事件后的调查能够准确反映出事故对于业务成果和整个企业的影响。
- 通过与 IT 功能团队（运营、工程和开发等）进行合作，来提供预期的服务性能水平，其中包括扩展性、安全性和弹性（可恢复性）需求。
- 开发、管理和优化用来精确汇报服务的总交付成本（TCO）的流程。
- 做出所有服务投资决策（其中包括理由和优先级），并与客户利益相关方、服务执行主管、IT 负责人进行评估，特别是在必要时参考企业架构（EA）实践。
- （当可适用时）保障服务链的功能性和管理，其中包括开发一个基于消耗的成本分配流程、向其他 IT 服务提供的成本报告，以及制定服务指标的链接策略。

- （当可适用时）就服务链达成共识，并与其他服务负责人合作，来理解、评估或质疑成本和指标链接流程。
- 与服务架构师合作来维护服务功能路线图，其中包括整体质量、准确性，以及与客户需求和架构战略的对应关系。
- 评估、授权发布和沟通新功能的可用性。
- 主动确保服务功能的可扩展性，以及与客户利益相关方沟通过的可用性。
- 在厂商、合作伙伴或公共服务之间建立、沟通并管理期望值和要求，来支持服务的交付。
- 与 CIO、高级 IT 负责人和客户利益相关方合作，来准备、审查和举办定期的服务评估或服务检查点工作。

另外还需要注意的是，基于问责制，服务负责人需要承担那些未分配给任何服务交付支持角色的职责。举例来说，如果某项服务没有与之相关联的服务架构师，那么服务负责任人就需要承担与服务架构师这个角色相关的所有职责。

在很多 ITaaS 的部署中，一个人可以承担多项服务的服务负责人角色。在很多情况中，这些人是作为服务转型计划的一部分，为服务试点提供支持的最早一批服务负责人，他们能把自己的专业能力进行这样的延伸是因为附加服务已经上线，并且核心流程（如成本核算和性能评估）都是自动化的。

在更有限的一些情况中，IT 部门中担任服务负责人的个人也是服务执行主管。在这种情况下，服务执行主管会对服务的战略分组进行管理，并且额外充当这些服务中一项或多项服务的服务负责人。我们要记住服务负责人角色的问责制和职责等级，而不要把资源滥用作为代价，牺牲了角色能带来的价值。随着服务交付框架的成熟，身兼双重服务交付角色的做法也会变得更具有可持续性。

一位 ITaaS 顾问的日记摘要

以下给出一些专业提示：如果希望服务转型工作能够显示出价值成果，并且为 IT 负责人和业务负责人留下深刻的印象，那么必须谨慎选择第一个服务负责人，并给予他们提升自信所需的支持。

不是成功，而是自信。我之所以选择这个词，是因为事实正是这样，自信是唯一能够始终如一让服务负责人的工作成功的因素。服务负责人一开始可能没有自信，那么您需要帮助他建立起自信。我们应该鼓励他拥有主人翁意识和创造性企业家精神，引导服务负责人像 CEO 那样思考，并优先考虑向他们的客户群交付价值。此外，还应该向他们展示如何利用 ITaaS 框架中的策略，并且通过与客户合作来对服务的价值进行沟通。不要把服务负责人当作牺牲品，要确保他们做好了准备，并对沟通和服务评估做预演，其中您要扮演一个怀疑一切的业务负责人，负责对他们的方法和主题选择提出质疑。

随着服务负责人自信心的建立，他们会积极接受 IT 服务的管理工作，同样重要的是，他们还需要承担责任。一定要确保选择合适的人员，并投入时间对其进行培养。

2. 服务负责人和服务类型

每个服务负责人的角色会根据他们所管理的服务类型而略有不同。转型团队和 IT 负责人要充分理解这其中的差异，候选者也要在决定是否接受相关角色时考虑这些差异。

业务运营服务类型的服务负责人要比其他服务交付角色更接近企业中的业务，其服务所提供的技术功能会直接影响企业的运营，因此他们需要积极了解服务所支持实现的业务流程和成果，其中包括这些流程和成果会通过何种方式对业务成果带来影响。这类服务负责人衡量和报告服务性能的流程也与其他服务类型的服务负责人有所不同，他们需要积极制定战略，并把技术指标与业务成果关联起来。业务运营服务总是参与到服务链中，因为它们会使用其他 IT 服务所提供的基础技术功能。这也就要求服务负责人能够理解并批准把成本和指标链接到其服务的流程。他们还需要和高级业务负责人合作，完成面向业务的服务评估和检查点工作。

由于企业中随处都会使用到企业终端客户服务类型所交付的技术功能，因此这个服务类型所关联的服务负责人通常应该擅长筹备并展开 IT 部门内部的服务评估活动。在这些 IT 内部服务评估中，CIO、高级 IT 负责人和该服务的执行主管需要代表企业客户群，并为其发声。无论功能何时遇到重大的影响，IT 部门之外的高级业务负责人和利益相关方都可以迅速加入服务评估活动。与 IT 部门中的所有成员一样，服务负责人应该明确服务是如何间接地对企业的运营提供支持的，但他们不需要专注且深入理解特定的业务功能，也不需要与特定的业务负责人建立关系。这些服务负责人还需要制定用来衡量和报告服务性能的策略，这样做可以把技术指标转换为对人员生产效率的影响。

很多技术基础服务负责人都有一项附加职责，就是开发并且不断寻求优化成本链流程的机会，因为他们所管理的很多服务都支持服务链。作为服务负责人，他们对于特定业务功能和关系的理解要求是最低的，因为其服务所提供的功能会通过业务运营服务和企业终端客户服务，来对整个企业的生产力和运营提供间接的支持。因此他们需要展开 IT 内部服务评估，其中参与者可能包括 CIO、高级 IT 负责人和相关的服务执行主管。此外，其他服务负责人通常会代表最具挑战性的利益相关方群体，因为他们对各自的服务负责，而服务需要依赖于技术基础服务所交付的功能才能实现交付和价值。

7.4.3 服务交付支持角色

服务负责人这个角色通常会获得较多的关注，因为对于任何 IT 服务所交付的价值来说他都至关重要。他通常是第一个引入的角色，随着 IT 部门中人员越来越多，或者越来越多的人员见证了服务负责人角色和他所使用的思维模式，IT 转型团队发现他们会更容易实施其余的服务交付角色。

虽然这些角色可能无法获得与服务负责人相同的关注度，但转型团队和高级 IT 负责人必须了解与每个角色相关联的职责，这对于成功采用 ITaaS 框架并长期为企业创造价值至关重要。这也就是服务负责人的任务之一是完成所有还未分配给角色的职责的原因。

1. 服务执行主管

服务执行主管通常会与战略服务组相匹配，他们为 ITaaS 框架提供一组重要的功能，在战略级别上为服务进行规划和管理，并且在执行级别上针对相关服务与客户进行合作。实际上，这个角色所关联的职责利用了 ITaaS 框架中多级服务的层级结构机制，为 IT 部门和企业业务带来了更大的价值。

服务执行主管的定义：服务执行主管负责对业务关系提供执行级别的支持，为相关的 IT 服务提供战略级别的监督、规划和策略，并且根据 CIO 或客户利益相关方的指示，在服务组中为实现目标成果负责。

服务负责人会更多地关注服务个体的交付和价值体现，而服务执行主管则提供监督层面的工作，确保服务与更广泛的战略保持一致。

在实际中，服务执行主管需要了解其服务组中每项服务的整体性能、成本和规划。通过这种级别的监控，他们可以识别并调查服务组中的趋势，比如多个服务的质量服务指标下降了。

个体服务负责人不太可能会意识到服务之外问题的传播，但在拥有服务执行主管的环境中，这些趋势会被重视，并且他们会对此采取适当的行为。同样的监控也应该应用于服务功能路线图，我们要避免重复，找出能够复用的机会，并且在一组服务中优先考虑能力投资。最后，这种监督包括确定对服务组合的需求并提出新服务，要支持客户提出的新的功能需求，或者不断扩大现有服务的规模和复杂性，这可能需要把当前的服务产品转换为独立服务。服务执行主管还负责在需要停止服务的时候进行评估并批准。

服务执行主管会充当服务交付功能的执行级别负责人，把从 CIO 或其他企业业务负责人那里获得的策略和规划，传达给 IT 部门中众多的服务负责人和服务。在实际的 ITaaS 部署中，服务执行主管通常需要在两方的策略之间“玩杂技”。举例来说，COO（首席运营官）可能会选择启动一项优化供应链的计划，其具体目标是提升流程的速度。与此同时，CIO 希望能够最大限度地减少剩余年度的资本支出（CAPEX），同时还要把每个服务组的运营业务（RtB）成本降低 5%。在这个示例中，IT 服务执行主管会把这些需求传达给服务组中的所有服务负责人，并最终确定可以为每个期望成果都做出贡献的混合服务。

高级负责人和 CIO 不太可能有时间与所有相关的服务负责人合作来传达战略指令。服务评估活动就经常是这种情况，正如我们之前暗示过的那样，每项服务都应该定期举行这种活动。虽然第 10 章中为服务评估工作提供了完整的策略，但大多数 CIO 并没有时间定期参加所有服务的评估。然而，很多服务负责人会把相关信息呈现给他们的服务执行主管，后者再针对服务组做一份汇总评估并将其呈现给 CIO，在某些情况下，也可以让指定的服务负责人进行呈现。服务执行主管为服务交付相关的职责提供了一个战略层面的聚合，其方式与服务分类系统在服务组合中聚合和组织服务的方式相同。

服务执行主管的另一个重要关系发生在与其他服务执行主管之间。促进服务执行主管之间的信息交换，能够实现个体服务之间高效且高价值的沟通途径。这种信息交换过程从找出可以复用的功能，到交付的升级、战略的调整或者伙伴级合作，来实现 CIO 提出的成果。

同样，这种信息交换只有通过战略聚合才能有效实现，因为大多数企业的 IT 部门中会有 40~60 名服务负责人，他们之间很难进行有效的信息交换。ITaaS 部署环境中的服务执行主管数量通常为 4~6 名，他们之间可以更轻松地进行信息交换。如果让一组服务执行主管与 CIO 紧密合作，就能够促进服务蓝图中战略性的端到端管理。

服务执行主管需要关注的最后一个，可能也是最活跃的关系发生在与整个 IT 部门的功能团队、人员的主管经理和总监之间。维持这些关系的方法是在各种技术团队和基层组织中传达客户的需求。服务执行主管只是为多项服务传达信息，并与他们客户侧的对等执行主管保持联系。

当我们考虑服务执行主管所必须承担的责任时，应当明确他们是在 CIO 或业务主管领导的指导下促成了一组服务的实现成果，这就是在实践中服务执行主管角色能够为 IT 部门和企业带来巨大价值的地方。这个角色具有独特的优势，他可以在一组服务中发现机会，以此完成指示并确保在预期日期前实现目标成果。

服务执行主管的职责包含以下内容。

- 为战略服务组提供战略性监督和管理。
- 管理相关的执行级别的业务关系。
- 评估和管理有关服务性能和服务成本的汇总信息，识别并调查趋势，了解对服务组的影响。
- 为 CIO 和执行业务利益相关方制作并呈现汇总级别的服务评估/检查点。

- 根据 CIO 或执行层客户利益相关方的指示，确定、开发和利用战略来促进整个服务组的目标成果。
- 考虑服务组中投资的分配优先级。
- 监督服务组中的服务路线图。
- 根据需要在服务组中提出新服务，或者停止现有服务。
- 与 CIO 和其他服务执行主管合作，端到端地管理服务组合。

服务执行主管角色的实行根据服务类型只有少许不同，每个服务执行主管的角色之间都相互镜像，这远比管理不同服务类型的服务负责人之间的关系更为密切。负责监督业务运营服务组的服务执行主管要为规律且持续的执行层业务关系负责。与服务负责人类似，管理企业终端客户服务类型服务组或者技术基础服务类型服务组的服务执行主管主要与 CIO 针对 IT 内部评估进行合作，但也有可能需要与高级和执行层客户进行合作。

2. 服务架构师

服务架构师在 ITaaS 框架中扮演着至关重要的角色。类似于服务执行主管充当着执行层领导（如 COO）和服务负责人之间桥梁的角色，服务架构师充当着 IT 服务和企业架构实践之间的桥梁。

为了说明这个角色的重要性，我们可以回顾一下服务需要以敏捷的方式不断适应新的需求，才能满足企业在快速变化的市场中的竞争需求。与此同时，每项 IT 服务所交付的功能都应该与企业更广泛的战略相对应。

服务架构师的定义：服务架构师需要对一项服务的端到端架构负责，并且要确保该服务架构与更广泛的企业架构相一致，要与服务负责人一起规划和开发服务战略，并对实现服务负责人指定的系统级服务功能负责。

在实践中，服务架构师与服务负责人合作，以便更好地了解当前服务与业务的一致性，并且找出改进的机会，同时理解和满足客户未来的功能需求。从这个角度看来，服务架构师要确保当前和规划中的架构都能够遵循更广泛的企业架构和业务策略，同时还要对可扩展性和可用性需求提供支持。

虽然这些核心职责在本质上是战略性的，但服务架构师也可以扮演一个战术性的角色，通过架构性的改变来支持战略执行，从而实现服务的特定成果。请考虑这种情况，服务负责任人需要提高服务性能的一个指标类别的级别，以便在商定的性能级别上继续实现服务的交付。在本例中，服务架构师可以对架构进行检查，来找出并推荐可以做出的变更，在这些变更获得批准后，服务架构师会与服务负责人合作，也可能会与一个或多个负责实施所需变更的服务产品经理合作。在实际的 IT 环境中，这意味着服务架构师会在多个 IT 职能团队中工作。关键是服务架构师需要定期参与战略规划和服务变更的执行，以便对服务功能特定、系统性的成果提供支持。

更广泛且更常见的例子是，服务架构师角色会对执行层领导传递给服务负责人的指示和计划提供支持。在服务执行主管部分提出的示例场景展示出这样一种情况，其中执行层领导（如 COO）设定了一个优化供应链的目标，而 CIO 另外设定了降低成本的目标。所有这些目标都需要由服务执行主管进行传递和评估，服务执行主管最终对实现服务组中的这些成果负责。实际上，服务执行主管需要与一个或多个服务负责人，以及相关的服务架构师密切合作，来确定并成功执行这些能够实现预期成果的选项。

服务架构师参与到服务执行主管的工作中是很常见的现象，并且也是大多数服务架构师实践的结果。这是服务架构师角色经常会与分类系统中服务类别层级相对应的原因。回想一下第

4 章中强调的最佳实践，很多基于 ITaaS 的服务转型项目都采用了这一实践，并且在这个层级对应着服务组。这样做可以让单个服务架构师监控与架构密切相关的一组服务，并且这样一来，服务执行主管就可以在战略服务层级监控一个或多个架构组构成的服务集。

服务架构师角色会因服务类型而有所不同，技术基础服务的服务架构师可能更倾向于依赖企业架构实践中现有的信息。但是，监督业务运营服务类别的服务架构师可能需要针对他们的底层服务架构开发一个视图，以便以更好的方式履行职责。

Cisco 的 ITaaS 框架中当前并不包含为服务架构定义好的方法或流程，只有为服务架构师推荐的一般方法。请不要把服务架构误认为现有的大规模企业架构中的特定部分。相反，需要记住的是，我们要把服务架构视为一个模型，其中包含了一个服务功能组中的各种技术基础架构、系统、团队和流程。然后，这个模型能够让服务架构师在服务级别上交付相同的价值，这通常是通过 EA 实践在 IT 部门和企业级别上实现的。

任何成功的企业 IT 服务交付框架都必须允许企业中端到端的服务以迅捷的方式对业务需求做出响应。同时，这个框架必须确保快节奏的变更不会重复已有的功能，并最终与更广泛的企业架构和业务策略保持一致。Cisco 的 ITaaS 框架能够支持这个功能，但服务架构师角色要对这项重要功能全权负责。

3. 服务产品经理

与服务负责人角色相关的一整套职责和问责构成了对于 IT 人员的重要承诺。为什么不给他一些帮助呢？

正如标题所暗示的，服务产品经理的角色会在特定的 IT 服务中对服务负责人提供支持。我们可以把这个角色看作是与服务负责人相对应的战术负责人。对比服务负责人与总经理，服务产品经理代表了各种经理和主管，其确保总经理的愿景和战略中的相应部分能够实现。

服务产品经理的定义：服务产品经理会通过服务特定方面的战术操作，为服务负责人提供支持，通常它会与服务产品相对应，并且对服务负责人要求的成果负责。

不管名称暗含了什么，把角色的职责限定为交付或管理特定的服务产品，可能会限制这个角色能够为服务负责人、这项服务，以及它的客户提供的价值。通常我们最好让履行该职责的人员以任何可能的方式，在整个服务中提供价值。在这方面，ITaaS 框架为每个角色分配的标准名称可能会带来误导。实际上，这个角色是在 ITaaS 的部署过程中常被重命名的角色之一。我们可以使用的名称包括服务支持经理、服务工程师或者一些 Cisco 服务客户已经使用的“服务负责人的小帮手”。无论 IT 转型团队选择如何指定这个角色，关键是要理解它的目的，也就是关注一项服务的特定细节并进行跟进，为服务负责人独自难以完成的工作提供帮助。

在实践中，服务产品经理可以通过多种方式对一项服务和服务负责人提供支持，对一项或多项服务产品进行集中管理就是一个常见的例子。服务产品经理还可以长期对服务的特定组件进行调查、优化，甚至管理，比如执行出向成本链的流程或者提高分析的可用性以测量服务对业务结果的影响。担任这些角色的人员也可能需要监控整个项目，并在服务中引入或停止功能。他们可能还会发现自己，需要对服务资产或服务的其他方面进行战术性的管理。

与服务产品经理角色相关的职责具体如下。他们的实际职责可能会因服务而异，并且最终由服务负责人给予指定。

- 对一项或多项服务产品进行交付和管理。
- 管理或优化特定的服务策略或流程，比如服务性能或成本模型。
- 通过服务目录及其相关的详细信息来管理映射到服务的 IT 目录请求，详细信息包括 SLA、可用性，或者一次性和经常性成本。

- 提供项目管理或对服务开发提供支持。

需要注意的是，服务负责人、服务执行主管和服务架构师的角色往往是固定的，由相同的人员长期担任相关角色，但服务产品经理往往会发生变化。在某些情况下，这些人员具有能够应用在众多服务上的专业知识，比如开发和优化出向成本链的流程。实际上，产品服务经理通常会为多项服务提供支持。

作为最佳实践的建议，需要记住的是，服务产品经理是极为灵活的服务交付角色，需要利用他们来对服务的预期成果提供支持。团队可以预期的常见职责是集中管理一项或多项服务产品，但要注意该角色在支持 IT 服务上的灵活性。

4. 服务管理办公室

服务交付框架由众多的策略、流程和工具提供支持，它们必须得到持续的维护和管理，并且能够随着服务交付的策略而发展。如今很多 IT 部门都利用 IT 服务管理团队来提供监督，监督的内容是对用来支持 IT 服务的工具和流程的管理。实际上，他们可能代表了 IT 转型团队中的一大部分，并积极参与新服务交付框架的设计和实施。ITaaS 框架将这个功能称为 IT 服务管理办公室。

随着服务转型项目的推进，同一个团队会负责服务交付平台和流程的总体规划和管理。与服务交付角色类似，这些职责不需要由专门的团队来承担，而是要在现有的 IT 服务管理团队中添加。在很多情况下，这仅仅意味着延续已经由 IT 部门负责执行的职责——比如对服务组合的管理。

管理服务交付模型的职责如下所示。

- 为服务交付框架以及功能的规划提供开发维护工作，其中包括流程的持续优化和自动化，以及与 CIO、高级 IT 负责人和服务执行主管一起对其进行评估。
- 确保端到端的工具和流程能够反映出服务交付框架中采用的任何变更。
- 发布和管理用来支持服务交付的文档，其中包括服务交付角色手册。
- 对服务组合以及用来托管服务组合的平台进行管理。
- 管理服务目录平台和与之相关联的客户界面门户，比如企业电子商城。
- 与 IT 财务部门合作，管理并优化 IT 服务成本建模策略和流程。
- 管理并优化 IT 服务性能测量和报告所使用的策略、流程和工具。
- 管理用来为服务功能路线图提供支持的工具。
- 对企业技术功能（ETC）映射图进行管理。
- 规划、执行和监督与服务交付相关联的工具和流程之间的信息交换，以及其他服务管理平台之间的信息交换（票务系统、应用组合、资产数据库和 CMDB 等）。

Cisco 自身 IT 服务转型的背后

Cisco 在定义它的服务交付角色时，首先会了解服务交付功能需要呈现的全部职责。从这里开始，它会开发并完善如何在一系列角色中划分这些职责。一旦定义了初始的角色，问题就变成了了解每个角色需要具备的技能类型，并且我们要明确“这就是您在这个角色中需要做的事情”。我们会发表《IT 服务角色手册》，手册中列出了各个角色以及对于角色的期望，同时我们还会制作培训和支持材料（包括成本核算）来确保服务负责人能够管理他们的 TCO。

多年前，Cisco 的 IT 部门采用了流行的 IT 服务管理标准所定义的角色，比如服务经理和服务指挥。但那个项目没有经过深思熟虑，最后不得不被放弃。回顾过去，我们的问题可以归结为缺乏真正的服务和端到端的服务指派。此外，这个项目还与传统的组织结构实线汇报挂钩。如果当时您负责管理所有预算和人员，那么您就获得了成功，但在新模型中不再是这样了，您现在只负责管理一项服务。即使不负责管理所有人员，您仍然可以追究相关人员的责任。Cisco 不再根据您所拥有的资源进行追责。

起初，没有人按问责制担责，因此 CIO 说："如果你负责这项服务的话，就要为此接受问责，即使你并不拥有这项服务的所有人员或资产。你可以管理它，并且需要对全面交付这项服务负责，也要为服务所交付的价值接受问责"。这真的非常有助于我们从以前的做法（指责）转换到"嗨，如果我指责，我就无法成功，我需要影响一切"。这让我们更像是一个具有竞争力的端到端业务。Cisco 拥有强大的领导者和远见卓识，从上到下推动着服务转型的发展，并且明确传达出这样一个信息——这些是定义好的角色，而这个就是为你量身定做的。

服务负责人必须对事务进行报告。每个季度都要报告事务的进展，这表示您每个季度都有机会展示进展顺利和遇到麻烦的合作关系。这种方法创造了一种从顶层驱动的文化变革。CIO 直言：服务负责人就是会被追究责任的人，也是为事情负责的人。这促进了文化的变革，服务负责人不是您需要报告的对象，而是对服务负责的人。有时候最成功的做法是您能够对他人有所影响，相比"嘿，我是老板，你得按我说的做"，前者更可能成功。

向 CIO 进行汇报的服务负责人很快就会知道指责是不可接受的行为，我们的目标是成果。因此，如果您是一项服务（如企业网络，其他服务需要依赖于它）的服务负责人，那么这项服务的压力在于我们需要持续优化服务，而不仅仅是像以前那样维持可靠性，并且我们还需要一些新的指标（客户体验、风险、影响力和速度等）。

一位初始服务负责人分享了他的经历。"我当时是视频的服务负责人。我们想要做的事情是让 Cisco 成为一家基于视频的公司。不仅仅是销售视频，还要在内部使用视频，并把其作为一项服务。我启动了一个项目，并在整个公司中推动视频的使用，最初的目的是让 Cisco 进行'内部试用'。不久之后，我有机会把这项服务呈现给了 CIO。我从 CIO 那里得到了回复：'我对你的期望不仅仅是增加销量并且进行内部测试，我希望你能带来业务成果'。这也是我所要承担的责任。这个回复改变了我做事的看法，并促使我在脑海中为第一个成果建立了一个目标，也就是要重点关注视频实际的接受度并推动视频的实际使用。这使得我做了一些事情，比如从会议室中移除了电话和其他物品，只保留了一个视频系统（这同时也为会议室节省了资金）。人们不知道该如何使用这个视频系统。我们把下面这段话放到了视频单元上"嗨，我是电话；我可以拨打电话"。接着我们看到的是，视频的使用量在我们一直搜寻的业务中大幅上升了。

7.5 总结

Cisco 的 ITaaS 框架建立在这样一群人员之上，他们把这个框架从理论转化为实践，并且实现了服务交付的价值成果，引领了与业务客户建立可信顾问关系的方式，加速了 IT 部门的文化转型。转型团队应该意识到早期候选人对于服务交付框架的长期成功所带来的影响，并且了解他们在服务交付角色的早期部署过程中，可能面临的一系列考量因素和挑战。

ITaaS 框架定义了以下一组标准的服务角色和职责。

- 服务负责人负责一项服务的端到端交付和管理，以及这项服务为 IT 部门和企业业务提供的价值。

- 服务执行主管负责支持执行层的业务关系，并且为一组 IT 服务提供战略层面的监督、规划和策略。他们还负责根据 CIO 或客户利益相关方的指示，实现整个服务组的目标成果。
- 服务架构师负责一项服务的端到端架构，并且与服务负责人一起把服务架构与更广泛的企业架构、规划和服务战略的开发相关联，服务架构师负责按照服务负责人的指示，实现系统化的服务功能。
- 服务产品经理负责通过服务特定方面的战术操作，为服务负责人提供支持，该角色通常会与服务产品相对应，并根据服务负责人的指示对成果负责。

第 8 章

测量 IT 服务的性能

不考虑服务性能就无法确定单项服务的价值，由于服务价值的最终确定取决于客户，因此必须开发出一个服务性能视图，以便与客户群就此达成一致，并且以此考虑服务性能对于业务成果的影响。要想创建这个视图，我们必须针对单项服务所交付的功能来实施性能测量，并且需要考虑利益相关方的目标和优先重点。与此同时，如果没有一个统一的服务性能报告策略，则 IT 负责人和业务负责人无法在整个服务蓝图中做出战略性规划。简而言之，IT 部门需要一个统一的策略，其可以有效地测量 IT 服务的所有方面，为所有服务提供一致性，并针对单项服务进行定制化，也可以与客户利益相关方达成一致。

正是因为这些挑战和复杂性，导致过去很少有 IT 部门采用端到端的服务性能策略，而往往只考虑性能中的孤立方面，比如故障单的数量。在不考虑全面的性能视图的情况下，规划和管理一项服务可能会为 IT 部门和企业带来风险，甚至在进行大量投入之后也无法挽回客户的满意度，并导致很多其他的意外后果。

Cisco 的 ITaaS 框架中包含端到端的服务性能策略，通过两个步骤就能满足这些要求。第一步要求每项服务都把大量的度量标准汇聚到 IT 负责人和业务负责人都同样熟悉的一系列战略性服务指标类别中，接下来的步骤就是把这些度量标准对于业务成果的影响关联起来。

本章首先会介绍服务性能策略的诸多考量因素和要求。在了解了这些考量因素后，我们会介绍 ITaaS 框架中的服务性能策略，并对其进行详细描述。之后，我们会分享长期以来形成的一些最佳实践，其中包括战略的规划、报告、管理和发展。

当把服务性作为一个整体进行评估时，很多错综复杂的细节会合并成一个故事。ITaaS 框架的端到端服务性能策略能够帮助服务负责人和 IT 负责人解读这个故事，并将其与他们的客户进行分享，真正明智地确定服务所提供的价值，然后自信地规划服务的未来，因为这时他们能够把握随时间的推移这些决策带来的影响。

8.1 服务性能的考量因素

IT 负责人和转型团队首先需要考虑的是，区分测量服务性能与测量用来交付服务的底层技术平台的运营和特性之间的关系。第 1 章以出租车服务为例，展示了无法为客户提供价值的示例（无法按时接送乘客），即使胎压和油温（用来交付服务的平台的运营特征）是正常的。测量技术系统和架构的运营指标对于IT部门来说仍是重要的工作，但如果IT负责人和业务负责人希望更加了解服务的价值并做出明智的服务规划，那么还需要一个策略来测量通过这些平台实现并通过IT服务交付的这些功能的性能。

服务性能策略中包含诸多元素，对于其中的服务指标，大多数读者马上就能理解它的意思。接下来的部分将会介绍与服务指标相关的考量因素，但首先需要了解的是，必须有一个整体的战略来指导我们收集、汇聚和使用这些能够在单项服务和跨服务组的战略规划级别上使用的指标。

除了要了解服务性能策略的诸多方面之外，我们还必须明确指定策略的目标，以便能够更好地利用这些因素。建立服务性能策略的目标是汇聚、报告和管理服务指标，以创建一个全面的性能视图，让IT负责人和业务负责人在服务所交付的价值上达成共识。为了实现这一目标，我们的策略应该能够回答以下有关服务的重要问题。

- 所需的技术功能是否可用？它们是否按照需要执行？是否让客户实现了他们期望的目标？服务的性能对于业务成果有什么影响？
- 服务的交付是否满足了所有的操作需求——这些需求是客户利益相关方和IT部门达成过一致的——并且对于以后的交付这些需求是否仍然合适？
- 服务的交付是否为业务创造了价值？

现实情况是这样的，如果没有全面且完整的服务性能视图，任何计划决策都会面临意想不到的风险，并且服务价值的确定也是不完整的。ITaaS框架尝试通过创造可见性来解决这个问题，然后端到端地在服务性能的各个方面推动问责制。后面提供了示例，并且强调变革领导力策略在展示和加强端到端服务性能策略中的重要性，它能够影响IT部门不同层面的决策。

8.1.1 服务指标的考量因素

服务性能策略主要关注的是服务指标的汇聚和解读，但究竟什么是服务指标呢？

指标就是指对某些东西的测量结果，是在指定时间点或指定时间段内捕获的内容。IT专家对于技术性指标是非常熟悉的，这些指标能够衡量技术资产（如硬件和软件）的各个方面。虽然服务性能策略中已经考虑了很多技术指标，但它还必须考虑非技术性的指标，因为这些指标可以提供对于服务交付的深入看法，比如客户体验。如果只把服务指标限制为技术性指标，那么IT负责人和业务负责人就永远不会获得完整的服务性能视图。

任何针对服务的运营提供了深入看法的指标（无论是技术性还是非技术性）都是候选服务指标。很多第一次使用ITaaS框架中服务性能策略的IT专家所面临的挑战是，如何分离和收集那些真正能够反映服务交付某一方面的指标。在针对服务开发一系列指标时，需要仔细评估IT部门中已有的指标，也可以并且很可能要引入新的工具和平台，有时甚至需要依赖于手动的数据收集。

我们的目标是创建有价值的信息，要想实现这个目标，需要为指标提供一个上下文背景（Context）。仅仅收集一系列测量结果是没有任何价值的，必须把它们放到这个背景中，这样我们才能知道这些测量结果对于服务的交付意味着什么。我们捕获的测量结果对于服务性能来说是好还是坏？这个指标的目标是什么？当前的情况距离或超出目标成果有多远？随着时间的推移，这个指标变化的程度有多大？为什么会这样？基线、目标、基准和趋势都是构成背景的一部分，有了背景才可以让一个指标提供有价值的信息。

最后，我们要知道并不是所有指标都与利益相关方有关。事实上，适宜呈现在报告中的一系列指标需要根据以下内容做出变化：性能评估的对象是 IT 利益相关方或是业务利益相关方，这甚至与时间、环境和当前的优先级都有关系。对于服务交付团队而言，重要的是要始终保持所有服务指标的可见性，同时也要了解对于不同的客户和环境，应该只为其呈现特定的性能视图。ITaaS 框架的分类系统以及把 IT 服务作为抽象层引入，这两者为服务交付团队创造了很多机会，使其可以开发出不同的 IT 服务性能视图，同时还能为服务相关的所有指标保持可见性。

8.1.2　一致性和定制化并重

对于服务性能策略来说，为了对整个服务蓝图中任意级别的战略规划提供支持，并创造机会让利益相关方参与进来为合格的服务价值做出贡献，它必须为 IT 负责人和业务负责人提供具有一致性的服务性能视图。如果每项服务都使用截然不同的方法来报告自己的性能，我们就无法做出战略级别的规划。

与此同时，IT 服务蓝图中呈现出为不同利益相关方群体交付的各种技术功能，每个组都有各自的元素和优先事项。在为单项服务汇聚指标时，交付团队必须具有高度的灵活性，因为这样才能开发出全面且精确的视图来展示该服务特有的性能。只对那些能够应用到所有服务的指标进行监控和报告的话，则交付团队无法了解到有用的信息。这意味着我们很难有效地管理服务并专注于客户群的优先事项，并且增加了风险，即在没有全面了解服务性能的情况下，做出了规划决策，这种做法可能会带来不可预知的后果。

要想通过服务性能策略来制定战略性规划，同时让每项服务都能够得到有效管理，并且与客户群的需求和优先事项相对应，必须优先考虑服务性能策略中每项服务指标的一致性和定制化。同样，在 ITaaS 框架中，IT 服务是作为一个抽象层被引入进来的，这个抽象层位于客户群和提供这些功能的 IT 部门之间，这种做法为实现上述目标提供了机会。

8.1.3　管理端到端的服务性能策略

对于端到端的服务性能策略来说，一个重要的考量因素是如何确保未来对于这个策略的支持，并且让其在未来获得成功。因此我们需要为交付团队提供其所需的一切，使其有能力测量服务性能，并且随着时间的推移发布和演进新的标准。

应该考虑当前 IT 部门中可以使用的指标报告平台，这些平台主要关注技术系统和基础设施的运营，不太可能为服务交付团队提供测量服务性能所需的所有功能。因此需要新的系统和平台，来同时支持技术性服务指标和非技术性服务指标的报告。需要注意的是，虽然我们可能需要能够提供新报告功能的平台，但服务交付团队仍可以利用现有平台中的技术指标和财务数据，因此在制定策略时应注意不要造成功能或指标数据的重复。在策略中应该考虑提供服务性能仪表板的功能，这些仪表板可以把新平台和现有平台的指标数据推送到中央报告平台上，以便服务交付团队查看。

一个有趣的考量因素是，现在需要一系列相关的技术功能，这意味着我们有理由引入新的 IT 服务或服务产品。实际上，大多数采用了 ITaaS 框架的 IT 部门正是这样做的，他们会创建一项服务，用它来收集报告指标的要求（如测量频率、报告功能、数据保持和安全要求），然后对可以实现所需功能的平台进行管理。

IT 部门还必须考虑如何让服务性能策略得到推广、接受，以及如何随着时间的推移而不断发展。这要求中央权威机构对服务性能策略的管理负责，确保它能够实现 IT 负责人和业务负责人、利益相关方群体的期望，并且让服务交付团队在当前和未来对其进行管理。

为服务转型团队建立一个最初的端到端服务性能策略可能是一项颇具挑战的任务。如果忽视这些考量因素的话，会阻碍策略的广泛部署，也会使我们面临在实现服务交付的任何价值成果之前该策略就被抛弃的风险。如果没有对整体的服务性能策略进行主动管理，则服务交付团队就没有能力来实现战略的预期，并且随着时间的推移，服务交付会偏离最初的目标。

8.2 ITaaS 服务性能策略概述

Cisco ITaaS 框架中使用的服务性能策略建立了一系列战略服务指标类别，这些类别在所有服务中都是标准化的。这些不同的类别能够用来创建全面的服务性能视图，并且在所有服务中保持一致性，同时也让服务负责人主动使用与其服务相关联的一系列指标。

接下来的内容会全面描述这个策略，首先介绍服务指标类别，以及开发和使用每个类别的战术。业务运营服务会采用额外的步骤，把服务性能和业务成果的影响联系起来。我们还提出了策略的管理建议，最佳实践可以指导领导力变革。

这种端到端的策略实现了服务性能策略的预期目标，同时还解决了前面提到的诸多考量因素。它可以代表 IT 转型团队在开发工作中付出的努力，并且需要依赖于服务负责人和服务执行主管来展示其价值并推动其广泛采用。即使服务性能策略的规划已经完成，转型团队和 IT 负责人也应该预料到，刚开始在实践中应用这个策略时，策略的能力和成果非常有限。随着策略的成熟，它为服务交付功能带来的能力和价值成果也会随着时间的推移而增加，与服务交付框架中的其他方面一样，它也要随着时间的推移而发展，这样才能保持与业务需求的一致性，并且持续推动创造价值。

8.2.1 服务指标类别

服务指标类别的目的是把服务蓝图中的大量服务指标以统一的方式汇聚到一系列类别中。这些类别应该会建立一种可见性，让 IT 负责人和业务负责人能够查看他们所熟悉的服务性能的各个方面，并且这些类别对于所有服务来说始终是标准的。

服务负责人应该主动监控与其服务交付相关的指标，但他们必须把每一个指标关联到某一个指标类别中。这并不意味着服务负责人主动监控的所有指标都会共享给利益相关方，根据服务的不同，可能会有数十甚至数百个相关的服务指标。在实际工作中，任何报告中的服务指标都只是服务交付团队主动监控的所有指标中的一小部分。

除了与服务相关的指标外，IT 转型团队和后来的服务管理办公室还要与 IT 负责人进行合作，为每个指标类别发布一系列 KPI（关键绩效指标）。我们应该尽可能在所有服务中采用这些 KPI。这种为每个指标类别都标准化一系列服务指标的做法，为服务提供了额外的一致性。需要注意的是，在某些情况下，一组服务可能无法有效地采用一个或多个指标类别的 KPI。与其迫使这些服务来管理无关紧要的数据，不如为这些服务创建自定义的 KPI。我们应该尽可能减少对指标类别 KPI 的自定义，把这种做法限制在一个服务组（服务分类系统的服务类别或战略服务组）而不是单项服务中，并且始终由服务管理办公室、相关的服务执行主管和 IT 领导团队进行评估和批准。

有些服务性能策略会使用 KPI 作为指标类别中的子类别，然后让服务组来确定匹配特定 KPI 的最佳指标和流程。举例来说，可以为所有服务中的风险指标类别统一定义弹性（可恢复性）、合规性和安全性的 KPI；但在不同的服务组中可以为了相互匹配，而关联不同的指标和流程。

通过使用一组通用的服务指标类别，以及为每个类别使用一组标准的核心指标（KPI），服务性能策略可以实现一定程度的一致性，IT 负责人和业务负责人在制定战略规划时需要这种一致性。与此同时，我们也允许包含额外的指标（每个指标仍与一个指标类别相关联），这样做可以确保服务交付团队能够灵活地监控服务性能的所有相关方面，并在必要时分享这些测量结果。

Cisco ITaaS 框架目前定义了以下 5 个服务指标类别（注意，服务成本是服务价值最后遗留的未详述的组件，这也是第 9 章重点介绍的内容）。接下来的内容将会详细介绍每个指标类别，列出可能存在的数据源，并以示例的方式展示每个数据源能够提供的信息。

- **质量（Quality）**：为服务的运营性能，以及服务所交付的技术功能的有效性和可用性，提供一个整体的测量结果。
- **影响力（Leverage）**：衡量技术功能的规模和利用率，以及实际功能使用量的水平。
- **速度（Speed）**：衡量服务已经交付的技术功能对客户需求响应的时间，以及开发和引入新功能并达到目标采用率的时间。
- **风险（Risk）**：衡量持续交付技术功能的整体风险，并确保服务交付能够持续管理与 IT 部门和企业业务运营相关的风险。
- **客户体验（Customer Experience）**：站在使用服务的客户的角度，对服务交付的各个方面进行评估。

这些类别为服务性能建立了一个全面的视图。同样重要的是，这些战略类别独立于直接的技术方案，而代表服务性能的各个方面，这些方面对于评估任何服务的业务负责人来说都是常见的考虑因素。这可以为 IT 部门交付的每项服务提供一致的服务性能视图，并且能够让 IT 负责人和业务负责人快速识别。

在实践中使用这些指标类别定义了某个体验级别后，一些 IT 部门可能会选择调整和优化这些初始的类别。Cisco 对这种做法提出警示，因为对指标类别的更改会从根本上改变当前服务性能的可见性，而且还会重置所有数据的历史趋势。随着时间的推移，Cisco 的 IT 部门和其他采用了 ITaaS 框架的 IT 部门都对这些类别进行了改进和优化，以便在向快速 IT 运营模型的转变过程中，更好地满足其服务交付功能的独特需求。也就是说，这 5 个核心的类别可以持续成功地服务于众多 IT 部门，并且为服务转型提供了一个理想的起点。

一位 ITaaS 顾问的日记摘要

根据我的经验，我们必须在实践中才能真正理解 ITaaS 框架的服务性能策略。事实上，大多数服务负责人会迅速地把表示质量的服务指标建立在他们最为熟悉的技术指标之上，并把初始的指标与影响力类别进行关联。然而在此之后，他们之中的大多数人都不太会关注其他指标类别视图的发展。转型团队或 IT 负责人的引导和鼓励可能会导致他们以完成任务的心态去填充类别中的数据，但服务负责人仍然很少会深入考虑这些类别能为他们提供哪些有关服务的信息。这种情况会一直维持，直到出现一个具有创造力的服务负责人（也可能受到了转型团队的正确鼓舞），在与客户群进行合作的同时，对速度、风险或客户体验等指标类别进行具有突破性的高价值展示。

一旦发生这种情况，我们就会进入一个积极的正反馈循环，其他的服务负责人会尝试复制他的成功，激发他们对与利益相关方合作的兴趣，从而进一步发展和利用整个单项服务的指标类别。在与 IT 转型团队合作时，我花了大量时间分享实际案例，用来证明我所推荐的服务性能策略的正确性。然而我现在知道了，最能够鼓励服务负责人积极发展其服务性能策略的方法是，为之前服务中未知的方面建立高度可见的指标类别。

培训幻灯片和本书的专门章节最多只能提高我们对于端到端服务性能策略价值潜力的认识。在服务试点中，转型团队应该积极尝试为其 IT 部门和利益相关方提供"美梦成真"的机会。这才是在现实环境的 IT 部门中促进服务性能策略广泛应用的做法。

8.2.2 质量

质量是当今 IT 专家极为熟悉的一个服务指标类别，拥有 IT 支持或服务管理经验的 IT 专家可以立即想到其中的一些服务指标。这个指标类别也与服务性能策略的目标一致，即它旨在了解服务所交付的技术功能是否可用，是否能够在利益相关方提出要求时根据需要执行。

要想评估服务所交付的技术功能的质量，我们需要在无法使用这个功能的情况下捕获相关实例，然后才能清楚地了解每种情况和导致这种情况出现的原因。有关质量的另一个重要方面是了解问题的严重性、它们的复发程度、解决问题需要的时间，以及问题是否由 IT 团队的计划内维护引起。IT 技术运营现有的标准和实践为大多数服务的质量指标类别开发提供了重要的信息，其中包括当今 IT 部门中常见的事件和故障管理、变更管理的流程。

质量指标类别负责回答以下类型的问题。

- 在需要时，技术功能是否可用？
- 技术功能是否按要求运行？
- 技术功能的可用性和性能受到影响的频率如何？
- 影响的原因是什么？
- 这个问题以前是否发生过？

质量指标类别中通常会包含以下服务指标。

- 与该服务相关的 IT 支持案件的总数量。
- 案件严重级别的分类（每个严重级别的总数量）。
- 功能受到影响或变得不可用的总时长。
- 问题再次发生。
- 恢复时间。
- SLA 以内/以外解决的案件百分比。
- SLA 以内/以外解决的高严重级别案件百分比。
- 计划内变更引起的案件数量。
- 计划内变更导致的总停机时间。

在如今的很多 IT 部门中通常已经拥有了用来支持这些服务指标的数据源。功能丰富的服务管理平台和企业工单/故障单系统可以为服务负责人提供大量的信息。服务负责人的重要工作是检查这些指标，并确定它们是否真正反映了服务（或底层技术平台和基础设施）所交付的功能的可用性和性能。在某些情况下，服务负责人只需要根据适用性在当前的报告中过滤指标。在其他情况下，服务负责人可以更新监控流程，或者部署新的监控及其相关的报告流程。

一位 ITaaS 顾问的日记摘要

质量是一个重要的指标类别，服务负责人需要重新检查构成服务指标的内容。服务负责人最初提出的很多服务指标通常都无法提供服务所交付的功能的可用性，而只提供了技术平台上的数据统计，这些数据可能对于利益相关方来说意义不大。IT 转型团队需要在服务试点积极挑战针对这个类别提出的服务指标，并且指导服务负责人完善这些指标，让它们能够反映服务所交付的真实的技术能力。针对这个类别的服务指标的开发，通常会导致首次出现服务交付团队要把需求传递给 IT 部门的情况，这是因为服务负责人会与 IT 运营团队合作，来建立新的监控流程、工作流逻辑和报告机制。比如我们需要更新工单/故障单系统，把该系统的报告映射给特定的服务。

认真对待这些考量因素，有助于早期服务负责人思维方式的转变，把他们的关注重点转移到测量能力，而不是测量技术平台和基础架构的指标上。为了表明转型团队的思维模式需要转变，我常向服务负责人提出这样一个问题：如果数据中心的一个应用失效了，但这时并没有人正在使用它所提供的功能，客户会对此表达不满吗？

与质量指标类别相关联的服务指标对于所有服务类型来说基本上都是相同的。对于服务类型，服务负责人主要考虑的是这些服务指标的初始数据源通常可以很容易地应用于技术基础服务，因为它们所交付的功能是直接由技术基础架构实现的。服务负责人需要仔细检查所有其他的服务类型，并为其定制相应的监控和流程，当报告平台可以实现服务感知时，这些指标的应用会变得更加简单。另外需要注意的是，质量指标类别中的服务指标会周期性地从技术基础服务被链接到其他服务类型。

质量指标类别的 KPI 比其他类别更容易实现端到端 KPI。Cisco 建议使用 5 个 KPI 来重点关注服务所交付的与功能相关的事件管理、故障管理和变更管理。

- **事件管理（3 个 PKI）**：服务支持案件的总数量、高严重性案件的总数量，以及总停机时间。
- **故障管理**：再次发生高严重性问题的次数。
- **变更管理**：计划内变更导致的服务停机总时长。

质量类别提供的信息类型最初看起来可能与当今大多数 IT 部门中提供的信息类似，但转型团队必须记住，我们的目的是从服务的角度来测量质量。在启用初始的服务性能策略时，技术基础架构高度运行的 IT 部门可能会发现，以服务为中心的质量视图描绘了完全不同的情况，其中可能会把以前客户群不满意但我们从未采取过行动的地方突显出来。我们要把质量当作服务的基线；如果性能的测量结果开始出现不良趋势，那么 IT 一定存在问题。

8.2.3 影响力

影响力可以帮助交付团队和 IT 负责人了解服务所交付的功能的使用强度级别，同时还能积极监控资产的数量，以及交付这些功能所涉及的其他元素。影响力指标类别可以显示服务功能的规模和可用性，以及底层服务资产的有效利用。它可以促进形成这样的文化，就是尽可能发现资源复用的机会，而不是为类似的客户和功能需求去创建新的服务。更重要的是，影响力指标类别可以确保服务“容量最优”、高效管理、随时优化，促使 IT 部门不会花费过多的资源和精力来交付很少使用的功能。

影响力指标类别负责回答以下类型的问题。

- 服务所交付功能的当前和历史使用率是多少？理想的目标使用率应该是多少？
- 有多少客户依赖于服务所交付的每项功能？
- 每种功能是否有足够的规模和数量来支持客户需求？
- 服务是否过度交付或者是否可以缩减大量空闲的服务资产来降低服务成本？
- 由需求和客户群形成的与特定功能相关的总成本是否都是合理的？

- 是否有可以与服务相关联的单位成本？它与同行业中其他家的单位成本相比如何？如何降低单位成本？
- 这个类别中的指标是否能够突显可以优先发展的低成本/高效益功能？

开发这个类别时，我们的首要任务是确定服务指标，这些服务指标应该可以确立交付的功能的规模可视性、功能的使用量水平，以及未来使用量的预期需求。需要注意的是，在确立服务成本建模流程之后，服务负责人通常可以了解到与其服务相关的不同功能的交付成本。这些指标在不同的服务类型之间，甚至在单项服务之间存在显著差异，它们所实现的规划和决策类型也各不相同。

我们通常能够很容易确定企业终端客户服务的影响力指标，比如当前交付的笔记本电脑或智能手机，以及用户的数量。对于这些服务来说，影响力指标类别可以帮助服务负责人评估某项功能，甚至是服务产品的需求。举例来说，我们可以停止交付客户群很小的设备，从而节省与之相关的支持成本，并让客户转向使用更流行的设备或产品。也可以展示特定功能拥有的大客户群，来证明持续运营成本或者新投资的合理性。

技术基础服务主要使用影响力指标来确保架构的规模是适当的，比如提供了网络带宽利用率、可用存储空间以及云资源利用率的服务指标。服务负责人会经常强调影响力指标，因为它可以证明扩展某些大型基础架构的投资是合理的。

业务运营服务的服务负责人在一开始可能不太容易确定适当的服务指标，影响力类别也可能不会随着时间的推移成为这些服务类型的重点关注对象。我们仍需要积极开发这类服务的影响力指标，这个类别确实能够提供可行的洞察力，有时这非常重要。考虑到业务流程的实现需要某些业务运营服务，因此不能因为客户群有限而将其停止。但是当成本与功能相关联时，影响力类别捕获的指标会体现出新的意义。举例来说，假设一名高级利益相关方之前在支持一个昂贵的平台，他认为他们的团队需要每日执行流程，而影响力类别的指标提供的数据证明，实际上每个月只有几个资源会对平台进行访问。重要的考量因素是，影响力指标类别建立的信息能进一步揭示这些服务交付的功能对 IT 与业务相结合规划的支持。它有助于 IT 部门清楚地展示企业的正确行动，无论是投资审批还是停止提供某项功能。

一位 ITaaS 顾问的日记摘要

我常用来强调影响力指标功能的一个现实示例是这样的，一项针对移动设备的服务中有 3 个服务产品，分别对应着与不同运营商相关联的不同厂商的智能手机。每个服务产品都关联着一个运营商和相应支持合同的成本。

在为影响力类别开发了初始的报告后，服务负责人注意到，有超过 90%的客户群都使用了两种流行的智能手机类型中的一种，只有十几个客户不愿意从罕有人使用的第三个选项中迁移出来，这需要每年花费 10 万美元（约 69 万元）的支持费用。在联合服务评估工作中，与高级 IT 负责人和业务负责人一起评估了这些调查结果后，很快我们就决定终止为这些罕有人使用的产品提供支持，业务负责人会亲自指示他们的人员立即过渡到其余的选项。

通过这个示例想要强调的是，如果没有 ITaaS 框架和服务性能策略，这个显而易见的结果可能都很难实现。要想让日益减少的客户群从昂贵的解决方案中迁移出来，需要 IT 经理和客户（任意数量和级别）进行交流，他们中的每个人都很可能会抵制 IT 部门停止其服务的尝试，甚至让事情恶化。如果 IT 经理只是强迫这些客户进行迁移，这种做法只会让客户对 IT 部门的满意度下降。相反，在上面例子的做法中，服务负责人、高级 IT 负责人和业务负责人都会清楚地理解并一致同意对该服务的行动方案，而且会在向客户群传达迁移要求时提供相应的支持。

影响力可以是一个难以建立标准化 KPI 的指标类别。服务负责人应该尽可能尝试建立一个由他们的服务或服务产品提供的特定衡量单位。这样我们就可以引入一个服务影响力指数，这个指数会考虑单位衡量的当前使用量水平和目标使用量水平。但是并非所有功能都可以轻松地抽象出一个使用量单位，也无法迫使全部服务都使用这个方法而导致最终投入资金和人员来创建无关紧要的数据。企业终端客户服务通常可以有效地利用使用量单位，而其他服务类型通常会在 KPI 上采用不同的策略。一些 IT 部门会采用红/橙/绿（RAG）状态或类似的策略，来表明服务影响力已经经过了何种程度的评估、优化，并伴以每项服务的关键服务指标，从而支持对这次评估的验证。本章后面的内容将会讨论 RAG 状态的最佳实践。

影响力服务指标的数据来源通常由当今的 IT 部门提供。资产数据库、拥有库存报告功能的基础架构管理平台、能够追踪许可证和安装情况的应用组合、报告登录和访问次数的日志文件，以及记录了手动收集的数据的各类电子表格，都可以用来挖掘有价值的信息。

如果影响力指标在衡量需求增长的同时标示出了危险的低水平可用容量，则影响力就可以为服务负责人提供充分的投资合理性理由了。影响力还可以确保服务负责人能够接收到有关服务资产未被充分利用的情况告警，并且可以通过把功能的规模调整为正确的大小，来节省宝贵的资产和人员。在与服务交付的总成本相结合时，影响力指标可以启动 IT 负责人和业务负责人之间基于事实的对话和规划，这些在之前是无法实现的。

8.2.4 速度

如果服务负责人已经实现了预期的质量水平，并且通过影响力指标类别正确调整了服务的规模，则 IT 和业务利益相关方就会立即开始关注速度这个指标类别。这一领域的成功直接与客户满意度相关，并且能够为企业业务在变化的市场中快速成功提供支持。它还可以推动整个 IT 运营模式的改进，包括变更管理流程、投资和架构审核流程。

速度服务指标描绘出了交付已建立的功能所需的时间，也就是指再次交付服务以前提供过的成熟功能所需的时间，比如为新员工提供和配置通用的笔记本电脑所需的时间。对于业务运营服务来说，它还会展示功能对于业务流程持续时间的影响，并且检查投资和创新是如何对流程的提速带来影响的。最后，速度服务指标会评估从开发和引入新功能，到实现服务的目标采用率等一系列活动所需的时间。

速度指标类别负责回答以下类型的问题。

- 交付一个常见的客户请求需要多长时间？这与其他 IT 部门相比是快还是慢？
- 导致交付一项功能的时间长短最主要的因素是什么？我们可以对服务交付的某个环节进行删除或优化吗？
- 过去的几个季度中交付功能所需的时间为什么增加了？人员和资产是否遇到了瓶颈？
- 客户现在需要花费多长时间才能完成特定的业务流程？IT 部门是否可以帮助他们更快地完成流程？
- IT 部门中是否有一些流程为交付已有功能或新功能带来了不必要的延迟？
- 对于软件功能来说，平均的开发、测试和发布周期是多少？有没有最佳实践或新技术趋势来改善开发和发布周期？

这个类别中常规的服务指标对于大多数服务类型来说都是类似的，但业务运营服务是一个例外，因为这类服务可能趋向于关注流程完成时间。有一些指标一开始就可以从服务管理和工单/故障单系统平台获得，从中我们可以知道从提交请求到功能交付之间的时长。虽然这些平台提供了明确的时间长度，但服务负责人应该毫不犹豫地把估算的时间长度也包含在内，比如在委员会审批流程中，用来等待审查提议功能的时长。虽然预估 IT 内部流程时长的工作一开始可能会遇到一些阻力，但它有助于揭示其在交付功能和客户满意度上带来的影响，并且通常会引发正式的流程来记录这些时间。需要注意的是，在记录开发和引入新功能的速度时，程序管理经理和项目经理也是宝贵的信息来源。

用于速度的标准服务指标和 KPI 如下所示。

- **现有功能的交付：**周期、部署/交付时间。
- **新功能：**流程和周期、功能实现的时间、采用的时间。
- **业务流程执行时间：**完成所选业务流程的时间。

对于现有能力的交付服务指标来说，“部署时间”指的是从提交请求到功能交付所花费的总时长，“周期”表示在整个流程中完成特定步骤所需的时长。举例来说，用于企业计算的服务负责管理笔记本电脑的交付，它所测量的部署时间就是从提交请求到客户实际拿到笔记本电脑之间的时长。整个流程包含多个周期，比如发出和收到笔记本电脑的时长以及在笔记本电脑中安装镜像和标准应用的时长。测量周期和测量总流程时间同样重要，因为这样一来服务负责人可以找出减少功能交付时间的机会，也就是优化特定周期的机会。在之前的示例中，也许可以通过改变厂商来改善接收笔记本电脑所需的周期，这样就能缩短部署时间。

一位 ITaaS 顾问的日记摘要

笔记本电脑的部署是反映实际工作的经典例子，显示出同时测量部署交付总时间和增量周期的重要性，以及持续评估服务交付团队是否在测量正确项目的必要性。

在此例中，IT 部门报告了针对新笔记本电脑的快速交付时间，但实际上在这个过程中，客户需要花费大量精力来配置笔记本电脑，而客户花费的时间没有被测算进来。复杂性带来了大量支持请求，客户满意度一直都不理想。服务负责人决定把客户的配置周期也纳入交付的时间进行测量，然后建议对构建流程进行全面检查，事先加载定制化选项（甚至是客户的指令）。交付的周期和总时间一开始会上升，然后显著下降，与之相关的支持请求将几乎为 0，并且在 IT 部门没有投入重大资金和工作量的情况下提升客户满意度。

测量新功能的引入速度通常需要一些额外的工作。转型团队应该记录并评估建立功能测量时间的一般流程，并且允许每个服务负责人在需要时对特定功能或服务的流程进行更新。一般来说，在测量一项功能的交付时会考虑以下阶段：评估和提议、批准、测试和开发、首次可用，以及达成目标采用率的单独指标。并不是所有阶段都要纳入功能交付的时间计算中。此外，作为最佳实践的建议，服务负责人应该了解请求的规模和范围，因为把简单且小规模的新功能请求与大范围高复杂性的工作相对比并不公平。

IT 部门交付现有功能和开发新的、具有变革性的功能并将其交付给业务客户的速度，就是未来市场和支持快速 IT 的关键因素。如果 IT 部门比竞争对手花费更长的时间把功能纳入业务的运营中，那么这种本来能够颠覆市场的变革能力就会失去它对于企业的价值潜力。速度指标类别唤起了整个 IT 部门对于这些考量因素的认识，突显了改善服务交付的机会。

8.2.5 风险

风险指标类别为 IT 部门和企业业务带来了重要的价值成果。它为服务交付中与风险相关的部分创建了可见性，并让更广泛的人员对此建立了责任心。与服务交付风险相关的责任（如弹性/可恢复性、合规性，以及数字和物理安全）并不仅限于少数几位专业领域专家。风险管理的策略必须得到社区、整个 IT 部门，以及使用这项服务的客户群的支持。如果没有在服务性能策略的规划期间全面考虑风险，则会为服务所交付的功能、IT 部门，甚至更广泛的企业业务带来伤害。

风险指标类别负责回答以下与服务交付相关的问题。

- 与服务所交付的技术功能相关的可恢复性水平是多少？
- 当前的可恢复性水平是否满足客户的需求？
- 是否有预先商定的灾备计划？
- 用来实现技术功能的服务资产是否是获得支持的、可靠且安全的？
- 服务的交付是否完全符合所有适用行业和政府法规？
- 服务的交付是否完全符合公司的所有标准和实践？
- 服务交付的所有方面都是安全的吗？

风险类别服务指标有多种形式，不同的服务类型和每项服务之间都有很大差异。Cisco 建议建立以下 KPI，然后鼓励服务执行主管、服务架构师和服务负责人对服务指标进行开发，以支持对相关服务组中的每项功能进行评估。

- **可恢复性**：考虑功能的生存能力，以及在规定时间范围内每项功能的恢复能力。
- **合规性（标准和审计）**：衡量服务是否符合公司、行业和政府的要求。
- **获得支持和生命周期管理的合规性**：评估用来启用服务的资产的可靠性，并根据产品的生命周期测量可用性级别。
- **端到端安全性**：为持续交付服务的所有适用安全考量因素提供测量结果，包括物理和数字安全。

为了量化这些 KPI 的测量结果，有些服务性能策略已经开发了一些流程，这些流程在服务组中定义了一系列服务指标，为它们分配权重，并把这个权重纳入计算，最终计算出基于百分比的测量结果。举例来说，如果一个安全 KPI 中已经标准化了 4 个服务指标，并且平均为它们分配权重，那么当其中的一项指标没有达标时，最终的评分就是 75%。对于采用 RAG 状态指示器的策略来说，橙色表示有一项需求没有满足，红色表示超过一个需求没有满足。在某些情况下，有价值的风险指标可能仅仅是一个复选框——比如确认这个特定的审计工作已经完成。在这种情况下，服务负责人应该在请求时生成这个审计结果。对于风险指标类别的 KPI 来说，重要的是它为服务交付团队提供了一个指示，表明服务交付团队是否对每个区域中的服务进行了全面评估，并确定是否有问题需要解决，以及每个测量结果是否都得到支持且是可操作的。

在构建可恢复性 KPI 时，首要考虑的应该是提供一个指示，表明服务可恢复性不同方面的当前目标需求是否经过了审核，并且最好由高级利益相关方进行签字。很多服务交付团队发现他们一开始的投入过多了。此外，当成本随后与服务交付进行关联时，很多利益相关方会开始重新评估他们对于可恢复性的要求。这时，可恢复性需要考虑服务所交付的功能的生存能力水平，比如当一个功能的实例失效后是否能够立即直接访问功能的另一个实例。这个 KPI 还应该考虑让功能变得不可用的实例（如在重大灾难期间触发切换），以及恢复每个功能的要求。这些指标应该考虑是否要制定一个计划来完成功能的恢复，以及这个计划是否已经在规定的时间范围内经过了测试。

合规性服务指标旨在确保服务能够认识到并成功遵守所有适用的标准和审计要求，其中包括 IT 部门、企业业务、行业或者政府提出的要求。这要求服务负责人能确定适用的标准，理解他们的要求，并且把这些需求转化为其服务的交付。这些要求可能会包含从行业标准（如 ISO 或 SOX 合规性），到企业和 IT 部门特定的标准（如适用特定的平台）。举例来说，假设我们需要为危险区域提供用来交付技术功能的服务，那就要求所有本地服务资产自身的安全性达到要求（Class-1/Div-1 或 Div-2）。重要的是服务负责人不仅要考虑 IT 标准，还要考虑他们的服务所支持的业务流程标准，并且要了解服务所交付的技术功能会对这些要求有什么影响。

与获得支持和生命周期管理相关的服务指标主要用来反映硬件和软件的服务资产在其支持生命周期内的状态，并且对它们的可靠性进行评级。这些服务指标应该指明，是否应该通过产品服务支持合同、合作伙伴、厂商或经过专业培训的 IT 团队来提供适当级别的支持。这些指标还会反映产品生命周期对于服务资产的影响，并且突出强调容易出现故障的资产和基础架构。重要的是要了解所支持的级别和类型，并且确保这个标准可用，同时还需要在实践中检验产品服务支持模型的效果。

端到端安全性的意思显而易见：服务负责人需要考虑与其服务交付相关的安全性的各个方面。其中包括很多 IT 专家熟悉的服务指标，比如确认服务资产上已经应用了最新的安全补丁；服务资产符合操作系统、平台和防病毒标准；服务资产可以在报告周期内接受入侵检测或安全扫描。这些服务指标还应该确认服务资产所要遵循的应用和平台管理最佳实践，比如角色和访问管理、密码要求以及配置标准。其中的很多需求都是由集中的数字安全团队推动的。

对于安全性的全面考虑还包括大多数服务负责人都容易忽略的因素，比如物理安全性。这可能需要在进入托管服务资产的安全区域时佩戴标记（甚至安装安全摄像头）来查看未授权的访问，比如可以考虑为生产车间交付 ICS/PCS（工业/生产控制系统）功能服务。不间断地提供这些功能，能够防御本地攻击（如通过 USB 或类似的手段），或者由未经授权的人员对本地设备实施的物理接触。

这些不同分组的风险服务指标在一定程度上基于服务类型而有所不同，但很多 ITaaS 部署都能在大多数服务环境中利用类似的 KPI 以及相关的流程。业务运营服务显然反映了与合规性相关的其他流程和行业特定的指标，而技术基础服务和企业终端客户服务中包含更广泛的服务指标，并且会以技术为重点。这些指标有很多数据来源，比如自动形成的报告和分析、手工编制的审计结果，甚至现场安全措施验证。

8.2.6 客户体验

除了客户体验这个指标类别之外，服务性能策略中的任何主题都不会引起 IT 专家的抵抗情绪和焦虑感，但它也为我们提供了一个机会，可以真正了解服务交付所带来的影响和价值。客户体验指标类别通常需要属于自己的端到端策略，并且要想有效实施的话，其花费的时间会比其他服务类别长。它通常还会使用 IT 部门当前没有的功能来获得指标和报告，但当我们克服了这些挑战后，它会从与其他指标类别都不相同的独特方面为服务性能建立可见性。

客户体验旨在建立一个视图，其中要记录服务的几个重要方面，这些信息直接来自使用这项服务的客户，以及基于这项服务来实现自己的生产力和价值的客户。虽然服务负责人和高级利益相关方必须在仔细评估、审查和权衡他们收集到的反馈信息之后再采取行动，但事实是，在更广泛的客户群中对这些输入信息进行采样之前，反馈信息中会有服务交付和规划的盲点。

客户体验可以帮助 IT 部门从客户的角度对服务进行了解。

- 客户群对于服务的整体交付是否满意？他们是否相信服务为企业创造了价值？
- 功能是否按照预期执行了？它们可靠吗？
- 服务所交付的功能是否容易访问和使用？

- 服务最终是有用的吗？在一天结束时，它是否帮助客户提高了工作效率或执行了业务流程？
- 是否需要进一步对功能进行区分，比如针对特定团队或区域进行本地化？
- 客户群中针对功能的可改进之处是否达成了共识？如果是这样，需要改进的是什么？
- IT部门还能做什么？

与风险类似，Cisco建议使用KPI作为子类别，并且鼓励服务负责人开发以下服务指标，来建立可见性。

- **性能**：测量服务功能是否可用、是否可以在需要时访问，以及是否能够按需启用预期的功能。
- **服务体验**：了解服务功能的设计和实施方式是否提供了良好的客户体验。
- **价值/实用性**：尝试衡量服务为生产力和业务流程的执行所提供的整体影响和价值。
- **满意度**：尝试衡量服务的整体完成度和满意度。
- **改进机会**：收集开放性评论，这种评论方式可以鼓励对服务的功能和机会的持续反馈。

需要记住的是，支持客户体验类别的服务指标会反映出客户的观点，而质量则依赖于IT部门设计部署的监控和报告。当某项服务的客户体验和质量测量始终无法同步时，服务负责人需要在测量质量的过程中进行进一步调整。

事实上，服务交付团队总是会对客户体验所提供的宝贵信息和机遇感到惊讶。虽然服务评估工作的目的是让服务负责人、高级IT和业务负责人一同来理解服务价值并规划服务战略，但仅靠这些方面是无法代表整个客户群的，也无法考虑到组织机构中每个级别服务交付的所有方面。即使服务负责人与客户群中的IT和业务负责人都进行了良好的沟通，也有可能无法接收到有价值的反馈信息。客户体验指标类别提供了一种途径来收集和调整与服务交付相关的重要信息，但我们也需要一种策略来谨慎管理信息的收集方式，然后在信息被合并到更广泛的服务规划中之前对输入进行筛选和权衡。

为这个指标类别编写数据和信息时可能涉及问卷调查工作，很多IT和业务利益相关方通常会对这些类似的问卷调查保持警惕和谨慎的态度。但问卷调查并不是定制这些指标的唯一信息来源，而且通过仔细的主动规划，还可以更有效地利用调查信息。要做到这一点，就需要制定收集和管理客户体验服务指标类别的正式策略。在这个策略中，我们应该限制问卷调查的总数，并且采用最佳实践来主动避免常见的抱怨。重要的是，必须让服务负责人把好关，负责为他们的利益相关方管理正确的问卷调查类型和调查频率。

对问卷调查这个想法的抵制往往源于过去受到的质疑和使用的失策。首先是人们普遍感觉调查太多。虽然各种问卷调查无疑是有明确目的的，但在服务转型工作过程中发布的过多调查，可能会让客户群中的一部分人感到烦不胜烦。相反，IT转型团队应该在服务管理、工单/故障单系统或其他来源中找到并记录正在进行的所有调查，然后制定策略来停止、替换或整合这些调查，将其作为端到端IT服务客户体验策略的一部分。

另一个会反复出现的不满与调查结束后缺乏明确的行动有关，这会让人们产生一种感觉，即不值得花费时间和精力来提供问卷调查结果。一般而言，请不要对那些无法解决的反馈信息进行问卷调查，这种考量突出了ITaaS框架中服务负责人角色的另一个价值。ITaaSO中的服务负责人在整个IT部门的服务倡导中具有重要的影响力，因此他们需要根据客户体验的指标来更改服务交付策略，并且随着时间的推移展示对于相应指标的改进。

与问卷调查反馈结果相关的另一个重要考量因素是要确保服务交付团队不会立即对反馈结果做出过度的反应，这可能与我们之前的观点有些矛盾，IT和业务部门应该在服务评估期间，仔细审查所有反馈信息和可能做出的行为。服务负责人应该理解这种反馈信息能够在多大程度上反映出客户群与高级利益相关方在策略上达成的一致。反应过度的服务提供者会发现自己不断地从一种策略转向另一种策略，因为他们总是在尝试对最新和最突出的反馈意见做出反应，但通常很少考虑这其中的财务影响，或者试图理解反馈信息如何与更广泛的企业战略保持一致。这并不是客户体验指标类别想要触发的行为方式。仅凭客户体验并不能推动服务战略或投资决策，也无法充分说明服务的管理是否有效。服务负责人需要把客户体验作为他们能够使用的众多有用信息中的一部分，来确保服务能够为 IT 部门和企业业务创造价值。

我们可以通过多种方式展开问卷调查。在大多数 IT 部门中，当关闭一个支持或请求工单时，调查反馈结果通常就已经生成了。在这种情况下，这些结果需要呈现给与这个请求相关联的服务和服务负责人。另一种选择是在服务评估结束时，收集高级利益相关方的意见。在这样做时，Cisco 建议针对尽可能精简的一组问题进行快速讨论，然后由服务负责人对讨论结果进行记录。

服务负责人还应该与高级利益相关方进行合作，来确认能够代表使用这项服务的不同领域和利益群体的重要利益相关方，这些利益相关方应该同意在每次的报告收集期间仔细回复服务负责人的定制化调查。理想的利益相关方数量会因组织的规模和服务的类型而有所不同。由于业务运营服务拥有特定的客户群，因此通常 5~10 个利益相关方就可以提供广泛的反馈信息。但由于企业终端客户服务是在整个企业中提供技术功能的，因此可能会需要向更大的群体征求反馈信息。

初始的策略为服务负责人提供了 3 个级别的数据源，以此开始形成客户体验指标类别：利用客户可能已经熟悉的基于工单系统的问卷调查、针对重要的利益相关方提供定制化调查，以及在完成服务评估时从高级利益相关方那里收集最终反馈信息的调查。

8.3 衡量服务指标的最佳实践

Cisco 建议尽可能对服务指标和 KPI 采用量化的方式进行衡量——比如只报告支持案件的总数量，但这并不总是可行的。通常我们也会利用比例和百分比，比如在约定的 SLA 中完成了 1~5 之间的客户体验指标分数或者完成了 95%的变更请求。在没有其他选项的情况下，一种较受欢迎的衡量方式是使用红/橙/绿（RAG 状态）指示器。它们非常适用于风险指标类别，反映了已完成的一系列审计和检查状态，在服务性能策略的早期阶段会大量使用这种方式，同时确定和实施报告功能要求。

虽然上面提供了可靠的临时解决方案，但这些衡量方法也给使用和解释的一致性方面带来了挑战。因此，Cisco 建议减少使用这种方法以便长期对服务指标使用可量化的衡量方式。在很多情况下，IT 团队无法清晰定义三色指示器或者无法确定构成衡量标准的值，这会导致在对报告的指标进行精确解释时增加了复杂性。在服务蓝图中通常没有这些指标的标准用法，因此会在每个服务之间带来不一致和混淆。最后，IT 专家倾向于持续报告中间的橙色状态（暗示着服务从未保证过红色或绿色状态），或者只报告绿色或红色状态。换句话说，就是一位服务负责人在服务性能报告中总是说“不是很糟糕，但可以更好”，而另一位服务负责人经常报告说“一切都非常完美（或者一切都完了）”。再次强调，之所以会产生这些报告，是因为我们没有建立起所有 IT 服务负责人应该使用的流程和定义。

Cisco 为很多 ITaaS 采用者提供了图 8-1 中所示的参考定义，这些参考可以与 RAG 状态指示器一同使用。需要记住的是，对服务等级进行一定程度的定制化和解释是有必要的。我们的目标是引入一定程度的一致性，并且解决我们注意到的常见问题。

RAG状态	定义	服务影响描述	解析详情和时间轴	可见性和升级
效果	所有必需的技术功能都是在服务部门和业务利益相关方商定的参数范围内提供的	有多个（或没有）对服务功能的性能影响很小的问题	在业务利益相关方同意的时间范围内安排和/或应用已知的修复程序	少数客户提出了一些没有理由升级的案例
障碍	技术能力偏离（或有可能偏离）业务利益相关者认同的参数	会对少量客户的功能性能带来影响的一个或多个问题	尚未确定、已经确定，或者有可能在目标时限之外应用的决议	不断增长的客户群受到性能的影响，并且可能会出现升级
欠缺	未能在业务商定的参数范围内提供技术功能	性能导致的一个或多个问题会对大量客户带来长期影响，或者完全中断服务功能	尚未确定解决方案，或者无法在客户要求的时间范围内交付服务，或者大量成本（或工作量）会导致高可见性的升级	大量客户无法利用服务功能，并且很快就会提出升级

图 8-1 红/橙/绿指示器的定义

我们在本章前面已经确定，必须为服务指标加上上下文背景才能提供有意义的信息。如果没有背景的话，指标不过就是一些数据，对于确定服务的价值或战略规划起不到作用。性能目标、基线、基准和趋势都是与服务指标相关联的上下文背景信息。

服务性能目标对于推动持续的价值至关重要，有时我们也称其为规划或目标，这些信息会为接下来的报告环节建立目标性能。这些目标可以由 IT 负责人、服务执行主管或者某些情况下的高级利益相关方进行设置，来支持相关的战略或指令。服务负责人应该始终积极参与到确定目标的工作中，并且与所有各方就可行的目标达成一致。对于新目标的考量中还应该包括实现预期目标所需的规划和支持。

如果目标中设定了一个必须达到或超过的目标衡量标准，那么基线可能会是初始的测量值，我们可以通过这个值来改进服务指标或者建立一个最低的服务指标。基线通常会与服务指标以及指标类别的质量和速度的 KPI 相关联，并且确立可以接受的交付或恢复时间。基线也可以成为服务等级协议（SLA），第 11 章将会详细介绍这部分内容。

每个指标类别的 KPI 必须与目标或基线进行关联。当然，也可以同时使用这两者，比如一些与质量相关的 KPI 可以拥有已建立的基线，也可以设定改进的目标。

基线的建立具有广泛的意义，但在服务性能策略的背景下，我们会特别参考特定的服务性能测量内容，并将其与另一实体（或整个行业）的标准或平均值进行比较。基准的建立让 ITaaS 框架具有这种能力，即允许 IT 部门来证明他们提供的服务具有竞争性。

在本书写作期间，ITaaS 框架所定义的用来与服务性能进行对比的基准数据（Benchmarking Data）并不多。然而我们应该尽可能地应用基准测试，并不断努力查明和比较基准数据的来源，以便将其纳入服务性能策略。需要记住的是，越来越多的 IT 部门正在采用端到端的服务运营模式，并且越来越多的行业委员会和标准也开始建立起来。随着行业中端到端服务的不断增长，广泛的 IT 服务基准数据的可用性也会增长。

随着时间的推移，服务指标的趋势变化通常会与问题的发现相关联，比如质量或可靠性的缓慢降低。虽然这仍然是 ITaaS 框架中服务性能策略的关键组成部分，但我们真正关注的是展示投资和其他战略服务决策带来的影响。如果服务性能策略中没有考虑到服务性能的各个方面，就会在尝试理解决策（或投资）是否能够降低成本或改进与质量相关的指标时受到局限。现在除了质量和成本之外，服务交付团队还可以证明服务对于服务速度、风险、影响力和客户体验的影响。

8.3.1 如何把服务指标转换为业务成果

Cisco ITaaS 框架的一个重要特性是能够把 IT 服务性能与它对于业务成果的影响关联在一起。利用服务交付框架来展示 IT 部门的能力，是让其成为企业业务可以信赖的顾问的关键一步。

但 IT 服务和它们的服务负责人如何理解并说明这其中的关系呢？

回想一下，ITaaS 框架内的 IT 服务设计在一开始就要求把技术功能划分到逻辑的分组内。对于业务运营服务来说，这些技术功能实现了包括 IT 部门在内的企业业务流程、流程组或者功能。由 IT 转型团队开发的企业技术功能映射图作为这些服务设计的输入信息，描述了这些技术功能所支持的流程以及它们的预期成果。这意味着业务运营服务的服务负责人同样能够把技术功能映射到流程，并且最终映射到业务成果。随着对这些流程的深入了解，他们可以开始把服务性能与业务成果关联起来。

服务负责人的目标不是把每一个受监控的服务指标都关联到一个或多个业务流程或业务结果中。服务性能的变化可能不会影响每个实例中的业务运营。作为 IT 部门中的成员，服务负责人的重要性在于，能够识别出服务性能的变化会对哪些实例产生影响。被动情况下，这个能力也可以让服务负责人了解业务成果会如何受到负面影响，从而确保 IT 团队能够就这种影响和预期的解决方案进行沟通；主动情况下，服务负责人可以积极展示在技术功能中的投入或变更，是如何对业务流程及其相关的业务成果带来改善的。

在实践中，服务负责人可以通过多种方式对这些事件进行说明和沟通。在服务评估期间，服务负责人可以突出一项或一组指标，然后明确地把它们与业务流程关联到一起。在其他情况下，服务负责人可以周期性地提供正式报告，并在其中增加深入的详细信息。关键是服务负责人会定期地把服务所支持的业务流程和业务成果，与标准的服务性能策略相关联。

8.3.2 服务指标链式化的原因

要想理解服务性能，应明确在其他服务使用某服务交付的功能时，其性能如何对使用它的服务的性能产生影响。ITaaS 框架中的服务链机制让服务交付团队能够清晰地展示这种情况，还能突出服务所需的投资和支持，如果没有这些展示，则这些服务很可能无法从高级业务负责人那里获得更高的优先级。

这里有一个核心概念，就是一项服务（通常是技术基础服务）可以把一个或多个指标链接到业务运营服务或企业终端客户服务。对于何时应该把指标链接到其他服务，并没有明确的规则；只需要接收链式指标的服务主动使用底层服务所提供的功能，并且双方服务负责人都同意把指标关联在一起，就其会对接收方服务的性能带来的影响达成一致。

我们可以出于不同的原因来链接一个或多个指标，但常见的原因是要准确说明技术基础服务报告的性能水平下降对其他服务产生的影响。以利用数据中心或私有云基础架构的托管服务作为一个简单的例子，这个基础架构中很大一部分设备的寿命终止日期已经超出，这意味着它们失效的风险正在上升，同时可能无法再获得厂商的支持。这项服务所提供的应用托管功能正在被大量业务运营服务所使用，同时它们所交付的功能受到影响的风险更高。当链接指标时，这些服务可以展示出风险的增加，并且可能会提高升级基础架构的支持优先级。

每个指标类别中的服务指标都可以进行链接，每个指标都展示了不同的信息。关键是这个机制让服务交付团队能够有效地就真实的依赖关系进行沟通，这是服务战略规划的另一个重要方面。

8.3.3 端到端服务指标解读

为了从 ITaaS 框架的服务性能策略中获得最大价值，服务负责人需要考虑多个指标类别中性能衡量的含义，而不是把这些服务指标从它们的类别中分离出来。ITaaS 框架的服务性能策略分别讲述了微观层面和宏观层面的内容，服务负责人一定要分别理解每个层面的解读。

让我们再次考虑使用托管服务，利用老化的基础架构来提供托管功能会带来负面的风险指标。但在考虑投资之前，可以先考虑影响力指标类别，它反映出虽然服务报告了高风险，但其所提供的功能几乎没有被客户群所使用，究其原因可能是业务有公有云可用。这表明虽然硬件设备可能会更频繁地发生故障，但我们有足够多的空闲容量来恢复功能，从而可以进一步报告适当的投资时机和水平。另一个可能是，如果影响力指标反映出对于功能的使用量很高且几乎没有剩余容量，这可能有助于支持优先进行投资的请求。

增加对服务交付总成本的考虑，是这些对话中的另一个重要内容。实际上，多考虑成本因素会让 IT 部门和客户群能够在不同的指标类别中见证投资或降低运营成本带来的影响。

服务负责人必须查看所有指标类别，并且考虑端到端的视图。在某些情况下，当将一组单独查看的指标视为更广泛的服务性能的一部分时，它们会被赋予完全不同的上下文背景。

8.3.4 仪表板和计分卡

即使拥有报告特性丰富的大型服务管理平台，服务负责人也仍有可能使用多种平台和数据源来开发每个指标类别。有了如此多的数据源，服务性能策略就能够为服务负责人提供一种能力，使其更有效地评估服务性能并将其共享给利益相关方。

服务性能仪表板或计分卡可以为服务负责人和利益相关方提供有关服务性能的战略级视图，这是一项针对服务性能进行有效沟通的关键功能。然而很多采用 ITaaS 框架的组织在对仪表板进行大量投入之前，会选择启用他们自己的服务性能策略，然后开始调优他们的首选策略和机制，而不是手工编制汇报幻灯片和图形来作为临时的解决方案。

大多数服务性能仪表板都追求呈现某种类型的宏观单页视图，展示 5 个度量类别以及与它们相关联的 KPI、趋势、目标和服务 TCO。虽然这可能难以实现，但单页总览方式的服务性能概述是一个强大的工具，它提供一目了然的视图用于评估，并能够确认哪些指标类别没有达到目标或者低于基线。与此同时，有些团队可能试图开发一个包含所有重要信息的服务性能概述页面，还要使其可读，结果很快发现自己陷于困境之中。

一位 ITaaS 顾问的日记摘要

我经常把性能仪表板和车辆中的仪表盘进行对比，来描述性能仪表板的价值和期望功能。在您的车辆上有一些指标是会一直出现在仪表盘上的，比如油量或车速；也有一些指标只有当测量值低于基线时才会出现，比如低胎压指示器；有些指标只有在需要时显示，也就是需要通过进一步调查来确定出现告警的根本原因和最佳的纠错措施，比如检查引擎的指示灯。

使用车辆仪表盘作为理想性能仪表板的参考，我们知道利益相关方总是会去寻找一些有价值的信息（如服务 TCO），并且他们希望看到某种指示表明战略级的指标类别都好于基线且达到了性能目标。他们可能还希望看到数据趋势或者至少是一个指示器，表明 KPI 是否比上一个报告期间有所改善。如果服务负责人发现服务确实存在问题需要讨论，他们也会把这些问题突出显示。关键是并非每个服务指标或与指标类别相关联的 KPI 都需要一直显示在仪表板上。实际上，如果这样做的话，通常会让服务负责人忽略关键的性能信息。不仅如此，仪表板还应该允许利益相关方快速浏览重要的测量值，同时为服务负责人保留空间来突出显示所需的指标。

我们要确保仪表板上突出显示的那些问题得到了讨论，并且行动方案达成了一致。您肯定不希望在提供 IT 服务的过程中，一直忽略检查引擎指示灯的告警，直到最终在最不适宜的时刻服务爆发故障。

8.3.5 报告和呈现服务性能的战术

服务交付团队所使用的服务性能报告和呈现方式对于战略的成功有着重大的影响。服务负责人必须考虑它们的受众、服务性能策略所提供的功能，以及何时能够更好地使用它们。

成熟的服务性能策略应该能够为不同的利益相关方群体，以及 IT 部门内外提供不同级别的完整且精确的信息。ITaaS 框架中的服务性能策略提供了实现上述目标的所有工具，服务负责人只需要考虑哪些指标与特定的利益相关方及其优先重点相关。服务负责人应该积极预测服务的性能如何与利益相关方的优先级和关注点相关联，并且为他们可能遇到的提问做好准备。

一般的策略会把服务仪表板作为开始，强调某个指标类别和潜在感兴趣的 KPI，然后进入详细信息。服务负责人应该始终记得端到端地对指标进行解读，说明成本或指标类别的变化会带来何种影响，并且始终展示服务性能对于业务成果的影响。

服务负责人还应该记得，他们有责任为 IT 负责人和高级利益相关方突出服务交付中的潜在问题。然而，为了鼓励服务负责人这样做，各方都必须谨记服务性能策略的目标是做出明智的决策，而不是责备谁。在任何情况下，只要彻底理解了为什么会出现这样差的指标，并且有计划改进它，服务负责人就不应该为报告了负面的服务指标而感到担心。

8.3.6 服务性能变革领导力战略

服务性能的引入对于每个参与者来说都是一项复杂的工作，对于服务负责人来说尤其具有挑战性。在启动服务性能策略之前要先进行领导力变革，同时需要服务负责人的持续支持（包括对初始战略的评估和优化工作），确保服务性能能够实现其预期的目的和服务交付框架的目标。

重要的是要记住，Cisco 的服务转型项目在启动服务试点的同时，就启动了服务性能策略的制定。通过这种方式，我们可以在早期服务和试点服务评估中积极测试开发中的战略，从而使 IT 转型团队有机会在实践中见证他们提出的策略。使用这种方法可以让新的服务负责人和转型团队在与第一批高级客户利益相关方进行合作之前，先优化 IT 部门内部的战略。

应该尽快开发沟通端到端战略价值的培训材料（特别是包含了每个指标类别的材料），并提供给所有服务负责人。这个材料应该定期更新，以便把策略所产生的价值成果纳入进来，这有助于向未来的服务负责人说明这个策略是如何让 IT 部门和企业受益的。有价值的战术包括分享并评估服务性能报告和最佳实践，以及建立把服务负责人集合起来分享经验教训的论坛。

注意不要对初始的服务性能策略寄予过高的期望。IT 转型和服务性能策略团队通常会集中一次性开发 1~2 个指标类别。这种情况并不少见，尤其是对于为一些 KPI 甚至指标类别使用占位符的早期服务性能视图，或者最初报告的服务指标随着引入新的监控报告功能以及反馈信息而发生变化的情况。还要记住的是，重要的指标上下文背景（如趋势）可能会受到限制，并且在整个服务转型项目的流程优化过程中被频繁重置。服务性能策略一开始发展缓慢，随着时间的推移会逐渐成熟，并且通过正确的领导会不断改善提高。

8.3.7 服务性能策略的管理

端到端的服务性能策略意味着 IT 转型团队和服务转型项目中设计和实施的工作会非常艰巨。完成服务转型后，这个策略仍然处于起步阶段，并且要求服务交付团队、服务管理办公室（SMO）和 IT 负责人继续对 IT 服务所交付的价值提供支持。

在服务转型后，策略主要的所有权会过渡到服务管理办公室，后者会继续对服务性能的两个重要方面负责。第一个方面是确保整个 IT 部门的服务负责人和交付团队具备这种能力，即以有效的方式来衡量和报告服务性能。通常我们可以通过一个服务来实现这一点，让 SMO 的成员充当这个服务的服务负责人，并确保这些技术功能能够被有效地交付给客户群，在这种情况下也就是其他的服务负责人。与所有服务负责人一样，SMO 不仅应该了解客户的需求并持续让服务的交付与这些需求保持一致，还应该主动找机会来代表客户群增强或革新这些功能。

SMO 的第二个方面是发布、管理、监控，并在需要时更新指标类别中的服务性能标准以及相关联的 KPI。这包括开发并管理文档和培训，以及确保有效地实施当前的标准，为所有服务和服务组带来价值。我们在本书中总是在强调，服务交付框架（包括服务性能策略）要随着时间的推移而发展，SMO 需要根据服务交付团队，以及 IT 和业务负责人的反馈信息来推动这一发展。

一位 ITaaS 顾问的日记摘要

我见证过很多 IT 部门过度地使用了工具，他们优先考虑使用功能丰富的平台来实现全自动化的绚丽仪表板，而不是通过已有信息来实现沟通。与此同时，我所见证过的成功的服务评估工作都是使用手工创建的幻灯片，所有这些内容都是根据电子表格中的信息手动创建的。

虽然 SMO 需要负责开发新的报告功能，但服务交付团队应该对他们所拥有的工具都充满信心。我们要专注于可用的信息以及它所告知的内容（即使它是便利贴），然后与您的客户进行沟通。

Cisco 自身 IT 服务转型项目的背后

Cisco IT 团队首先定义了指标类别，并且问自己："我们需要在服务中始终关注哪些事情？"（回顾过去，这是在服务管理中多次遗漏的一步）。自上向下，从 IT 负责人和业务负责人的角度看来，我们应该始终关注一些重要事项。但以前的很多服务都使用一堆单独的指标，我们无法在整个组织中衡量这些指标，而且这些指标关心的都是不同的事情。把所有这些指标都放到一组一致的指标类别和 KPI 中，有助于问责制框架的成功实施。

Cisco IT 部门指定了一个中心小组，负责开发顶层的指标。对于指标而言，重要的是要保持一致性。没有人会希望每 6 个月就更改一次指标，因为这样就没有历史记录了。与此同时，也没有人会在第一次就获得完美的指标。即使定义了初始的类别，也仍然很难保持一成不变，并且有时事情会发生很大变化。起初我们的关注点是成本，其他方面会被忽略；然后是风险；然后又会演进。但我们只要从小事做起、从基础做起，人们就能够理解，然后我们就可以以此为基础继续完善。

一位 IT 负责人描述了最初的经历："是的，我们中的有些人不能或者不想改变。我是比较中立的。我曾是一名技术专家，但当时我的想法是'我不明白'。在对这些新指标进行了一年的报告后，我开始对自己说'嘿，我是否成功是以实际的指标来进行衡量的，而且顺便说一下，我将对这些指标负责……'这有点让人耳目一新。而且最棒的一点是，如果按照指标进行交付，你会得到回报。"。

没有人想要做错事，每个人都想做正确的事，但他们不知道什么是对的。在针对这些指标制定了非常切实的指标和实际行动之前，我们不会采取整体的行动。基于服务的指标对于行为的改变首先是改变整个视角。

Cisco IT 部门目睹了添加一个指标类别（如风险）对于 IT 部门以及服务交付团队所带来的影响。正如有人说的："我们的安全负责人和团队多年以来一直在倡导这样做，但却无法在整个公司内获得普遍的安全保障。一旦我们把风险添加为一个指标，就能迫使服务负责人承担责任并且对风险进行报告，不久之后，我们就在整个组织中拥有普遍的安全保障了。因此我们从中吸取的教训是，人们会围绕服务新的优先级视角来对流程进行建模。"。

8.4 总结

ITaaS 框架的服务性能策略可以针对服务性能的各个方面提供可见性，让每项服务得到有效的管理，同时让人们了解它们所提供的价值。服务性能策略让我们能够以与客户达成一致的方式来传递服务的性能，并且能够说明服务对于业务成果的影响。它还可以实现整个服务蓝图的战略规划，并且让 IT 负责人和业务负责人随时了解策略带来的影响。

服务性能策略通过赋予服务负责人灵活性来实现监控与其服务相关的所有指标，然后把每个指标汇聚到 IT 和业务负责人所熟悉的服务指标类别中，以此建立全面的服务性能视图。ITaaS 框架中定义了以下指标类别。

- **质量**：全面衡量服务的运营性能，以及它所提供的技术功能的有效性和可用性。
- **影响力**：衡量技术功能的规模和利用率，以及实际功能使用量的水平。
- **速度**：针对服务已经交付的技术功能，衡量客户请求的响应时间，以及开发和引入功能并实现目标采用率的时间。
- **风险**：衡量持续交付技术功能的总体风险，并确保服务交付能够持续管理与 IT 部门和企业业务运营相关的风险。
- **客户体验**：从使用技术功能的客户利益相关方的角度，来检查服务的各个方面。

业务运营服务的服务负责人还需额外负责把对服务性能的影响与业务成果进行关联，可以通过合并企业技术功能映射图中捕获的信息，并将其用于初始的服务设计中来实现。

我们还必须解决服务性能策略中的很多其他方面。目标、基线、基准和趋势应该与所有服务指标进行关联，来为规划提供上下文背景信息。把指定的服务指标链接在一起，为 IT 部门提供了一个有价值的工具，从而可以准确说明一项服务的性能会对其他服务带来何种影响。这种做法充分发挥了 ITaaS 框架中服务性能策略的潜力，服务负责人不仅要考虑单独的服务指标和指标类别，还要考虑每个指标和类别是如何相互关联和影响的。仪表板提供了管理和评估服务性能的重要功能，它能够提供服务性能的概览。服务管理办公室需要对服务性能策略提供支持，确保服务负责人有能力来衡量和报告服务性能，并且要确保标准和整体战略能随着时间的推移而不断演进。

第 9 章

建立 IT 服务交付的总成本模型

企业业务负责人有什么理由持续接受某个业务部门（BU）的运营成本？他们在同一个业务部门中优先考虑（更不用说批准）某项投资成本的原因是什么？此外，为什么除了传统的基于部门和项目的视图外，业务部门（如企业 IT 部门）还会为其预算使用基于服务的视图？

这些问题的答案是 ITaaS 框架中服务成本核算策略的基础。到目前为止，我们能够认识到了解服务交付的总成本是沟通服务价值的关键组成部分。通过考虑这些基本的问题，可以为 IT 部门和企业提供理想的服务成本核算策略，并明确它的整体价值，而不仅仅是衡量单项 IT 服务所创造的业务价值。

本章首先会讨论这些问题和概念，以明确 IT 服务成本核算策略的目标。之后我们会突出讨论一系列考量因素，包括历史挑战以及 IT 部门所犯的常见错误，这些错误可能会让服务成本核算策略的优势延迟、脱轨或受到严重的限制。我们会讨论几个基本的财务概念，这些概念可以为 IT 转型团队提供一些信息，帮助他们理解和开发最终的战略。服务交付总成本的建模过程在理论上看起来很简单，但在实践中很快会遇到问题，因为 IT 团队会试图从复杂的现实 IT 预算中匹配成本要素。因此，我们还介绍了实施服务成本核算过程中较复杂的那些要素的最佳实践（如成本分摊），以及随着时间的推移来利用和改进战略所使用的策略。

本章的目标不是对与管理 IT 预算相关的重要主题进行全面介绍，也不是对财务概念进行介绍（如折旧或成本类型）。毕竟 ITaaS 框架中服务成本核算的目标之一是通过让服务交付团队与 IT 负责人、IT 财务团队和拥有基础预算的经理进行合作，来扩展成本管理的责任。

9.1 IT 服务成本建模的目标

要想了解将成本分摊给服务的目标，我们首先应考虑企业业务为 IT 部门等业务部门投资并接受其运营成本的理由。在第 1 章中，我们介绍了企业组织如何依赖于业务线来运营其核心业务并输出成果，以及支持部门向业务线、其他 BU 或整个企业提供特定的功能（如税务报告）。我们确定了每个业务部门（包括 IT 部门）都对企业负有责任，以便在高效运营的同时支持业务成果。

企业之所以能够接受 BU 的运营成本，是因为它提供了实现业务成果所需的服务和功能，并且通过批准 BU 的投资来获得额外的价值。在这里关键的考量因素是，如果企业业务能够以更好的价格从企业外部获得相同的服务和功能来支持期望的结果，那么企业就不需要这个业务部门。同样，如果无法展示与申请的投资相关联的附加价值，或者之前的投资没有达到预期价值，那么企业没有必要为 BU 提供额外的投资。

业务部门需要最终负责证明这些成本的合理性，但这种通用的基于部门和项目的 IT 预算视图无法反映出提供所需功能的成本，这就是服务成本核算的用武之地。服务成本核算的目的是创建一个 IT 支出视图，把运营和投资成本分摊给每项服务，用来证明通过投资创建的长期价值，并且验证运营成本正在用于支持业务成果。

除了这个目标之外，此战略还旨在通过扩大职责范围来有效管理 IT 成本。目前，IT 部门内部的支出管理可能只是拥有部门预算的 IT 负责人和经理（或者项目监督人员）的责任。通过建立服务交付总成本模型的流程和增添提升服务价值的职责，该战略使更广泛的服务交付团队与预算负责人建立了联系，以便提高 IT 运营模式中所有领域的成本效率。

9.2 IT 服务成本核算的考量因素

虽然 IT 负责人对于服务成本核算的需求和好处已经有了一定的理解，但他们仍难以采用有效的策略，这主要是因为传统上服务仅被指定用于 IT 运营的一小部分，而不是端到端。

对于任何业务部门来说，服务成本的核算都是一项复杂且具有挑战性的工作，而 IT 部门则面临着额外的复杂性，因为它需要依赖多层共享系统和基础设施来提供服务，这些系统需要独特的流程来平均分配成本，以便开发出精准的总拥有成本模型。

由于 IT 服务交付功能中的这项重要功能实施起来已经很有难度，因此 IT 转型团队必须始终关注与服务成本核算相关的重要考量因素，而不要使工作变得比现在更具挑战性。本章这一部分将会重点介绍我见到的 IT 部门反复犯下的一些失误，这些失误最终会导致 IT 服务成本核算策略脱轨、延迟或进一步复杂化。除了汲取这些经验教训之外，本章还介绍了一系列考量因素，这些因素可以为塑造理想的服务成本核算策略提供信息。

IT 负责人常见的失误之一是在完成端到端服务设计之前，把服务成本核算策略推进到高级阶段。在尚未指定大部分 IT 服务组合前，尝试开发和实施服务成本核算流程会让这些流程面临着与后引进的服务不相兼容的风险，从而导致针对复杂的流程进行大量返工。它通常还会导致产生被指定用来反映虚增 TCO 的服务，因为会有大量的成本要素被分配给它们，这些成本要素是要归属于其他服务的。我们还要考虑到服务蓝图中的重大变化，在审查服务组合期间很可能发生这些变化，它们会导致成本要素的分配出现重大变革。服务蓝图的微小变化不会对这些流程带来相同级别的风险或影响，比如随着时间的推移，IT 部门对服务交付功能的优化、引入或停止服务来保持与业务需求的一致性等变化。

通常因为 IT 负责人希望与感到不满的利益相关方一起评估成本，或者赢得预算的增加/投资的批准，所以他们对于尽快执行服务成本核算的要求备感压力。在最终确定初始的服务组合前，IT 转型团队必须扛住立即开发服务成本核算的压力。在必要时，转型团队可以考虑根据希望审查其相关成本的愿望来提高服务试点的优先级，只要所有各方都认可这些服务成本很可能会随着团队在整个试点阶段的测试和流程的改进而发生波动。

即使战略仍处于开发阶段或者服务试点的早期实施阶段，IT 部门也经常会面临着巨大的压力——要从服务成本核算中证明成本的降低。第 1 章中强调了 IT 部门在成本削减方面通常视野比较狭窄，总是优先考虑降低成本，而不是理解并提升价值。总是迫使 IT 转型团队或早期的服务负责人优先考虑降低成本，只会导致他们基于有限的信息进行规划，并且从服务成本核算流程本身的设计和优化工作中分心。我想要强调的是，要想在优化 IT 支出的端到端效率的同时自然而然地降低成本，必须通过精心设计的服务成本核算和服务性能策略来做出明智的决策。另外需要记住的是，如前几章所述，遵循 Cisco 的服务转型项目可以创造大量机会来实现成本的降低和资源的优化。

第 1 章还指出，有一个趋势是向利益相关方呈现越来越多的成本核算数据。这种“唬人”策略源于一种误解，即与 IT 部门所交付的技术功能成本相关的问题和顾虑，可以通过使用大量数据做出响应来解决。虽然日益流行的 IT 财务平台可以生成大量的成本核算数据，这对于 IT 负责人和服务负责人在成本的管理方面肯定是有所帮助的，但客户通常只是想要了解构成服务成本的主要因素，而并不是整理并试图理解大量的信息。还要记住的是，如果客户对高于预期的成本感到不安，那么推送数据也无法解决这个问题。

上述考量强调了服务成本核算策略的关键要求：它们必须能够生成清晰且易于理解的服务成本视图，以便为客户演示并供其审核。ITaaS 框架将 IT 服务作为一个抽象层引入进来，从而有机会生成信息含量高且简单的服务成本模型，而服务交付团队则维护着构成这些模型的诸多流程和成本要素的可见性。

在转型团队设计服务成本核算策略的过程中，有一个密切相关的考量因素经常会转移转型团队的注意力，即对于准确性的过度追求。我们要澄清一点：准确性很重要，但服务成本的计算不可能实现真正的 100%准确，同时这也不是我们的目标。后面会介绍成本分配和成本链式化的过程，所有这些工作都需要反映各项服务中的共享成本。我们会讨论促进高准确度的最佳实践，但重要的是我们要明白它们永远不会完全准确，而且不要尝试实现完全的准确性，因为这只会导致更复杂的流程和成本模型。让我们考虑一下，大多数 IT 部门通常都可以达到高水平的准确性，也就是超过 85%~90%，而他们只需短短几个月的成本核算。他们工作的结果是生成一个易于和客户一起进行审查的成本模型，并提供对成本构成和成本趋势“一目了然”的理解。由于每个企业都有各自的独特场景，因此并没有一个经过验证的解决方案可以提高准确度。作为一般的最佳实践，转型团队显然应该在不牺牲最终服务成本模型的简单性的前提下，努力实现整体的准确性。此外我们还要始终记得，随着工具和流程的发展，准确性也可以得到提升。

虽然服务成本核算策略的准确率不可能达到 100%，但它要求 100%的透明度。透明度是促进 IT 部门信任的关键。虽然服务成本核算策略的主要目标是创建服务交付总成本模型，且保持这个模型的简单性和高信息含量，但这并不意味着我们永远不会与利益相关方共享其他详情。恰恰相反，我们应该根据要求为利益相关方展示并评估以下信息：直接或通过成本分摊流程分配给服务的 IT 预算要素的详细信息、用于链接间接服务成本的流程，以及任何其他感兴趣的细节。IT 负责人通常会感到惊讶，仅仅强调透明度就会使服务成本核算策略获得如此高的支持水平。利益相关方会很快信任 IT 部门用来衡量服务成本的策略，并开始关注他们的服务成本模型和制订的计划，而不是关注他们自己的几十个关于模型开发的细节。

在为 IT 支出的管理开发新策略及其相关的流程/职责时，这个工作显然会引起关注。这就是 IT 负责人和转型团队必须要记得定期就服务成本核算策略的一个关键方面进行沟通的原因——那就是一个 IT 支出的单独并行视图，它不会对当前存在的支出视图或 IT 预算归属带来任何影响。服务成本核算不会影响现有的 IT 财务流程，也不会影响部门预算或投资预算。换句话说，它只是通过新视角来看待 IT 支出，而不是对现有流程进行修改。请将此信息作为服务成本核算变革领导力的一个重要方面加以强调，因为当 IT 转型团队开始需要 IT 财务和其他资源配合来开发服务成本核算流程时，肯定会遇到很多顾虑和阻力。

最后需要考虑的是，从历史上看，所有 IT 支出都是由一个小型团体（由经理、总监和高级领导组成）管理的，有时可能还有一个 IT 财务团队。通常，他们利用的流程会专注于审核投资成本，或在职能（或部门）预算内管理成本。除了为这些人员提供与交付中的服务成本相一致的 IT 支出新视图之外，这个战略还会把管理这些成本的责任扩展到更广泛的服务交付团体。虽然服务负责人并没有与服务相关的预算，但他们在如何使用其服务的众多预算方面发挥着关键作用。在端到端服务组织中，管理成本的责任是由广泛的人员团体共同承担的，而不是一小群高级领导。

IT 服务成本与云服务成本核算

我们需要解决最后一点有可能混淆的地方——不要把使用流行的公有或私有云服务（IaaS、PaaS 和 SaaS）带来的成本和计费混淆在端到端服务组织的服务成本核算策略中。虽然它们中的每一个都可以作为服务成本报告的参考信息，但实际上，组织机构的服务成本核算策略必须要考虑比云架构资源更多的元素。

之前的说法并不意味着我们为云资源生成的高度准确且信息丰富的基于消费的计费能力对于 IT 负责人来说不重要。事实上，这些成本报告功能可以继续为 IT 经理提供有价值的信息，并有助于快速跟踪服务成本核算策略中的复杂流程，后者能准确地对间接服务成本执行链式化，这些内容会在下面进行介绍。对云服务进行计费是很有价值的，但不应该把它与端到端服务组织内的服务总成本建模策略相混淆。

9.3 IT 财务概念基础

在理想的世界中，服务负责人拥有第 7 章中详述的所有主动和创新特质，并且对折旧成本、固定成本与可变成本等财务概念拥有基本的理解。与此同时，还有一些理想的候选服务负责人很可能已经拥有那些关键的特质，但却缺乏与财务主题相关的基础知识。在这种情况下，我们最好利用已有的特质，并通过培训和知识分享来为他们提供财务知识背景。我们可以关联变革领导力职能与 IT 财务等资源，并专门为此开发有价值的培训模块。

最好让其他专家来介绍这些概念，但 IT 财务中常见的几个概念会对转型团队了解 ITaaS 框架中服务成本核算策略的机制产生重大影响，我们会在以下各节中对其进行介绍。

9.3.1 IT 预算的不同视图

IT 转型团队和未来的服务交付团队必须了解独立于服务对 IT 支出进行查看和管理的方法。虽然它们主要使用那些与各自的服务 TCO 相关的成本要素，但这个背景有助于交付团队了解其 TCO 的构建方式，以及在服务级别上应用的策略对于基础 IT 预算的影响。

服务成本的核算工作从 IT 预算开始，IT 预算由公司总分类账（GL）中的借方和贷方条目构建，并分配给 IT 部门。这些条目包括所有软件或硬件的购买成本、支持费用和维护费用的账单，以及外部服务、咨询或劳务费用。这其中还要包括所有 IT 人员的成本，以及差旅和培训成本。最后，预算中通常还会反映出部门的交叉费用——比如基建设施部门反映的 IT 部门所使用的维护办公空间成本（这些交叉费用的数据来源与 GL 可能是分开的）。我们可以把它看作是 IT 支出的第一个（也是最完整的）视图。需要注意的是，这个 IT 支出的初始视图有时也可以被称作 CIO 声明、IT 账单或其他名称。IT 预算的准确性最终会对服务 TCO 造成影响，但这超出了 IT 转型团队和服务转型规划的范围。实际上，IT 预算本身、用于输入的数据源及其准确性、数据的组织和呈现，以及其他很多相关的问题都是 IT 负责人乃至整个行业感兴趣的重要主题，但这超出了本章的范围。

虽然 IT 财务团队和最高级别的 IT 负责人有时可能会直接参与 IT 预算工作，但这对于更大规模的 IT 负责人团队的成本管理和报告帮助不大。相反，IT 预算中的信息通常会通过不同的视图进行呈现和管理，其中较常见的是预算的部门视图或职能视图。在这些视图中，IT 预算会被分摊给 IT 部门内的具体团队、职能、成本池和专用预算。这是大多数 IT 专家所熟悉的成本视图。比如，这样一来网络工程师就可以理解他们的直接主管拥有人员和培训预算，并且有一个成本池，其中分配了与网络相关的硬件和软件成本。这些视图易于理解，因为它们与 IT 部门的职能和组织结构密切相关，并且能够非常有效地对管理者和个人贡献者的成本所有权及其相关策略提供支持。

另一个同样常见的成本视图是 IT 投资成本计划或项目视图。我们通常把这些视图用于管理 IT 计划或项目的成本，其中有些会跨越多个 IT 团队和功能。这能够帮助 IT 负责人对投资成本进行审查，这些投资成本是用于扩展或转型现有功能的，并且与维护当前交付的功能相关的运营成本分开。

IT 支出的每种常见视图都提供了不同的好处，但却无法反映出我们应该如何利用 IT 成本来提供服务，或者如何与利益相关方达成一致来了解他们所使用的技术能力的成本和价值。为了提供这些信息，IT 部门需要另一种 IT 支出视图，以便用易于理解的模型将 IT 成本准确地分配给 IT 服务。

9.3.2 计费制（Chargeback）与用量制（Showback）政策

由于 IT 部门在控制支出上做出的努力，很多人采用了不同的政策来管理成本。其中较常见的是计费制（Chargeback）政策。它的核心概念是通过部门交叉费用或类似的方式，向企业客户和业务部门收取 IT 产品和服务费用。这种方法有助于把成本的审批和所有权转移给利益相关方，并鼓励他们更多地参与并谨慎地制定决策，而在此前这些客户群需要最新的技术时几乎不会考虑 IT 和最终企业业务的成本负担。它还帮助 IT 部门分层展示了提供特定技术功能的成本，而这些功能又依赖于共享架构，从而为利益相关方的 IT 负责人建立了成本可见性。

然而，这些政策也带来了新的挑战，其中重要的一点是，一些 IT 部门的做法是继续设定越来越高的成本计费目标，甚至在某些情况下试图完全淘汰 IT 预算。这种方法的固有问题在于它不必要地夸大了与技术功能相关的成本，以至于完全出于客户的意料，而且 IT 部门也难以自证。

它还造成了一种情况的发生，即在必须扩展共享资源来支持不断增长的需求时，这些成本负担通常会加在最后提交请求的客户身上。举例来说，一个准备实施新平台的业务线，却需要负责网络升级的全部成本，只是因为当前带宽无法支持最新平台额外的流量。另外需要注意的是，IT 预算的准确性和报告功能仍在逐渐成熟，这使得 IT 部门更加难以证明所收取的成本是合理的。

一位 ITaaS 顾问的日记摘要

我实际上在 IT 和成本核算流程中见到过每季度超过 4000 美元（约 27492 元）的笔记本电脑租用费用。这些成本是建立在自下而上的成本模型和政策上的，这些政策具有很高的客户计费目标。这意味着我们可以直接把与笔记本电脑租用挂钩的成本和 IT 预算中的很多其他成本要素相结合，这些要素被划分为不同的资产和功能。

正如一位利益相关方指出的那样，每季度买一台新笔记本电脑会更便宜。虽然这是一个极端的例子，但它说明了收费成本政策与公平且准确的资源消耗测量之间脱节时所出现的情况。

根据我的经验，利益相关方非常愿意接受有限的高成本交付，并使用企业自己的IT部门来对技术功能提供支持。然而，当这些成本远远超过他们的预期并且不合理时，就会引起严重的挫败感，引发不信任感，甚至会导致高级业务负责人开始评估绕过IT部门的机会，转而寻找外部支持。

值得注意的是，我们可以在不背离Chargeback政策的情况下利用Cisco的ITaaS框架和服务成本建模。它们还提供了更公平且更准确的服务成本视图，可以帮助IT部门通过透明的建模和流程生成预期中的成本，从而帮助解决与Chargeback策略相关的挑战。

与此同时，ITaaS框架还支持我们通常所说的用量制（Showback）策略。在这种方法中，IT部门会保留所有成本的所有权，但会审查（展示）与利益相关方有关的每项服务的成本，就这些成本所实现的价值达成一致，并规划未来的服务要求和相关成本。利益相关方仍然有责任确保他们对于技术功能的要求能够为企业带来价值。他们仍然需要与服务交付团队进行合作来证明成本的合理性，并做出谨慎的投资决策。毕竟，没有一位负责人希望自己被看作在没有任何理由的情况下推高企业的成本，或者不支持优化开支的工作。

Showback策略越来越受到大家的欢迎，但我们却不需要了解ITaaS框架内交付服务的总成本。我们要理解的是，端到端服务组织利用成熟的服务成本核算策略可以支持以上这两种策略。

9.3.3 自下而上与直接+链式成本模型

随着企业Chargeback策略的采用，IT部门需要通过一种方法来确定交付技术的成本和底层共享资源的成本，从而实现自下而上的成本模型。不同的自下而上的成本模型可能会有很大差异，具体取决于IT服务的具体定义，以及成本模型所包含的IT预算内的实际成本。这些模型的目标主要是将共享资产和资源（人员）的成本分配给IT服务。实际上，服务的成本变成了由不同级别的共享IT资源向其收取的成本的总和。这种方法的基本说明如图9-1所示。

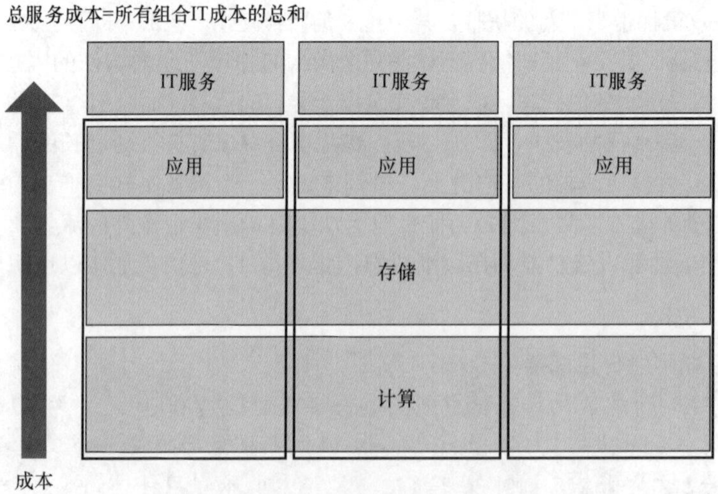

图9-1 自下而上的成本模型

这些模型受到服务设计原则的限制，通常会强制分配大量成本来支持Chargeback的目标，并且很难准确地计算出每个级别的实际消费成本。相反，无论消费处于哪个层级，它们都依赖于从所有服务中直接划分这些成本。这种方法会带来人为夸大的成本，并且常会把庞大的单个成本池直接分配给服务，使 IT 客户难以理解自己部门的意外高收费中的很多细节。

ITaaS 框架内的服务成本核算模型对自下而上的方法做了一点调整，用带有成本链的直接服务成本核算模型进行替代。这个模型首先会计算所有的直接服务成本，其中可能包括硬件成本（包括折旧）、软件成本、支持以及专门针对该服务的其他成本。接下来，IT 服务会把自己的直接成本中的一部分链接到使用其交付功能的其他 IT 服务。这个概念的概述如图 9-2 所示。

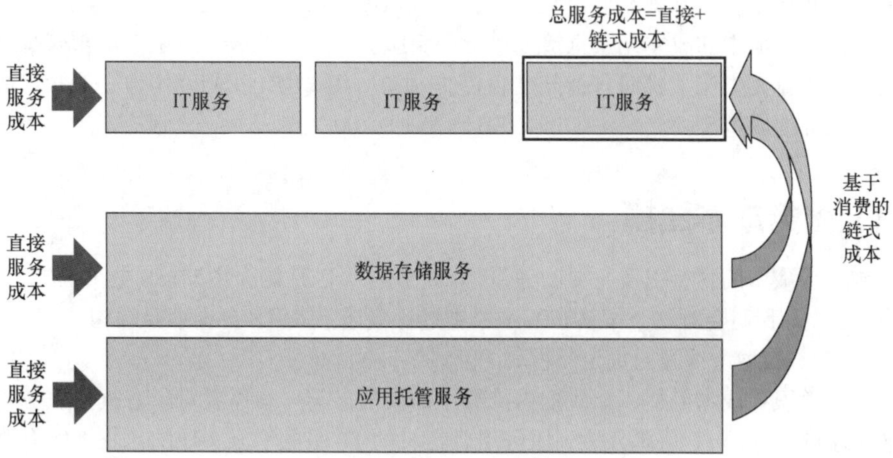

图 9-2 带有成本链的直接服务成本核算

以上说明虽然准确，但可能无法明确区分这两种方法，在审查 ITaaS 框架服务成本核算策略的完整细节时，我们会发现两者的机制和结果存在显著的差异。事实上，从客户的角度来看，两者存在相当大的差异。调整后的模型可以帮助客户立即了解其服务的直接成本，他们可以轻易证实这些成本元素的合理性，并且利益相关方可能熟悉并会积极预测这些成本元素。除了这些直接成本之外，它还向利益相关方提供了链接其他 IT 服务的单独成本块，这些成本与共享系统和基础架构的使用量直接相关。

9.3.4 成本分摊

企业业务和构成它们的各个业务部门组成了一个复杂的组织，它拥有复杂的财务状况。IT 部门同样复杂，并且还面临额外的挑战，即利用多层共享资源和资产来提供服务。因此，服务交付总成本的建模工作都依赖于某种程度的成本分摊。如果使用正确，把单个成本要素的各个部分划分给多个服务，则这个简单的概念将有助于形成透明且易于理解的成本模型，所有利益相关方都能就此达成一致。但是，如果忽略了最佳实践，则可能会在成本分摊中不必要地夸大服务成本，降低透明度，使利益相关方感到不满，并导致其对 IT 部门的不信任。在开发服务成本建模的核心流程时，IT 转型团队必须考虑这些最佳实践。

成本分摊的一个重要原则是首先确保分摊的提议是合理的，并且所有相关的利益相关方最好都能就此达成一致。如果无法证明某服务的部分成本分摊是合理的，则不应该如此分配。服务负责人应参与提议，并最终接受分摊给服务的成本。

一旦决定如何在多项服务之间分摊成本，我们就应该考虑是否存在这样一种可能，即在所有服务中使用加权分摊的方式会比平均分摊的方式更为适用。加权分摊可以提供更准确的成本分摊结果，也可以只让一对服务负责人同意将各自服务之间的成本分摊为75%和25%。需要记住的是，不要为了提高准确性而花费太多的精力，或者引入太多的复杂性。利益相关方通常更倾向于确定正确的加权分布，而不是复杂的过程和公式。

IT负责人和服务交付团队必须要考虑服务组合变更对于现有成本分布的潜在影响。举例来说，如果在4项服务中平均分摊成本，并且在报告期间中断了其中的2项服务，则剩余服务的TCO将不会超过分摊给它的成本。这就是我们要在服务成本核算策略中记录所有成本分布的原因。

还有一点也很重要，那就是要避免分摊整个成本池，特别是那些代表重要成本的成本池。相反，通过把成本池中的成本元素直接分摊给指定服务，可以把成本池中的金额减少到尽可能最低。这种方法首先确保了我们只会分摊必要的成本，其次也让我们确切地了解到从成本池中分摊给各项服务的成本。

9.4 IT服务成本建模

考虑到服务成本的目标以及主要的考量因素，现在可以开始介绍ITaaS框架的IT服务成本建模策略。首先，我们会对这个策略和基本原则进行概述；然后，会详细介绍构建IT服务TCO（总体拥有成本）模型所涉及的每个流程。

为了建立总服务成本模型，让我们再次利用两步法。第一步需要对所有直接服务成本进行分摊，这是通过把全部IT预算分摊到服务组合定义的IT服务中来实现的，它把所有服务成本分摊到最终的“三块服务TCO模型”中两个模块中的一个。这些优先考虑的直接服务成本块如下所示。

- **运行业务（Run the Business，RtB）**：与运营和维护当前服务所交付技术功能相关的直接服务成本。
- **变更业务（Change the Business，CtB）**：与扩展或转型服务所交付的技术功能相关的直接服务成本。

在对所有直接服务成本进行分摊之后，第二步涉及的服务使用了由另一项服务（通常是技术基础服务）所提供的功能。所有必需服务的成本链流程可能需要经过一段时间才能成熟，并且我们应该定期实施审核和优化工作，因为已经引入了新的管理和报告功能，这确保我们可以链接最准确的基于使用的成本。链接到服务的成本会被分摊到间接服务成本块，它有时会被称为“运行业务间接成本”（Run the Business Indirect，RtB-I），这3个块的总和代表了服务TCO模型。

在开始使用服务成本核算策略时，IT转型团队需要（在必要时）与高级IT负责人、IT财务团队，以及潜在的企业财务和会计部门进行合作。通过与这些资源进行合作，可以确保IT转型团队正在使用准确和完整的IT预算版本，以及其他相关的所有成本信息来源（投资预算等）。任何团队都不希望发生的就是，在投入大量的时间和精力后才发现他们正在用来构建流程和模型的数据源不完整。

9.4.1 直接服务成本

在服务成本核算中，第一项主要工作是把IT预算（以及可能的其他来源）的成本分摊到服务TCO模型中的两个直接服务成本块之一，即指定为RtB或CtB。在所有各方服务的成本要素达成一致之后，确定RtB与CtB的工作通常相当简单，因为与计划或项目相关的成本通常都会分摊给 CtB 块，而大多数其他成本会转到 RtB 块。

我们的目标是从 IT 预算中把全部成本分摊给服务，但 ITaaS 框架中包含一个选项，用于从 IT 预算中把一部分成本分离到 IT 保留成本池中。在基于服务的 IT 财务视图中，我们要把 IT 保留成本池看作是一个特殊的“占位符”，理想情况下它是临时的，我们可以在其中预留成本，而不将其分摊给任何服务。所有 IT 部门都不必或者不需要使用这个可选的流程，我们只有在需要时才能使用它，并且要由高级领导批准。很多 IT 部门在其预算中包含特殊成本时都会引入保留成本池，其中的一些特殊情况包括大规模收购、公司及其 IT 部门的合并。在实际工作中，这些成本非常重要，它们是临时性的（预算不会超过一年），并且非常复杂，这就使 IT 服务成本的公平分摊变得困难，并且可能会偏离这些服务的 TCO。相反，每当 CIO 或其他高级 IT 负责人报告各自的支出时，他们可以在 IT 保留成本之外显示战略服务视图。

从 IT 预算中分摊成本要素的工作可能会变得非常复杂，因此只要有可能，我们就要把 IT 预算中的全部成本要素直接分摊给单项服务。成本分摊的工作是必需的，并且应该遵循前面描述的最佳实践。分摊工作也可以很简单，比如两项服务平摊应用程序的许可证费用，在这种情况下，每项服务的服务负责人都应该同意把费用分成 50/50。我们也可以使用加权分摊的方式，比如把 50%的成本分摊给一项服务，并把剩余 50%的成本分别平摊给另外两项服务。转型团队可能会对服务负责人提出建议并同意准确分摊大量成本要素的速度感到惊讶。请记住，成本的分摊应该尽可能公平和准确，因此，转型团队可以根据各种数据的输入信息，在每个报告期调整一些成本的分摊方式。比如可以根据故障单数量、工时报告等，把专业 IT 支持团队的成本分摊给每项服务。

1. 运行业务的成本

RtB 成本反映了服务的日常运营成本。以下是将 IT 预算分摊到 TCO 模型中的这一成本块时一些常见的成本要素。

- **硬件：**包括设备的一次性费用，这些设备未被资产化，并且会随时间折旧。
- **软件：**包括许可证或续订费用。
- **资产折旧：**包括折旧费用的分摊，基于金额和费用类型对资产进行折旧。
- **支持成本：**包括支持协议或维护合同的成本。
- **外部服务：**包括供应商、承包商或其他外部服务的费用。
- **雇员数：**反映出支持服务交付的人力资源成本。
- **部门交叉费用：**包括企业其他 BU 向 IT 部门收取的费用，比如来自基建设施部门的费用。

与 TCO 模型中的其他块相比，RtB 成本会定期受到更严格的审查。RtB 成本的一个关键考虑因素是它们代表了在特定性能水平上，提供一系列技术功能的持续成本。从一个报告周期到下一个报告周期，预计这些费用并不会发生显著的变化，特别是在服务性能或交付规模没有变化的情况下。当它们确实发生了变化时，服务负责人有责任确定变化的来源，并且证明成本的合理性；或者如果发现成本已不适用，则服务负责人需要根据 TCO 模型管理成本。

即使不考虑任何波动变化，TCO 模型中的 RtB 成本通常也会受到严格的审查，应制定目标并使其按同行业的基准主动接受检查。当把成本要素分配给他们的 TCO 时，服务负责人应该立即拥有主人翁意识和管理这些成本的责任。服务负责人需要承担起总经理的角色来发出质疑，比如这些费用是绝对必要的吗？有没有一种投资方式可以减少这些经常性成本？是否可以使用另一种方法来获得所需的支持，以便在降低成本的同时，以所需的性能和规模水平来提供相同的功能？可以缩小规模或降低性能吗？这些只是服务负责人在审核其 RtB 成本时应该问自己的一些问题。

2. 变更业务的成本

与 RtB 对应的直接成本块相比，CtB 成本通常可以更加轻松地被识别并分摊到服务。原因是这些成本在传统上是与投资计划或项目相关联的，批准之前需要对其进行深入的审查，通常无须大量的分摊流程就可以对特定服务执行成本分摊。这个 TCO 块中的成本通常是按计划和项目进行细分的，项目的成本和定期更新通常由相应的项目经理提供给服务负责人。这种情况中常见的例外是，批准用来支持独立于正式项目之外的扩大规模或升级 IT 资产的投资成本。

真正的问题是，究竟是什么构成了变更业务的成本？这里再次重申，IT 转型团队和高级 IT 负责人应当做出用来制定成本战略的决策。

服务的 TCO 模型中这一组成部分的传统用途是反映投资中交付的功能正在发生转变的情形。这大大收缩了对此成本块关注的焦点，因为已被批准的针对现有功能的扩张或升级的投资接着就会与 RtB 成本块相关联。举例来说，通过使用这种方法，升级或扩展当前传统数据中心交换架构的成本将会被分摊给 RtB 块，而引入全虚拟化交换环境的成本构成了功能的变更，因此会被计入 CtB 块。用这种方式聚焦的优势在于，IT 和业务负责人可以更轻松地识别并使用投资资金，这些资金将被批准用于改进服务交付，而不是简单地扩展现有的功能。举例来说，以我们的虚拟化交换投资为例，IT 负责人会希望这些成本随着时间的推移来推动服务性能的提升，特别是在速度指标类别中。另外，还要考虑到扩展业务功能的费用已经在 RtB 成本块中计算过，或者已经难以将其分离出来了。以一个云应用托管服务为例，根据使用量可以从云提供商处获得与服务相关的常规账单，并且可以基于功能的规模简单地增加或减少。与此同时，这种策略有时会引发争论，甚至导致过度思考是什么构成了技术功能的转型。如果引入虚拟交换环境的成本仅用于小型测试，那么第一次大规模的部署是否算作 CtB？下一次呢？

另一种用途是区分不同扩展功能的成本，也就是“增长”和“转型”业务的成本。一些使用者已经把与业务增长相关的成本作为 CtB 或 RtB 成本的子集，或者为其建立单独的成本模块作为 TCO 模型中的第三块直接服务成本。

虽然以上都是合理的考量和选择，但我通常鼓励在服务转型初期尽可能简化策略，然后在以后对它进行更新（如果这种更新能够带来高度增值的话）。保持简单意味着简单地把所有投资成本与 CtB 关联在一起，这使得建立 CtB 成本块变得更加容易，因为它只反映了已批准的投资，并且避免引发对于构成 CtB 成本的过度思考。除此之外，服务负责人仍然可以主动跟踪和报告特定投资对于性能或运营成本的影响，通常这也是最重要的问题。

无论组织如何定义 CtB 成本块的具体用途，仍然需要建立一个策略来反映资本的折旧。常见的方法是在 CtB 块中反映服务资产的第一个折旧期，然后把所有剩余的折旧费用移至 RtB 块。

CtB 成本的关键考量因素是它们应该始终反映对服务的预期影响。随着很多 IT 部门完成服务转型工作、逐渐成熟并整合了其企业架构（EA）实践，他们会采用新的投资策略。这些策略通常需要对所有 IT 投资进行架构性的审批，这反过来又与特定 IT 服务的预期结果相关联。

9.4.2 间接服务成本

将成本链接到另一项服务来准确反映功能的使用量，是使我们能够准确反映服务交付总成本、影响相关的行为、支持明智的成本决策的重要一步。与此同时，我们不能对这个步骤进行假设或轻视它。如果间接服务成本分摊实施不当的话，可能会人为地夸大服务 TCO，并在整个客户群中引发问题和担忧。因此，在开始开发成本链之前，我们应该审查几点注意事项。

首先，请记住不要把间接服务成本核算和部门 Chargeback 政策混淆。我们不向客户收费；我们会把成本从一项 IT 服务链接到另一项 IT 服务，以便能够准确地反映出服务交付的总成本。成本链式化的做法并不会减少服务 TCO。这些直接成本会保持不变，因为它们是与运营服务相关的成本。不同之处在于，这些成本中的一部分会由于其功能的使用而出现在附加服务的 TCO 模型中。在汇总多个服务的成本时，这是一个重要的考量因素，因为我们有可能会重复成本要素，这部分内容会在后面的章节中进行讨论。

成本链的候选服务应该遵循以下基本标准。

- 这项 IT 服务所交付的技术功能正在被另一项 IT 服务使用。
- 可以准确地实现基于功能使用量来链式化成本的流程，并被服务负责人认可。
- 能呈现成本链的合理性和计算成本的流程，并得到客户群在战略层面上的理解（无论底层流程有多复杂）。

如果成本链式化的过程过于复杂，那么即使我们付出巨大的努力，未来也几乎没有希望实现自动化，并且无法可靠地计算基于使用量的成本，那么最好不要把成本链接起来。服务负责人不仅应该考虑功能是否有必要，还应该考虑成本链式化的复杂性，以及链式化过程产生的资金是否为沟通更广泛的服务组合中的服务价值提供了有意义的信息。

与这种考量相关的一个常见例子是企业网络服务，它为整个企业的终端客户提供了网络资源访问功能。起初，这看起来是成本链式化的主要服务，并且通常有诸多选项来报告网络资源的使用量，例如 WAN 链路利用率。然而在实践中，要想准确地测量整个企业的网络资源消耗，需要大量的投资，并且这种做法很快会变得比预期要复杂数倍。很多 IT 部门选择不把这些成本链式化。

最终执行成本链式化的服务主要由技术基础服务组成，尽管某些特定的企业终端客户服务也可以是成本链式化的有力案例。无论服务类型如何，计算成本链式化的过程对于每项服务来说都是独特的。这些流程由服务（进行成本链式化的服务）的服务负责人开发并管理，但在其间接服务成本中体现这些链式成本的服务负责人应该定期检查链式化流程。

成本链式化为服务交付团队提供了额外的功能，而不仅仅是报告服务的总成本。它可以影响行为，帮助 IT 负责人促使客户群转移到一个更为优选的产品。举例来说，一个应用程序托管服务可能不得不继续提供“非虚拟/裸机托管”服务，仅仅因为一些客户一直拒绝使用虚拟环境的应用程序托管。然而，这会导致基础架构团队的支持成本增加，与传统的基于虚拟环境的服务产品相比，成本链式化可以反映出这些增加的成本，随着时间的推移，这种做法应该会鼓励客户转而使用更便宜的虚拟托管产品。

成本链式化过程概述

开发成本链的过程可能存在一定的困难，这一部分介绍了开发这些过程的关键指导原则和注意事项。

首先我们要考虑的是明确定义所使用的功能。通过定义使用量的单位，服务负责人可以推动单位成本的开发工作，这时链式成本就等于报告期间使用的单位数量乘以单位成本。需要注意的是，只要适用于一项服务，我们就可以在服务性能策略的影响力指标类别中跟踪使用量单位。

要想获得单位成本，首先需要确定链式化直接服务成本的数量，具体数量取决于成本要素。需要记住的是，我们并不要求把全部服务 TCO 都链接起来，而是应该鼓励服务负责人链接与交付的单位使用量直接相关的那些成本要素。单位成本是通过把要链接的总成本除以交付的单位数量来确定的。

需要注意的是，一旦确定了单位成本，我们就应该迅速把它当作关注的中心，从而认识趋势、了解成本的变化，以及确定随着时间的推移降低单位成本的机会。同样，对单位成本计算的任何变化，例如额外的成本要素，都应当给予特别关注。

9.5 服务成本核算策略

在初始策略就位时，我们尚未完成支持 IT 服务成本核算的工作。与服务性能策略类似，优化策略以及支持流程、工具和功能的持续努力，是确保策略能够继续支持服务交付功能不断变化的要求，也是随着时间的推移为企业创造价值的关键所在。

利用新的服务 TCO 来查看与服务层级结构中每个级别的服务组相关的成本总和，是一个早期的关注点，因为它为服务执行主管和 IT 负责人提供了与服务蓝图特定部分相关的成本视图。在制定服务成本的这些战略视图时，一定要考虑间接服务成本的影响，这些内容可能不适合包含在所有成本的汇总报告中。如果仅仅简单地总计一系列服务的 TCO，则结果可能并不准确，因为它可能会重复服务 TCO 中存在的成本，这些成本已被链接到另一项服务的 TCO。

另一项任务是实现服务成本核算策略的自动化，这包括在适当的时候使用成本链式化流程以及战略成本汇总报告。在每个报告周期，使用宏和基础脚本有助于减少构建服务 TCO 模型所需的工作量，并且可以减少潜在的手动计算错误。长期报告功能——特别是服务 TCO 的图形表示、历史趋势和任意数量的战略服务成本视图——让服务负责人和 IT 负责人能够快速评估服务成本，而不要求他们在报告周期之前手动构建 TCO 模型。

基准测试为成本的比较和目标的设置提供了另一个重要功能，数据的收集以及它与服务报告的关联也能够代表自动化工作的优先重点。遗憾的是，一开始 IT 服务成本基准数据（类似于服务性能）的来源可能会受到限制，但随着越来越多的 IT 部门过渡到 ITaaSO，预计来源会大幅增长。

我们要始终记得按照服务性能的不同方面评估服务成本的重要性。在大多数情况下，CtB 投资都能通过提高速度、影响力、质量或降低风险来影响服务性能。CtB 投资没有对服务性能带来影响的情况极为罕见，在这些罕见的情况中我们也应该期望未来的 RtB 成本能够降低，并且应该仔细进行监控和报告。

再次强调，服务负责人承担了很多责任。他们需要投入大量的精力来彻底审查分摊给服务 TCO 的初始成本（或者与 IT 转型和财务团队一起进行审查），以确定一个更合适的服务来调整成本分摊。从这时开始，服务负责人会积极管理完整的服务 TCO，其中包括了解间接服务成本、计划投资来促进未来的服务功能，最重要的是主动寻找机会来降低与服务相关的 RtB 成本。展望未来与查看历史/当前的成本信息同样重要。服务负责人应该能够从任意数量的输入信息中预测到服务 TCO 的变化，比如在 RtB 块中识别出不同成本类型随着业务运营规模的增加而改变。

与服务负责人密切相关且重要的另一项活动是识别并开发“成本杠杆”，它可以用来实现 CIO 或服务执行主管指示的任何财务结果。服务负责人应该知道他们可以使用的机制有哪些，并了解对其服务结构的更新是否可以提供额外的杠杆。同样重要的考量因素是如何使用成本杠杆来影响服务性能。增加 CtB 成本可以进一步减轻风险吗？必须增加多少 RtB 开销，才能把质量提升到新的目标水平？通过增加间接服务成本，可以提高速度和影响力吗？这些是服务负责人需要准备的问题类型，不仅要准备好回答这些问题，还要实现它。

在完成服务转型和服务成本建模策略后，对整体 IT 支出的预期方面，大多数 IT 部门可以预测长达 6 个月或更长时间内的成本降低，而不需要正式的成本削减目标。这是服务负责人实现其作为服务总经理这个角色，并使用 ITaaS 框架提供的新可见性来优化服务成本的结果。在最初的几个月中，整个服务蓝图的服务负责人通常会积极地识别重复投入或其他节省成本的机会，因为他们会对服务进行管理，并与客户利益相关方建立初步的关系。

随着整个企业业务的 IT 服务得到优化并自然发展，成本的节约开始趋于平缓；然后，IT 负责人和服务执行主管应该准备好利用他们对 IT 服务蓝图的战略视图，开始设定 IT 服务成本的具体目标。一种流行的策略是对所有服务负责人发出挑战，每年将 RtB 直接服务成本降低 5%。服务负责人也应该积极应对挑战，来展示报告单位成本的降低成果。虽然这些战略对服务交付团队来说可能颇具挑战性，但实际上，他们应该有足够的压力来推动团队不断创新，并考虑服务的各个方面以确定实现成本目标的机会。

Cisco 自身 IT 服务转型项目的背后

一位 Cisco IT 负责人表示，这个服务模型在大多数曾经失败的地方都发挥了作用，因为它能够让 Cisco IT 部门清楚地了解所有 IT 资金在实现业务成果方面的具体花费。Cisco IT 部门发现的原则是，实现这一目标的唯一方法是转向端到端的服务组织。

服务成本核算的最初驱动因素是 IT 部门拥有大量预算，但预算中的大部分都是以运营业务为基础的，而且没有人能够确切地说明资金的去向或支持的结果。所有负责人都可以指着他们的预算并说："这就是我花钱的方式"。从组织架构的角度可以了解资金在哪里，但是 CIO 不可能盯着这些不同的预算就理解成果交付的总成本。

Cisco IT 部门最终发现根据传统的部门预算视图是不可能做到这一点的，当说道"我们为什么不把这件事转到另一面，透过服务的视角来看待它"时，有人提出转型该发生了，即使还是有很多人反对这种做法。"即使知道分摊成本的答案就在端到端服务模型中，我们还是不断失败、重启，失败、重启。我现在的建议是尽力找到已经搞定这一切的人，然后复制他们的工作!"。

Cisco 把成本理解为变更业务成本或者运行业务成本。RtB 能保持运行，而 CtB 则能够实现启动，但对于如何准确划分每类成本仍有很多争论。最重要的目标是要始终了解并优化那些 RtB 成本，其次是确保与 CtB 投资相匹配的业务运营成本的优化。

"创建一个成本模型就像拿一根针扎进你的眼睛"，电子表格和各种会议会让人抱怨："我什么时候能回去做 IT 的事情？"，核心团队和变革管理团队会通过奖励正确行为的方法与这种态度做斗争。Cisco IT 部门花了几年（而不是几个月）时间来开发初始的成本模型。关于谁来决定哪个部分以及如何精细地划分成本，我们进行过激烈争论。我们不得不开始与业务部门进行合作，并与财务团队和基础架构团队一起来处理成本问题。

9.6 总结

ITaaS 框架中服务成本核算策略用于创建与（用来支持业务成果的）服务相一致的 IT 预算的并行视图，目标是证明运营成本的合理性，展示投资带来的影响，并在整个服务交付团队中扩大管理 IT 支出的责任。

IT 转型团队必须始终关注诸多因素，其中包括与管理 IT 支出相关的历史遗留问题，以及 IT 部门可能对服务成本核算策略产生负面影响的常见错误。转型团队应该考虑 IT 财务原则（如 Chargeback 政策和 Showback 政策），以及这些问题和服务成本核算策略如何相互影响。

ITaaS 框架中的服务成本核算策略会在整个服务蓝图中分摊全部的 IT 预算。它为每项服务建立了由 3 个模块构成的 TCO 模型——首先将 IT 预算中的所有成本要素分摊给服务组合中定义的服务（直接服务成本）——并把这些成本中的一部分链接到另一项 IT 服务，后者反映了功能的使用量（间接服务成本）。这 3 个模块如下。

- **运行业务（RtB）**：与运营和维护当前服务所交付技术功能相关的直接服务成本。
- **变更业务（CtB）**：与扩展或变更服务所交付技术功能相关的直接服务成本。
- **间接服务成本（RtB-I）**：把成本链接到另一项 IT 服务，来反映技术功能的使用量。

只有在无须大量付出或投入即可完成流程的开发时才能执行成本链式化，并且只有这样做才能增加服务交付功能的价值。执行成本链式化的每项服务都需要管理基于使用水平来分摊成本的流程，这通常会以单位成本作为基础。

随着时间的推移，服务成本核算策略可以通过自动化和改进成本的计算流程，并提供服务成本的战略视图而得到优化，从而提供更高水平的价值。除此之外，需要记住的是，随着由服务转型驱动的初始成本节约效果逐渐降低，IT 负责人应该开始积极地为服务和服务组制定成本削减目标。

第 10 章

沟通 IT 服务的价值

虽然站在客户的立场，根据成本和性能生成一份初始的服务价值视图非常重要，但制定一种战略来对这个服务价值视图进行沟通，将其优化并准备好以便在未来持续创造出业务价值也同样重要。在本书的几乎每一章中都提到了与 IT 服务价值相关的内容。从某种意义上说，本书所介绍的服务交付框架中的很多组成部分，都引发了对于 IT 服务价值的讨论。

本章首先要探讨的是由需要交付的功能所带来的成本和性能之外的服务价值。从这里开始，我们要介绍如何通过沟通服务价值来重新评估 ITaaS 框架的总体战略，并且探讨该战略如何随着时间的推移而发展。本章还详细说明了构建并主导这些评估工作的最佳实践，以确保 IT 部门能够不断改进其用来沟通服务价值的方法。

本书通篇都在强调为 ITaaS 框架的所有主要组件确立目标的重要性，而为服务价值的沟通确立战略方针也同样重要。IT 部门要在交付重要服务的过程中，将自己作为企业信赖的顾问，这种需求比以往任何时候都要强烈。牢固且友好的关系是通过有效的沟通和一直以来逐步加强的信任构成的。服务价值沟通战略的目的是为 IT 负责人、服务负责人和利益相关方建立一个平台，让他们能够针对 IT 服务的交付工作进行沟通，最终目标是在服务为业务创造的价值方面达成一致，并规划未来的服务需求。

10.1 IT 服务价值的考量因素

IT 服务的价值在哪里？更恰当的说法是，我们交付的 IT 服务能够对购买它的客户产生什么价值？在思考这些问题时，请不要考虑自己的个人角色，以及自己作为 IT 专家的工作角色，而是要站在客户和利益相关方的立场上进行思考。

最终确定服务价值的是客户，而不是服务的提供方。每当我们在本书中提到针对 IT 服务的价值进行沟通时，并不是说我们拥有最终确定服务价值的资格。相反，我们的目标是让 IT 部门针对最初的服务价值视图进行沟通，这样他们就能够针对服务价值与客户进行对话，并对最初的服务价值视图进行优化。

要想让这些针对价值的对话产生效果，重要的是让客户认同我们最初提出的价值视图，这个价值视图应该要接近客户对于价值的认知。当我们站在不同于客户的视角来定义服务的概念、关注价值审核的其他方面，并最终为客户呈现出一个对其来说并不熟悉的价值描述和价值水平时，客户是无法认同的。

作为服务的提供方，IT 部门应该负责制定一个策略来测量并沟通服务的价值，这个策略中用到的方法应该能让客户产生认同感，并促进双方的交流。IT 部门首先要确立 IT 服务价值的核心概念，并且以此与客户成功地建立对话。价值的概念确立后，就会指示出策略的类型，以及服务交付框架中所要支持的功能。

我们可以根据本书前几章的内容来定义 ITaaS 框架中的服务价值。在定义服务价值时要考虑 TCO，其中要考虑到交付指定性能水准的服务所需的各种技术功能，并根据这些功能（对于企业业务）的影响来对每个成本进行加权。建立了服务价值的定义后，就能够使用这个理想的 IT 服务交付框架来调整我们的 IT 服务，使其交付所需的技术功能。服务价值的定义中还必须包括用来衡量服务性能的策略，以及构建服务交付的 TCO 模型。

现在我们可以回顾 Cisco ITaaS 框架中的多个部分——服务设计中当前理念的策略、考量因素和更新——并且抓住建立这个框架所要实现的最终目标。我们奠定的每个基础和确定的每个概念，都是为了把 IT 团队和客户心中的 IT 服务价值概念统一起来，并且在提供 IT 服务的过程中衡量、沟通、管理和提升 IT 服务的价值。

要想建立共同的服务价值视图，要求服务负责人和 IT 负责人能够接受客户的反馈信息。服务负责人期望获得的反馈信息在一定程度上区别于他们最初的价值评估。如果客户提供了反馈信息，则服务负责人应该在进一步熟悉客户的运营模式和优先考量因素的过程中，积极地将其也考虑进来。

与此同时，服务负责人和 IT 负责人并不仅仅是被动的倾听者，其目标是与企业业务之间建立一个值得信赖的顾问关系，而不是作为“值得信赖的服务提供方”而存在。这意味着我们要在以下工作之间达成平衡：一方面在整个 IT 部门对客户群负责，另一方面帮助客户理解服务这个概念背后的付出、开销和资产投入，并让客户理解 IT 工作能够提供的实际支持有时也是有限度的。

我们可以在任何时间、任何地点，以及企业组织结构中的任何层级对 IT 服务的价值进行沟通和评估。事实上，随着服务负责人在客户群中建立更深入且更值得信赖的关系，客户应该会更主动且频繁地参与到服务工作中，因为业务负责人会在制定他们自己的策略时，主动考虑并参与 IT 服务工作。虽然由客户发起服务对话的行为反映出他们对于 IT 团队越来越信任，但 IT 部门有责任主动且定期发起 IT 部门内部，以及与高级业务负责人之间的服务对话，以此来评估 IT 服务的价值，并对未来的服务交付需求进行规划。

10.2 IT 服务价值的沟通策略

ITaaS 框架中的服务价值沟通策略是为了建立一个正式结构，让 IT 部门与利益相关方能够在一起评估服务的价值。在这个策略中，为了推动连续且高效的服务价值对话，第一个需要使用，并且也是最主要的工具就是服务评估（Service Review）。

服务评估的目的是生成一个包含了详细信息的报告，并（在大多数情况下）促进重要的三方人员进行实时对话，根据对话的结果来调整由 IT 部门最初设定的服务价值视图，并对未来的服务交付工作做出规划。虽然有些服务只是简单地分享这份报告，然后在其中纳入与自己相关的反馈信息，但让三方人员定期（通常以季度为周期）围坐在一张桌子上，面对相同的信息，并以评估和持续提升 IT 服务价值为议题进行沟通，这种做法的效果也不容忽视。这三方人员具体如下。

- **服务交付团队**：服务的负责人、服务执行主管、服务架构师，以及相关的服务产品经理。
- **IT 部门负责人**：相关的 IT 领导，默认包括 CIO。
- **服务的客户利益相关方**：与服务相关的客户代表，他们会主动使用并依赖于这项服务所交付的技术功能，以此提高他们的生产力、业务运营能力，或者交付其他 IT 服务。

服务负责人在服务评估的工作中负有重要责任，他们要确保客户利益相关方和 IT 负责人的对应关系是正确的。不同服务相对应的客户利益相关方会根据服务的类型而有所不同。对于技术基础服务类型的服务来说，服务评估工作通常会被简化，因为这个类型服务的利益相关方主要是 IT 专业人士，他们作为其他服务的负责人，会使用到这个要被评估的服务所提供的功能。

但对于企业终端客户服务类型来说，它所提供的功能可以提高整个企业的生产力，因此要想确定具有代表性的利益相关方群体就有一些困难。在很多情况下，这些评估工作都只在 IT 内部进行；每当需要讨论重要议题或者服务所交付的功能出现重大问题（或潜在风险）时，企业中的利益相关方都会参加评估工作。对于业务运营服务类型来说，确定理想的利益相关方组合至关重要，因为这些利益相关方都依赖于 IT 服务所提供的功能来运营并达成自己的业务成果。在很多情况下，如果没有 IT 部门的支持，他们就无法取得成功。依赖于这些服务的团队资深负责人很好确定，但一个 BU 中不同领域和级别的其他人员也同样重要。

服务负责人一定要把所有相关的 IT 负责人都聚集在一起，这一点很重要。虽然在评估指定服务的过程中，CIO 是首选参与人员，但实际上 CIO 很少出席。在 CIO 缺席的情况下必须指定其他人员出席会议，比如服务执行主管。另外还需要注意的是，出席会议的人员中可能还需要包括链式服务中的所有服务负责人，以及 IT 部门的经理和总监，经理和总监会负责监督提供服务所需的人员、资产、流程和预算。尽管在必要时，可以由服务负责人代表 IT 部门内部的各方进行发言，但最好还是能够定期让这些参与者坐在一起进行交流，尤其是当会议的重点与服务交付的人员相关时。举例来说，当三方会谈的目的在于提高服务质量时，可能需要通过优化流程，或者在支持团队中增加额外的人员来实现，这时就需要这个 IT 支持团队的职能经理出席会议。

虽然三方人员的具体安排可能会随时发生变化，但重要的是三方都要有人员出席会议，即使 IT 负责人也同时代表客户群的利益主张时也是如此，比如 IT 团队提供的是企业终端客户服务。第一次服务评估一般发生在转型项目的服务试点阶段，要记住，这个阶段的服务评估参与者可能会比较少，转型团队和最初的服务负责人会在此改进他们的方法和材料。

在凑齐了理想的参与者之后，服务负责人需要做的是充当 IT 和服务利益相关方之间的沟通者。虽然积极管理团队、预算和流程以便为大量 IT 服务提供支持的人是 IT 负责人，但对于这个正在被评估的服务，服务负责人有责任担任总经理，并且应该是了解全部相关内容的专家。在对服务性能、成本和最终规划进行评估时，服务负责人负责制定议程，并在对话过程中充当翻译人员和调解人员。

10.2.1 构建服务评估

在这一部分中，我们会介绍服务评估的构建，建议 IT 转型团队一开始就用这个构建方式，并随着时间的推移将其进行优化。

- 最先想到的事。
- 重要服务主题。

- 服务性能评估。
- 服务 TCO 评估。
- 功能路线图。

上述服务评估结构中最重要的是能够对一项服务的所有方面都进行高层级的评估。在大多数情况下，我们会使用幻灯片的形式来提供相关报告，然后将其提交给 IT 和业务利益相关方进行评估。服务负责人可以选择忽略前两项内容，但报告中一定要包含服务性能、服务 TCO 和更新后的功能路线图。

“最先想到的事”最好被当作“让我夜不能寐的事”。服务负责人应该抓住这个机会引起与会者对某个主题的重视，我总是鼓励服务负责人这样做。服务负责人可以大胆发言，并直接切入最具挑战性的对话。这个阶段中的主题应该是所有利益相关方都“需要了解”的内容。

“重要服务主题”部分是一个形式开放的机会，服务负责人可以针对那些会对服务带来影响的整体计划、某个项目或活动提供简要的最新信息，但没有必要对其进行深入的评估或讨论。服务负责人通常可以使用 2~3 页幻灯片来展示这些主题，但不应该对其进行深入探讨或者介绍过于技术性的内容。如果有必要的话，可以分享或评价一些与服务评估无关的内容；这部分内容仅限于与服务相关，但并不是最主要的服务主题，服务负责人可以用其来做一些信息更新。

我们应该使用性能仪表板来评估服务性能，这个仪表板中可能会直接显示导入的图形，或者给出能够展示实时服务性能仪表板的链接。重要的是服务负责人要向服务性能的利益相关方提供服务性能概述，可以自上而下展示 5 个服务指标类别及其相关的 KPI、目标、基准和基线。所有的业务运营服务都应该从那里展示出更多的内容，把适用的服务指标与其对业务流程和结果的影响联系起来。在引入了服务评估后的 1~2 年内，这部分会引发大量的交流，服务负责人也常会通过更多的页面，专门展示能够对整体 KPI 带来影响的特定指标类别和任意数量的服务指标。

服务评估报告的另一个需求是它必须包含总成本（TCO）模型（其中包含 3 个成本块），因为这会为服务性能带来另一层的对话。同样，服务负责人也可以选择添加更多的幻灯片来详细说明这 3 类成本。

最后服务负责人会对服务功能路线图进行详细的评估和更新，我们已在第 5 章详细介绍了这部分内容。在对这一部分内容进行评估时，我们应该强调服务功能的引入或废止，而不是关注某个技术项目或者资产的生命周期路线图。虽然之前的服务评估工作倾向于关注性能和成本，但所有报告中仍要包含这部分内容。随着时间的推移，讨论的重点将会主要转移到这部分内容，并且之后会转移到服务架构评估。但最为重要的是，我们要抓住三方会话的机会，在第一次服务评估工作时就建立功能规划。

10.2.2 建立服务评估流程

服务评估策略中应该包含一个正式的流程，CIO 和资深 IT 负责人对这个流程进行审批，在这个流程中建立我们期望的服务评估信息、格式、频度和报告。举例来说，这个流程可能会要求所有服务负责人都使用指定模版开发出一个服务评估信息包，并在其中包含带有时间戳的服务性能仪表板、报告周期内的 TCO，以及其他所需信息。

有的企业会建立一个双阶段提交流程。在这个流程中，所有服务负责人提交他们各自的服务评估文档，服务执行主管、IT 负责人和 CIO 会对这些文档进行审核，之后把其中的一部分文档（通常是与面向客户的业务运营服务相关的文档）复制到另一个指定位置，以便让客户利益相关方进行查阅。还要制定报告的提交流程，并根据服务报告周期来设置提交报告的最后期限。很多企业把服务评估周期设置为一个季度，当然也有一些企业采取了其他策略，其中包括把某项服务指定为关键任务，为其设置频率更高的服务评估周期，并指定其他的报告要求。

生成和提交服务评估报告的过程并不需要三方人员正式出席并评估其内容。换句话说，我们可以生成多份服务评估报告，并将其共享给所有利益相关方进行评估；但利益相关方可能无法保证自己能够亲自出席或通过电话会议参加正式的三方评估会议。虽然我们不能低估为服务举办三方评估会议的重要性和长期价值，但针对项目中定义的每项服务都进行展示并召集三方评估会议也是不现实的。回想一下，根据一家企业的规模和复杂程度，服务的总数可以是 15 个，也可以是 150 个，IT 部门根本无法在下一个报告周期到来之前举办如此多的会议。企业 IT 负责人和业务负责人的时间表中可能也根本没有空闲的时间允许其参加这么多的三方服务评估会议。因此，要明确指定报告周期内能够进行的服务评估数量，以支持面向客户和 IT 部门内部的服务评估；然后通过对一系列考量因素进行审查，来为这些需要进行现场服务评估和三方会议的服务设定优先级。

服务评估流程中应该包含现场服务评估的触发标准——比如未达到性能目标，或者在超出成本预算时提高这个服务评估的优先级。客户群和资深 IT 负责人提出的服务优先级显然是开展服务评估工作的一个考量因素，比如他们认为一项服务要提供的新功能对抢占市场至关重要。虽然我能够很轻松地确定这些服务并为其安排会议，但服务负责人必须建立一个标准，以便能够在他们认为必要时，主动提升服务的评估优先级。由于服务的规模如此之大，因此服务负责人必须能够对他们所提交的服务评估信息包进行区分："正常情况"和"有话要说"。简而言之，我们可以通过以下 3 个考量因素，来确定服务是否有资格作为三方评估会议的候选项。

- 服务的可见性/优先级，由 IT 负责人或业务负责人指定。
- 报告的条件（未达到目标、超出成本预算等）。
- 服务负责人发起的评估。

在某些情况下，一项服务可能需要先进行 IT 内部服务评估，然后再进行面向客户的服务评估。比如 IT 负责人希望在向客户进行展示之前，先对其内容进行预评估，但这并不应该是唯一的情况。这种做法有助于处理在 IT 负责人和业务负责人心中相同优先级的不同事项。举例来说，在面向客户的服务评估会议上，利益相关方很可能会把时间花在特定服务的交付或者某项功能的性能上。与此同时，CIO 可能会希望深入讨论能够减少直接服务成本的策略，或者评估人力资源的轮换对于指标类别的影响。把利益相关方分为不同的组，并为每个组制定不同的服务评估会议，这种做法可以确保每个组都能够容纳对其最重要的服务的各个方面。

服务评估的预计时间长度是策略中的一个要素，并且决定了举办三方人员现场对话的次数，而不仅仅是从三方人员那里收集他们对于评估报告的反馈结果。从长远来看，高效的服务评估会议时长可以限制在 20min 之内。虽然这个时间听起来很短，但当三方人员熟悉格式、服务性能仪表板、TCO 模型以及功能路线图之后，交流的重点就会更加清晰。事实上，有些 IT 部门的 IT 内部服务评估策略是，针对利益相关方在会议之前提出的事项，召集 5~10min 的会议，集中讨论如何解决这个特定的关键服务事项。至于面向客户的业务运营服务评估会议，它的目标时长应该是最少 20min。重要的是我们要知道，这里并没有一个时长规范，这些时间数值纯粹是长期执行的惯例。我们要保持灵活性，把重点放在目标上，并通过这个目标来实现促进 IT 服务价值的具有建设性的对话。

服务转型项目（Service Transformation Program）中的服务试点工作流非常重要，它能够制定、测试和调整服务评估方法和支持工具（自动报告成本和性能等内容）。指定服务的客户群不太可能一上来就完全适应 IT 部门针对服务交付和服务评估制定的新方法，除非他们已经参加过一系列的会议，因此最重要的是要尽快开始这些评估工作。

下面我们来看一个 IT 服务评估的初始流程。虽然这些流程通常都会由服务管理办公室制定成正式文档，但我们也可以在开发和发布正式的流程文档之前，先用列表的形式展示重点内容。

- 服务评估的周期为每季度一次，根据公司日历年进行规划。
- 服务评估报告中要针对刚结束的季度，对重要的服务内容提供完整的分析。
- 所有的服务评估报告都要发布到共享目录 x://IT Service Reviews/QXYXX 中，并按照季度和年份进行命名。
- 服务评估报告必须使用共享目录 x://IT Service Reviews/Template 中发布的最新模版。
- 所有的服务评估报告必须在季度结束后的第一周之内，发布到共享目录中。
- 当某项服务满足了以下条件时，相关的服务负责人应该主动对他们的高级利益相关方做出警示。
- TCO 超出了预期的百分比。
- 服务性能的指标类别 KPI 下降到基线以下。
- 功能路线图受到负面影响（要确定原因）。
- 服务执行主管和 IT 资深服务利益相关方有一周的时间来评估这些发布的服务评估报告，并请求 IT 服务管理团队安排后续行动，或者安排服务评估汇报会。
- 在季度结束后的 3 周内，把服务评估报告发布给 IT 外部利益相关方进行评估，后者有两周的时间来请求 IT 服务管理团队安排后续行动，或者安排服务评估汇报会。

实际上，上述这个大致的过程意味着在季度结束后的第一周内，服务负责人的工作会非常繁重，如果需要手动生成服务性能仪表板和服务 TCO 模型的话，情况就更是如此。流程时间线的规划必须稍微紧凑一些；否则，关键的信息输入和服务规划决策可能要等到本季度过得差不多了才会做出。服务负责人需要尽早与他们的服务执行主管进行沟通，告知他们有可能需要评估或开会汇报的所有服务主题。

10.2.3 服务评估的最佳实践

这部分内容展示了一些策略、方法、经验教训以及最佳实践，帮助我们成功实施服务评估工作，并实现它能够创造的价值。虽然乍一看价值目标可能是降低成本、提升性能和规划路线图，但实际上，启动对话并建立 IT 部门及其客户群之间的关系，才是这部分主题真正想要实现的价值成果。

1. 通过服务评估赢得早期支持

与服务转型项目的早期组成部分一样，第一次成功落实服务评估工作既可以赢得人们对 IT 服务交付新方法的支持，也可以让他们对于转型工作的未来产生兴趣。正确的变革领导力战略在 IT 部门找到适合自己的方法的过程中发挥了重要的作用。

在本书的前几章中，我们知道了服务试点工作不能只关注技术基础服务，也不能将其范围局限在纯 IT 内部的服务评估上。相反，服务试点工作的目标应该是从所有 3 个服务类型中挑选出样本服务，并且这些样本服务能够代表 IT 内部服务和面向客户的服务。变革领导团队与更多的 IT 转型团队进行合作，针对样本服务提出初步的建议。这时，变革领导团队可以与潜在的客户利益相关方进行接洽，并了解他们对首次试点服务评估的支持意愿。

这个初始会谈不应该是一个简单的请求，而应该是经过精心设计的精炼的沟通，其中要对服务评估中包含的信息、三方会谈的好处和目标进行阐述。还应该强调的是，服务评估的参与方将会对未来的服务交付进行调整，并最终为利益相关方带来价值。

在劝说潜在的利益相关方参与到最初的试点服务评估中的时候，要强调这些工作都是前期的努力，我们从中获得的反馈和经验教训可以用来制定长期策略。重要的是，我们要在这个过程中确定方法、格式和展示方式，这些在一开始可能比较粗略，但 IT 负责人和服务负责人会积极寻求改进之处，并确保我们能够使用这些规范来对服务进行最有价值的评估。在变革领导团队确定了支持转型且乐意提供建设性反馈信息的利益相关方后，就可以把这部分信息反馈给 IT 转型团队，以此调整试点服务的顺序。即使利益相关方明白随着时间的推移，策略会逐步完善，但 IT 部门的前期准备工作仍然非常重要。因此转型团队应该进行 IT 内部模拟服务评估。

在与利益相关方进行接洽之前，不要在内部排练过长的时间。与任何演示工作一样，举办几次纯内部的（只有 IT 转型团队和服务负责人参与）排练非常重要，这样我们可以更好地把握时长和内容。在排练中通过角色扮演的方式，找人充当资深 IT 和业务利益相关方，可以帮助服务负责人摆正自己的心态。在排练了一到两次后，就可以与利益相关方进行接洽了。要记住这一点，我们的目标是进行一次具有冲击力的初次展示，并非一定要完美。这就是利益相关方努力的目标。

一位 ITaaS 顾问的日记摘要

迄今为止，在所有服务转型项目中，最有趣的一项工作就是帮助 IT 转型团队和服务负责人为最初的服务评估会议做准备。在转型项目的这个阶段中，交付 IT 服务的团队思维已经开始发生转变，他们做出了 ETC 映射、服务设计和其他努力。虽然这些工作流中只包含简要介绍以及为首次服务评估会议进行排练，但它也有效地推动 IT 团队在 IT 服务交付中融入全新的理念。

让服务负责人开始像他们的客户那样思考，并尝试预测客户可能会提出的问题和担忧，以及客户的优先重点，这个阶段的工作才真正开始变得有趣了。在这些排练中，我曾花费大量时间中断那些偏向技术运营的话题，并确保演示内容停留在服务层级，这一点就像我们在第 4 章中介绍的那样。甚至于当有人把客户称为“客户”或“利益相关方”之外的其他称谓时，我会使用蜂鸣器打断他。我会经常中断排练，并扮演高级客户利益相关方进行提问，比如“这与我的团队和我的运营有什么关系？”。我很乐意私下里招募更多的团队成员，或者使用事先准备好的问题来让服务负责人感到措手不及。对于大多数刚接触转型的服务负责人来说，这种方法可能太过激进，但让 IT 转型团队中的几个成员扮演利益相关者并提出尖锐的问题，有助于帮助服务负责人在与真正的利益相关者进行接洽之前摆正自己的心态。只是一定要带着一种善意的、建设性的、为真正的交流做准备的态度来进行预演。

当然，我们的目的并不是要通过角色扮演的志愿者让服务负责人感到沮丧，而是要让服务负责人承担起相应的责任，这些服务评估排练能够奠定一个以客户群为基础的 IT 服务交付的新文化基调。这种改变可能会很困难，也可能会给一些 IT 专家带来不适，即使对于那些已经在以传统技术为中心的 IT 部门运营中取得重大成功的人们来说，困难也同样存在。事实上，正是在转型项目的这个阶段中，我们会发现有些人根本不愿意接受新的思维模式，而这种新的思维模式对于服务转型并最终实现快速 IT 来说至关重要。也就是说，我们一定要让每个人都做出改变。就这件事而言，在进行了有趣且颇具启发性的排练，再与利益相关方进行初步演示并总结经验教训后，请务必花一些时间对团队给予表彰，并确认服务转型工作中发生了什么，以及为什么发生了这些变化。

我们发现举办派对是个不错的选择，它既可以作为奖励，也让我们有机会坦诚地认可团队努力对于 IT 部门长期成功的影响。

2. 给服务负责人的指导意见

成功的服务评估具有两个重要的原则：透明度和信任度。服务性能和成本模型策略中都强调了透明度，但需要服务负责人通过服务评估活动在现实中进行展示。随着时间的推移，服务负责人可以促进达成服务期望成果、指导利益相关方以及提高服务价值。

无论服务评估的形式是现场汇报会，还是服务评估报告，服务负责人都应该始终主动地为每一个利益相关方可能提出的问题和疑虑做好准备。在服务评估工作中，服务负责人可以遵循这样一条黄金法则：不要在服务评估中被利益相关方问到没有准备过的问题。要对所有问题做好准备，记住，要像您的 IT 服务的 CEO 那样去思考。

接下来，服务负责人应该继续关注那些能够促使服务评估会议成功的各种策略。举例来说，在包含了“最先想到的事”和“重要服务主题”部分的展示中，要问一问自己“在这两个主题中我能从利益相关方那里得到什么信息？”。在实践中，有三方人员参与的服务评估会议中要突出这些主题，以便达到以下与利益相关方有关的目标。

- **升级**：这个问题需要被升级到利益相关方，或者需要利益相关方的支持才能把这个问题升级给 IT 团队或业务团队中的其他部分。
- **决策**：利益相关方需要对这个问题做出决策或提供支持。
- **知情**：利益相关方需要在报告过程中主动了解这个主题。

服务负责人应该始终清楚自己的需求。另外，如果无法针对某个问题提供一系列的解决建议，就不要对服务提出质询或问题。在可能的情况下，提供多个选项，突出显示每个选项的优势和限制，并明确提出自己支持使用的选项建议，以及利益相关方需要提供何种帮助才能让工作继续进行下去。

最为重要的是，服务负责人应该保持服务评估的简单性，并专注于服务提供的功能及其带来的结果，而不要过于关注技术细节。服务负责人可以召集各种形式的团队和项目会议，并在那里深入研究技术的细节，但服务评估对话关注的内容是技术对于利益相关方或业务成果的影响。服务负责人要不断自问：“这对我的客户意味着什么？他们为什么要关心这一点？”。

一位 ITaaS 顾问的日记摘要

正如我之前提到的那样，在与各个团队进行合作时，所能获得的最佳奖励是见证文化的转变和 IT 服务交付理念的变化，并且在整个早期的服务评估工作中总是能够看到这些变化。从某个时间点开始，服务负责人将不仅会接受新的理念，并且还会采用新的理念继续前进，在没有获得任何输入或指导的情况下，他们就可以在工作中添加创造性的想法，加速 IT 服务价值的沟通。

曾经有一次，我在之前的一周里否决了一些服务评估汇报，因为这些服务评估内容中包含了大量详细的技术架构图，这一直以来都是 IT 专家用来填充幻灯片和演讲时间的“首选”。然而，在接下来准备与技术基础服务相关的服务评估工作时，服务负责人又点开了一张无比复杂的技术架构图幻灯片。幻灯片的图中包含了几十个图标，每个图标之间的连线数量可能是图标数量的 5 倍，更别说还有同等数量的标签，而那些标签根本无法辨识。这幅图真的惹恼了我，在我还没来得及向这位独特的服务负责人掷出我的蜂鸣器之前，他说：“在座的各位需要从这张图中了解到的内容就是，它实在是太复杂了。这也就是我们要在下一个报告周期道来之前，转向使用这种架构的原因。”。说着，他点开了另一个架构图。这幅图中只包含一小部分图标，这些图标被归类为几个层级，并且它们之间的连接都非常清晰。"这种简化既可以减少团队其他成员检查图中错误的时间，也可以提升质量和客户体验。我们会在下一张幻灯片中深入讨论这部分内容。"。

这位服务负责人抓住了重点，通过非常直观的方式把问题展示了出来，并且他的展示对观众产生了预期的影响。从中我们还可以看出，这位独特的服务负责人明白应该尽量少地讨论技术，而要关注服务提供的功能将会受到的影响。

3. 给 IT 负责人的指导意见

我们应该花一些时间来厘清三方人员参与的服务价值对话所带来的机会和潜力。现在 IT 人员和利益相关方的对应组合已经完成，IT 负责人和服务负责人共同作为某项服务的总经理，通过复杂的策略来衡量服务的价值，同时优先关注这项服务对于客户和业务运营带来的影响。与当前 IT 部门中的关系相比，这种结构带来了前所未有的机遇。三方人员能够成为地位平等的合作伙伴，并推动服务价值的发展，这个发展是以前的 IT 负责人所无法实现的。

IT 负责人在早期服务评估工作中提出的问题和参与的对话，将会对长期的行为带来影响。通过提出一系列问题，可以确保服务负责人关注服务性能的各个方面；并且促使服务负责人不断寻找下一个提升服务价值的机会，比如他可以持续减少服务成本或者引入服务功能的变革。IT 负责人的重要作用在于为服务负责人和服务交付团队设定基调和期望。

对于面向业务的服务评估工作来说，IT 负责人要做好心理准备，面对大量不同的考量因素、目标和优先事项，因为现在我们要对从企业业务线到职能单位（HR 部门、财政部门等）的各部门进行转型。每个部门都有自己的考量因素，但我们现在可以使用分布式的服务交付团队，来跟踪和管理这些不同的优先事项。IT 负责人的优先事项是更好地提升端到端服务交付的质量，并始终把 IT 部门当作具有竞争力的业务部门。

4. 服务评估通用指导意见

我强烈建议在指定了某项服务后，至少要尝试组织一次针对每项服务的三方人员服务评估汇报。这种做法对于每个服务负责人来说都很重要，因为他们可以和利益相关方面对面地（或者至少也可以以视频会议的方式）建立联系。

我们要和高级利益相关方进行合作，扩大会议参与者的范围以及服务交付团队的关系群。高级业务利益相关方和他们的运营团队之间可能并没有什么联系，这就为服务交付团队提供了一个宝贵的机会来建立新的关系。一直以来，业务团队可能会根据各种不同的技术功能发出告警，并把这些告警升级上报给他们的领导团队，但却在问题得到解决时，没能再把更新信息通知给这些领导团队。虽然让高级利益相关方评估这些提交上来的服务评估报告，并在三方人员参与的服务评估会议上展示这些报告很重要，但也要考虑在业务团队中添加更多的成员。在某些情况下，我们甚至会轮流邀请各个管理人员和团队负责人。在已经很强大的三方人员服务价值评估工作中添加这些人员，可以为我们提供全新的见解和机遇，产生额外的价值，并与业务之间建立更为广泛的关系。

我们要考虑把服务评估报告公开发布出来，或者开放服务性能和服务成本平台的访问权限——至少能查看服务评估中共享出来的信息，服务评估会在报告周期结束时发布出来。保证透明度并且公开分享 IT 服务交付的详细信息，是进一步与 IT 部门合作并使用 IT 服务的重要基础，并且这也是未来构建快速 IT 部门的关键。

随着时间的推移，我们要提升所有的服务评估流程，为了支持这项工作，变革领导团队应该积极地收集服务评估反馈，并参与三方人员评估会议，从而收集并分享经验教训。在对服务交付管理平台和工具进行调整和优化时，这些反馈信息是关键因素。一如往常，改善工作的最佳做法是有一个尽可能强大的开端，以开放的心态接受反馈，然后随着时间的推移让事情变得更好。

10.3 服务价值对话的发展

服务评估工作的实施是服务转型过程中的一个重要里程碑，随着时间的推移，IT 部门最终会成为一个值得信赖的顾问。就像服务的组合以及 ITaaS 框架的其他方面一样，我们必须始终遵循改进策略，并且将其发展下去，从而继续为 IT 部门和企业业务创造价值。对战略的发展设定一个长期的愿景，有助于 IT 负责人对当前使用的方法进行控制，并且预测何时最适宜做出改变。

到目前为止，我们一直专注于讨论单独的服务评估工作。即使没有进行现场汇报和对话，也意味着投资组合中的每项服务都会向 IT 负责人和利益相关方提交服务评估报告，并把相应的反馈内容纳入其中。通过 16~24 个月或更长的时间来关注每项服务的评估工作，我们会发现在服务优化、成本节省、性能改进和客户满意度方面都发生了惊人的变化。这只是利用 ITaaS 框架带来的自然而然的结果，因为通过使用 ITaaS 框架，我们可以减少重复的工作、调整当前和未来的功能，使其达到理想的性能水平，并最终通过合理的服务 TCO 模型来支持适当的成本规划。在此期间，服务负责人和服务交付团队会建立紧密的合作关系，IT 服务的规划和运营也自然会变得更加顺畅和迅捷。

IT 部门最初完全无法胜任的工作，随着时间的推移已经完全转型为一种服务交付方法，这种方法不仅受到好评，同时也符合预期的运营模式。在建立了信任关系后，除了正式的服务评估会议之外，还有非正式交流，并且非正式交流是双向且定期的。最终，我们不再需要一次性的服务评估互动会议，因为各方人员都已经对会议上需要评估的详细内容了如指掌。换句话说，IT 部门现在能够积极履行自己的职责，满足客户对于基本服务提供方的期望，并且现在正是创建额外价值的好时机。

在发展的最初阶段还有一个选择——我们可能会引入战略性服务评估和相关的汇报演示，战略性评估需要依赖服务执行主管的组织和引导，面向最高级的 IT 负责人和业务负责人来实现相关服务的评估。除了战略性评估，针对每项服务展开的完整细致的服务评估工作仍然会进行，服务执行主管会根据评估结果来制定战略性服务评估规划。一些服务组可能只需要战略性服务评估或者单独的服务评估，又或者两者兼而有之。

在某些阶段中，IT 负责人应该考虑改变核心的服务评估流程，这项任务通常会把传统的服务评估工作分为“服务检查点”和“服务架构评估”。

服务检查点类似 CliffsNotes[①]版本的服务评估，其之所以能够获得成功，基于的原则是所有各方人员都要熟悉服务交付框架，以及服务评估会议中通常会讨论的信息。也就是说，我们只需要对某项服务的特定方面进行评估，服务交付团队可以由此规划出一个服务检查点，服务负责人在 5min~10min 之内对所请求的主题提供解决方案。

随着 IT 服务交付和协调工作的不断改进，服务负责人和利益相关方之间的对话重点会从服务性能和成本转移到未来的服务要求，以及革命性技术能力的确认和开发。换句话说，对话的重点自然而然转向了服务架构。通过引入正式的服务架构评估工作，IT 部门可以在关注焦点转

① CliffsNotes：文学作品索引、文学作品一览及分析的小册子。——译者注

移时胜任自己的工作。正式的服务架构评估策略也可以确保 IT 部门以迅捷的方式对所需功能做出服务级别的响应，同时也能够保持与 EA 策略的整体一致性。

这种转变也是通过促进三方人员的对话实现的，这次的对话是在客户利益相关方、企业架构团队的重要成员，以及服务交付团队之间进行的，其中还需要包括服务负责人和服务架构师。

需要注意的是，在某些情况下，我们可能要对单个服务进行正式评估，但这种需求很快会成为我们工作上的负担。这时，我们可以再次使用服务分类系统模型，在战略层面举办服务架构评估会议，邀请与服务相关的人员参加。这种方法为 EA 团队带来了高可见性，团队需要利用高可见性来维护一个一致的架构，并针对其他服务组正在寻求的类似功能，提供与之相关的服务信息源。

IT 负责人和服务交付团队要把 IT 服务价值对话视为持续发展的正式和非正式交流策略。这些对话为 IT 部门与企业业务之间的紧密关系奠定了基础，但与任何其他关系一样，我们一定要让对话有意义且有趣。

10.4 总结

当今 IT 部门长期寻求的能力就是针对 IT 服务提供的价值进行有效的沟通和评估，Cisco ITaaS 框架提供了一个结构，通过使用这个结构我们可以促成这些对话，并以此建立良好的关系。IT 服务价值沟通策略应该承认，IT 部门、业务利益相关方和服务交付团队（服务执行主管、服务架构师和服务交付经理）之间正式和非正式的谈话都很重要。正式的 IT 服务价值沟通战略应该以服务评估为中心，并且应该随着时间的推移而发展，最终包含服务检查点和服务架构评估。

正式的工作流程可以简化服务评估报告的提交、评估和展示工作，并且要由三方人员共同参与——服务交付团队、IT 负责人和客户利益相关方。服务负责人在准备和展示服务评估工作方面发挥着重要的作用，他们必须做好充分的准备，并让利益相关方也参与到他们的工作中。在引入服务评估工作、赢得人们对于三方人员参与的服务价值对话和总体服务转型项目的进一步支持中，变革领导力发挥着重要的作用。

服务评估的基本结构如下所示，它提供了成功的服务价值对话蓝图。

- 最先想到的事。
- 重要服务主题。
- 服务性能评估。
- 服务 TCO 评估。
- 功能路线图。

服务负责人和 IT 负责人都应该对三方会话带来的机会和潜力多加留意，以确保他们从 IT 服务交付上获得的好处与客户群当前/未来的需求保持一致，并且要为企业业务持续交付更高水平的价值。

第 11 章

完成服务转型

在服务转型项目的这个阶段中，我们已经实施了 ITaaS 框架中的所有主要组件，同时可能正在进行一些优化工作，但在确定最终的 IT 运营模型中需要实现的服务交付功能之前，仍有很多工作需要完成。考虑到这一点，本章主要介绍了与服务转型最后阶段相关的工作。

我们先来回顾一下服务转型项目的最后阶段（阶段 3）以及它独特的工作流程。虽然本章中概述的工作可能不会像服务分类系统或服务组合的设计那样对 IT 转型团队带来重大影响，但从长远看来，它们对于服务交付框架的成功运作至关重要，并且也代表了 IT 部门所做出的一系列努力。

评估工作中通常会自上而下包含多个对策略、流程和工具的评估，这些内容最终会对完整的企业 IT 服务交付框架提供支持，其中的大部分内容都受到了流行服务管理标准的影响，并且已经常见于当今的 IT 部门工作中；另一部分内容还没有经过正式的讨论，比如资产数据库或者应用组合，ITaaS 框架对它们的影响也比较小，但这些内容仍在服务交付方面发挥着重要作 用。在其他情况下，ITaaS 框架需要对常见工具的目的和最大价值进行重新评估，确定它们在新的服务交付框架中的作用。IT 服务目录尤为如此，它将作为一个重要的角色来把大量信息与客户需求关联起来，确保这些需求最终都会被对应到服务上，同时还能保证服务组合仍然是战略性服务规划工具。

本章的主旋律就是让 IT 部门变成一个完全“服务感知”的部门。这意味着我们需要对 IT 部门中的很多流程和工具进行更新，以便在其中加入服务映射的内容，并且考虑如何将那些无法更新的内容关联到服务中。如果 IT 部门中的大部分操作不具备服务感知，那么它如何才能真正将自己视为端到端服务部门呢？

11.1 服务转型的最后阶段

回顾第 2 章中对 Cisco 服务转型项目的介绍，我们强调了第 3 阶段中有大量并行的工作，这些工作把服务交付框架结合在一起。在这个阶段，除了仍持续活跃进行的领导力变革以外，服务转型项目还建立了以下 3 个不同的工作包。

- 端到端服务评估。

- 服务交付优化。
- 服务感知的企业组织架构。

端到端服务评估的工作包中必须要上线服务组合中定义的剩余服务。在上线一项服务的过程中，需要指定服务的负责人并关联服务交付团队，之后服务交付团队需要负责把该服务独特的性能策略和服务 TCO 结合起来。在转型项目的这个阶段中，我们应该进一步完善开发这些服务元素的流程，以便加速每一项服务的成熟速度。我们不仅要利用 IT 转型和变革领导团队，还要利用第一批服务负责人和服务交付团队。这些 IT 专家在提供服务，以及与 IT 和业务利益相关方交流方面，具有独特且宝贵的经验。需要注意的是，负责管理相似服务类型的团队总是能够提供最佳的协作指导。我们也应该在这个阶段对变革领导力的材料和消息传达进行优化调整，现在只需要把以上工作延展到服务蓝图中的其余服务上。

服务交付优化工作包也是一项重要的工作。对于我们到目前为止开发的流程和工具来说，服务交付就是要对这些内容盖棺定论、编写文档并进行优化。优化工作应该重点关注自动化流程，以及服务性能和服务 TCO 的报告机制，尤其是服务执行主管和 IT 负责人使用的战略性服务组报告流程。到现在为止，我们已经经历了几轮服务评估，并且收集、整合和分享了相关的经验教训。现在是根据最新的文档和发布标准来更新并完善这些策略和流程的理想时机。再次强调，IT 转型团队不应该是所有这些任务的唯一负责方，而是应该与其他相关方进行合作。我们的根本目标是把服务交付框架的具体执行，从 IT 转型团队转移到服务管理办公室，以及更宽泛的 IT 部门。

服务感知的企业组织架构工作包是一种明确的行动号召，让人们把 IT 部门的所有工作及其运营都映射到服务。在这个阶段中，新 IT 服务交付框架的所有策略和流程都已到位，这些内容连同端到端服务的概念会在整个企业内快速传播，使得我们有机会对整个 IT 部门的工 作方式进行优化，让其能够连续交付并改善服务。在这个工作流中的一项共同任务是更新或扩充现有的流程和工具，使其具有“服务感知”的特点。也就是说，要让报告机制以及用来支持 IT 运营的各种平台上的其他元素，都能够被映射到服务组织中定义的一项或多项服务。以某个应用组合或 IT 资产数据库为例，如果能够把这些平台上的文档元素映射到服务，就可以通过服务或服务组对事件进行报告。如今的大多数工具和平台都可以通过已有的选项或扩展数据字段来实现服务的映射，但不具备这些功能的工具和平台可能需要把数据导出，并在外部执行服务的映射。

把一个部门作为端到端服务部门进行运营，需要的不仅仅是把服务映射关系添加到各个工具上，还要保证它们能够尽可能地实现服务感知。虽然在整个 IT 部门中，ITaaS 框架规范了服务交付流程和服务负责人角色，但 IT 部门中的每一个人都应该专注于服务，即使有的人与 ITaaS 框架中定义的服务交付角色没有直接关系也应该如此。纯粹专注于提供运营或支持的 IT 人员也需要知道，他们是由于 IT 服务带来的业务价值而成为了部门中的一部分。变革领导团队在 CIO 及以下各级领导层的支持和努力配合下，在这种思维模式的建立方面发挥着关键作用。在转型项目的这个阶段，应该有大量的成功案例和角色榜样来证明采用这种思维方式是正确的。这个工作流的根本目标是让 IT 部门中的人员、策略、工具和流程具有服务感知的特征。

11.2 完整 IT 服务交付模型的概述

本书涵盖了 IT 服务交付中的很多策略、工具、流程，甚至角色和职责，但仍未能全面考虑到 IT 服务交付功能中的每个潜在元素。相反，到目前为止，我们只关注了 Cisco ITaaS 框架中特有的那些元素，但我们必须考虑 IT 服务交付的整体框架，以及服务感知工具和报告机制的必要性。这一部分内容还包括了运用这些元素来支持基于 ITaaS 框架的服务交付的几个最佳实践。

图 11-1 中展示了如今 IT 部门中可能包含的用来支持服务交付的一些主要工具和构件，并描绘了它们之间潜在的信息流。

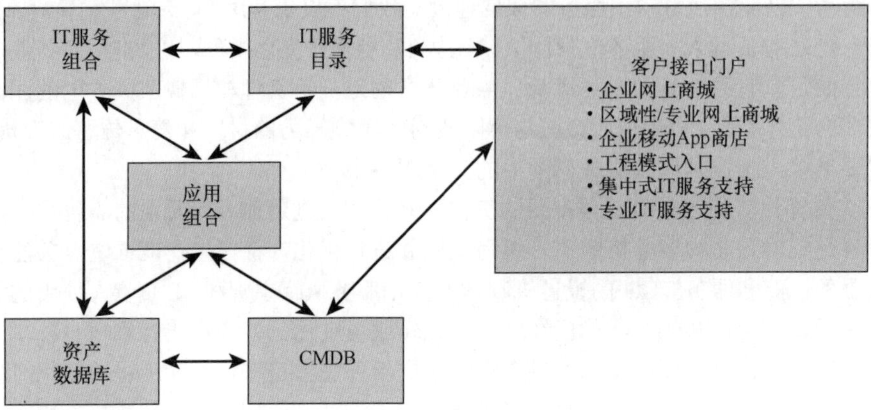

图 11-1 IT 服务管理工具一览

我们可以从服务组合中获得一套完整的 IT 服务和服务产品，负责为整个企业提供端到端的技术功能。客户可以通过各种客户请求门户，来请求或订阅其中的一些技术功能。这些潜在的请求会被汇总到 IT 服务目录中，与其他信息进行关联，同时维护着它们的服务映射关系，然后通过后面介绍的客户门户，直接为客户群提供访问。接下来的部分中详细介绍了服务目录的开发，重点是要理解我们所维护的服务映射关系必须是端到端的。这也就是说，当客户发出请求时，这个请求会与特定的 IT 服务产品、服务和服务负责人进行关联。

IT 部门会使用应用组合来盘点企业中使用的数百个应用，并将每个应用与相关的信息进行关联。这些信息可能包括许可证和支持成本、与生命周期相关的信息、技术信息（如应用使用了托管服务或者被独立部署在终端客户设备上），以及其他与应用相关的详细信息。在某些部署环境中，应用组合可以链接到资产数据库，甚至作为资产数据库的子集。集中管理的清单中会列出企业部署的所有应用，它也是 IT 部门用来管理应用的手段，以防止应用资产的大范围重复。

如果应用组合具有服务感知特性的话，它就能为 ITaaS 框架创造更多的价值。在 IT 转型团队尝试开发成本链流程的过程中，这一点会变得清晰起来，详见第 9 章。让我们以云应用托管服务的成本链流程为例，服务负责人或许能够看到某个特定应用消耗的资源，并且使用一个单独的流程来计算消耗成本，但他们如何知道应该把每个应用的成本关联到哪个服务？我们需要在应用组合中添加更多的服务映射关系，才能正确分摊这些成本、生成报告，并有力支持服务交付团队的大量宝贵功能。

除了服务映射之外，我们还要考虑关联很多其他信息字段，这样服务负责人才能把应用组合作为一个战略工具来使用。比如，我们建议考虑使用应用的摘要和详细描述、应用提供的技术能力摘要信息，甚至也可以直接把信息链接到 ETC 映射图中标识的技术功能上。接下来将会介绍一种策略来最大限度地减少企业中重复的功能，这些由服务负责人维护的信息对于实现这种策略来说至关重要。这些关键信息字段还可以与应用的服务性能特征进行关联，让服务负责人能够明确并满足应用对于 IT 运营团队的要求。举例来说，服务负责人可以指明与质量和风险相关的指标参数，从而明确是否应该备份或加密。对于 ITaaS 框架中的应用组合来说，我们不仅要把它当作一个宝贵的资源库，还要将其视为一个能支持更广泛的服务交付和 IT 运营的战略工具。

IT 部门也应该为所有 IT 资产部署资产数据库或资源库平台（Inventory Platform）。这些资源库平台能够让 IT 部门追踪和管理所有 IT 资产，这些 IT 资产分布在应用、服务器、数据存储设备、网络设备以及更多设备上；然后把每个资产与它们各自相关的信息关联在一起，我们会经常使用到这些信息。与 IT 资产数据库关系密切的是配置管理数据库（Configuration Management Database，CMDB），它能在给定的时间点存储与 IT 资产相关联的各种配置参数集。

这些工具都可以同时与 IT 运营模型中的技术运营和服务交付功能相关联，并且实际上对于支持服务负责人的技术团队而言是非常宝贵的。在服务质量水平降低时，CMDB 是调查相关问题的重要工具；我们还可以使用 IT 资产数据库中保存的报告有效地支持生命周期管理报告或安全评估，后者组成了风险服务指标类别。虽然这些不同的工具所维护的信息可以同时用来对服务交付和技术运营功能提供支持，但要想它们发挥作用，必须确保这些信息准确无误，这就要求 IT 团队遵守严格的工作流程，并且能够轻松访问最新数据。

回想一下在第 6 章中，我们通过在一定程度上过滤与 IT 服务组合相关的内容来使其成为 IT 负责人的战略工具。把服务映射和其他关键信息添加到现有的工具（如应用组合和资产数据库）上，可以为服务交付团队提供宝贵的洞察信息，让他们能够对服务进行有效管理，而不会让服务组合变得混乱。要想成为一个端到端服务组织，必须有一套完整的服务感知工具和流程作为支持，虽然这部分内容只考虑了几个潜在因素，但 IT 转型团队必须评估自己的完整环境，并按需添加服务功能（服务感知）。

11.3 服务目录和客户请求门户

现有的很多 IT 服务管理标准中都使用了 IT 服务目录。在其中，我们会使用服务组合列表来维护活跃的、已停用的、在流水线上或正开发的服务，这些服务就代表了 IT 服务目录。我们通常会使用这个 IT 服务目录来填充企业的电子商城，客户可以访问这个电子商城并提出各种 IT 请求。这些电子商城中提供的技术功能代表了 IT 部门提出的非常具体且可复用的请求，比如对指定型号的笔记本电脑进行预配置和交付、安装某个应用，或者请求 IT 管理员重置密码。

使用电子商城的形式来发送成熟且可复用的 IT 请求，会为 IT 部门及其客户创造出巨大的价值，因为随着后端流程的逐渐优化和自动化，我们可以在极短的时间内提交、追踪、管理和完成各种请求。电子商城打开了自助配置系统的大门，提高了客户满意度，直到今天电子商城仍然非常重要。我们需要记住的是，托管在各种客户门户（如电子商城）上的 IT 请求只代表了当今 IT 部门能够提供的一小部分功能，而 ITaaS 框架的核心目标则是端到端的指定服务。

除了提供范围更广的服务之外，我们还要考虑与服务组合、服务目录和电子商城联系不那么紧密的其他因素。为了向客户呈现适当的选项并管理后端工作流，通常会有大量信息要与 IT 请求进行关联，其中包括从定价到构建一次性和经常性成本的选项，甚至包括具体的 SLA。所需要的信息类型也会根据请求的类型而产生极大的差异。我们需要使用一种解决方案，能够把 IT 请求与大量不同类型的信息记录在一起，同时又能谨慎地限制服务组合所管理的信息，这样我们才能把服务组合作为战略工具来使用。

我们还要考虑到这一点，现在 IT 客户需要访问的技术功能范围越来越大，可能无法总是在单个企业范围内的电子商城中托管这些功能。客户可能需要访问特殊的门户，才能把企业的移动应用加载到智能手机和平板电脑中，或者通过云配置门户来部署和启动多个虚拟机（VM）。在理想情况下，潜在的 IT 请求应该能够托管在一个或多个客户门户上，而无须完整地重复与之相关联的所有信息。

一个潜在的挑战是，服务组合、服务目录和客户门户（如电子商城）曾经的紧密关系会带来平台依赖性，从而导致服务交付策略的变化。如果企业更改了指定平台上为客户门户提供的特性和支持，或者更改了底层平台，则会导致服务目录和服务组合的更改，而不是通过客户对于服务交付的要求来驱动底层工具的变化。我们不应该允许由工具的变更来驱动服务交付流程或策略（或者任何与此相关的策略）的变化。

Cisco ITaaS 框架在一定程度上对服务目录进行了重新定位，更新了服务目录与服务组合之间的关系，并扩展了用来提交 IT 请求的客户门户的多样性。它通过识别 3 个不同且独立的级别来记录，然后向企业客户呈现 IT 功能和支持的请求。

- **IT 服务组合：**记录所有 IT 服务以及完整 IT 服务蓝图的战略性概述所需的信息。
- **IT 服务目录：**把所有不同且可复用的“IT 目录请求”汇集在单一的集中文档中；这些文档是客户对 IT 技术功能或支持的请求，它们源自特定的服务和服务产品，并关联了各种信息，使请求、与请求相关联的工作流以及报告要求能够由一个或多个客户门户进行托管。
- **IT 客户门户：**一个或多个门户负责托管一些特定的 IT 目录请求，这些目录请求是从服务目录派生出来的，IT 客户可以对其进行搜索、查看，也可以提交技术功能请求。

简而言之，现在有了一个 IT 服务列表，还有一个单独列出了 IT 能够提供的支持或功能的潜在请求列表，这个请求列表来自于每项服务以及与之相关的大量信息，最后我们还有许多客户门户，客户可以访问这些门户来查看并提交请求。我们需要重点考量的是，它们中的每一个都有独特的用途。服务组合的目标是在不同的服务层级中提供一组可选的信息，为 CIO 和 IT 负责人提供用来端到端管理服务的战略工具。如果服务组合中混杂了大量用来管理特定 IT 客户请求的技术信息，它就无法实现上述目的。而此时服务目录就可以参与进来解决这个问题。

IT 服务目录主要的目的是提供一个完整的 IT 目录请求列表，以及与它们相关联的服务映射；IT 服务目录的次要目的是对文档提供支持，文档中要灵活地包含大量细节和信息，甚至与某个特定目录请求相关联的选项，以便于把服务目录整合到普遍的客户门户中。对于能够关联到 IT 请求的信息并没有严格的类型限制；相反，服务交付团队能够更灵活地展示他们所支持的数据字段。对于每个 IT 目录请求来说，最主要的要求是使它能够一直映射回其父服务和服务产品。这可以确保当客户从任意客户门户提交这个请求时，请求会立即被链接回相应的服务。当我们记录了所有潜在的 IT 请求后，就可以把每个请求都拉到一个或多个客户请求门户，而无须使用多个服务目录，导致重复的信息或者重复的服务目录本身。

使用单个目录来支持多个电子商城店面的做法，可以追溯到过去几十年中百货商店所使用的实体纸质目录。举例来说，我们可以使用一个目录来提供所有项目和商品的完整列表，并关联一些其他信息，比如价格、尺寸或颜色等选项。如果客户想要购买目录中列出的某样商品，则他们需要亲自进店或通过电话下单。在某些情况下，商店会分为不同的等级，有些是拥有所有商品的百货商店，而其他小商店只会拥有特定的部门和商品。有些商品只能通过电话进行订购，或者只在一年中的一段时间内提供。这里的关键是，我们使用统一目录作为所有潜在商品的最终列表。ITaaS 框架所推荐的服务目录设置方法与此大致相同，它的目的是支持任意数量和类型的门户，让企业客户能够提交他们的请求，同时也维护服务的映射关系，以便对服务进行报告和管理。

从这些部分中我们需要记住的是，虽然上述方法能够支持多个客户门户，但 Cisco 仍建议为尽可能多的客户提供一个统一的起点，并从那里发起尽可能多的请求。这可能意味着所有客户都进入相同的主店面，然后被分配到不同的门户和平台，并最终在那里完成他们的请求。如果客户明确知道他们想要什么，并且不希望从主页面通过多余的步骤被导航到指定页面，也可以直接访问这些门户。

以前的 IT 服务管理标准会把服务目录当作面向客户的工具，因此读者可能想要知道 ITaaS 框架采用的新方法是否会改变这一点。虽然服务目录并不必须是面向客户的工具，但它使用的方式和客户实际提交请求的门户是相同的，客户能够直接浏览目录或搜索目录来找到特定的请求，出现问题时可以用这种方法来验证问题是否出在提交请求的门户上。换句话说，我们可以为客户提供服务目录，但如果正确地部署了客户请求门户（如企业的电子商城）的话，客户在想要提交 IT 功能或支持的请求时，不会第一时间想到使用服务目录。

到此为止已经详细介绍了 ITaaS 框架如何重新定义和使用这些工具，接下来重要的考量因素是这种新方法对当今 IT 部门的影响。

这个问题的答案是，在大多数情况下我们不需要进行大量返工或付出。如今在企业电子商城中托管的各种请求，与实施了 ITaaS 之后的情景相同，因此不需要进行大规模变更。ITaaS 框架推荐的方法有一点不同，那就是要分离服务组合和服务目录，并且利用统一的集中式目录来支持多个客户门户。事实上，要想快速构建集中式目录，我们可以从 IT 部门负责管理的多个客户门户上所提供的完整功能入手，其中每一项都需要被映射到服务组合中指定的某个服务，然后每项服务的负责人应该去评估并提出其他可能的目录请求及其相关信息。

企业电子商城设计的最佳实践

一个常见的 IT 客户门户就是企业电子商城，IT 客户可以通过导航来提交他们对 IT 功能和支持的请求。这意味着电子商城对于客户体验和服务交付的其他方面会带来重大影响。因此，我们要考虑这些通用客户门户的最佳实践。

电子商城的特性/选项的设计和实施，最终要由 IT 部门选择的托管其商城的特定平台来决定。有些大型的 IT 服务管理平台可能整合了服务组合、服务目录、电子商城以及技术支持中心等功能。当今市场上的大多数平台都能够链接到外部请求门户，比如移动应用商城或技术支持中心，因此电子商城加上少量配置就能够成为客户查找和提交 IT 请求的统一来源。在这里，真正的挑战在于如何通过设计，让客户快速地找到并提交能够满足他们需求的 IT 请求。

客户会做出的一个直接选择应该是，表达他们是否需要“IT 技术支持”或者想要请求“IT 产品和服务”。换一种表达就是，正在使用的功能出问题了或者需要新的功能了。从这里开始，我们需要向客户提供直观的路径，使其能够提交相应的请求。在这个阶段中，部门的目标是在分类的级别数量和客户提交具体请求之前需要做出的选择数量之间达成一个平衡。一方面，没有多少客户会希望在找到他们的目标之前操作太多分类步骤；另一方面，一次性提供过多选择的话，虽然可能会减少客户的点击次数，但也有可能会让他们感到信息量过大。Cisco 通常会建议团队考虑以下顶级类别作为起始。

- 硬件。
- 软件。

- 视频会议和协作。
- 基础设施和托管。
- IT 技术支持。

如上所示，我们使用了与部门组织结构相似的分类，当客户为了获得支持或新功能而提交请求时，这种做法能够提供一致性。为了减少一次性呈现的选择数量，我们可以（也应该）引入第二级和第三级分类，比如在“视频会议和协作”下提供“视频会议”和“电话支持”分类。

然而，对于强大的组织结构性设计来说，同样重要的是在电子商城的部署中包含 Cisco 强烈建议的几个特性。在客户访问电子商城后，我们应该尽早为他们提供以下功能和选项。

- 搜索。
- 最常见/热门请求。
- 客户指定的“偏好”或用书签标记的请求。
- 打开请求。
- 注意事项通告。

客户很容易忽略糟糕的搜索功能，但强大的搜索功能会迅速成为客户查找适当 IT 请求时的首选资源。文本预测功能可以实现快速自动填充，这在移动设备上尤其有用，服务目录捕获的合理关键字有助于快速发起搜索行为，并找到精确结果。假如在一个大型企业中，有很多不同类型的潜在请求会提交到 IT 部门，那么拥有强大搜索功能的平台会为客户提供选择请求的较快途径。一般电子商城中都有搜索功能，但强大的搜索功能并不常见，需要服务交付团队付出努力才能发挥其最大的价值。

“最常见”或“热门请求”不仅仅是一个常见功能而已，它还可以成为一个强大的客户推动因素。简单地向客户呈现最常见的 IT 请求，这种做法的优势无疑是可以为客户节省时间，但这个功能要动态更新才能反映出一小时之内最常见的请求。在大范围网络中断时，客户可能会感到很不耐烦，因此我们可以为他们节省一些导航的步骤，使其能够快速找到并提交请求。

一个不太常见的功能是让客户能够保存或标记他们自己经常提交的 IT 请求。如果客户经常重复提交特定的请求，那么这个功能可以为他们节省大量的时间，这成为了许多平台上常见的附加特性。

在访问集中式企业电子商城后，客户应该总是能够看到检查已设置请求当前状态的选项，同时还能够通过新闻或公告来接受重要通知。虽然这可能需要考虑很多方面，但要注意的是，在这一部分中提到的所有建议（包括电子商城的特性和主要分类）都可以轻松地在一个页面上展现。遵从这些核心的最佳实践可以帮助我们提高整个企业终端客户服务（Enterprise End-Customer Service）的客户满意度。

11.4 优化 IT 服务交付的策略

本书中一直在强调，我们关注的重点是如何在实际工作中实施 ITaaS 框架，具体内容包括在建立 ITaaS 框架后，如何利用这个框架来实现策略和最佳实践。就如性能顶级的跑车必须由经验丰富的驾驶员来驾驶，这位驾驶员也清楚该如何让这辆车和配置发挥出最高水平的性能，我们可以以同样的方式来看待 ITaaS 框架。需要注意的是，本节的目标是介绍为整个 IT 服务交付利用新框架的最佳实践，并处理在前几章中无法适当容纳的主题。

1. 利用厂商获得价值

一直以来，IT 部门节省成本的方式都是把 IT 服务的运营和交付工作委托给厂商和合作伙伴，这种做法获得的效果总没有最初设想的那么明显，并且通常会付出以下代价：客户满意度降低了，对于服务性能相关的很多方面无法做出直接的控制。在与提供 IT 服务支持和交付任务的厂商签署协议时，协议的内容主要是围绕优先级别和 SLA 的定义展开的，尤其会密切关注用来实现服务设计的技术细节。我们现在完全可以确定在使用这种做法时，无法明确地指出 IT 技术对企业业务成果和整体客户体验带来的影响，更别说去考虑 ITaaS 框架中服务性能要求的诸多战略考量因素了。在采用外包服务的方法时，IT 部门面临的传统挑战往往会更加严峻。

为了解决上述问题，我们也没有必要拒绝使用外包的形式来实现 IT 服务的运营和交付。事实上，要想实现快速 IT，可能最终需要 IT 部门内外的全力支持。在很多情况下，能够灵活有效地把各种来源的 IT 服务交付融合到一起，并最终实现企业对于 IT 交付的初始预期的 IT 部门，是能够决定企业的市场竞争力的。要想以这种方式有效地利用外包资源，IT 部门需要转变为 ITaaSO 部门，并通过以下几个重要的步骤，利用厂商来创造额外的业务价值。

应该一上来就向所有厂商宣布“我们现在是一个提供端到端服务的部门”，并谨慎评估端到端服务部门到底意味着什么。变革领导团队可以负责主导整体框架的评估工作，包括服务设计原则、引入服务性能和 TCO 策略。从这时开始，IT 部门应该和厂商进行合作，来确定一个时间和方式对现有合作协议进行评估，以确保厂商提供的支持与服务交付的优先级保持一致。这部分工作可能会包括对 IT 服务特征进行大范围的测量并提交相应的报告。还有一点也很重要，厂商需要理解各种服务交付角色，并且在对待这些角色中每个具体的人员时，视角要与内部 IT 部门的员工相同，这其中还要包括对于服务负责人请求的优先级划分，服务负责人是代表他们的客户提出这些请求的。换句话说，我们的合作伙伴和厂商必须具备“服务感知”。我们会注意到，随着厂商越来越熟悉服务交付框架，他们通常能够更密切地与服务负责人进行合作，这样一来，不仅能让工作变得简单，还可以对服务交付工作的某些方面带来提升，比如服务性能指标类别中的速度。

服务的所有权必须保留在企业内部。这一点适用于所有情况，即使服务的交付工作全部由厂商帮助也是如此。服务负责人应该为企业内部员工。虽然有很多理由让我们坚持这一态度，但所有理由都可以归结为一点：这是服务负责人的使命，服务负责人在这里充当的是这项 IT 服务的总经理的角色。如果最终担任这个角色的是外包人员，则 IT 部门实际上就是把这项服务的所有权和最终责任进行了转移，最终为服务所交付的价值负责的人员实际上是在组织之外的。企业从这种做法中获得不了任何价值。即使 IT 部门中的人员都是服务负责人，每人负责管理多项服务，我们也要把服务负责人的角色分配给企业内部员工，然后把服务交付的其他工作外包出去。

除了把厂商集成到服务交付框架中，IT 部门还可以创建一项服务来为厂商管理策略提供支持。企业利用某种策略和相关流程来对各个厂商进行管理和评分的情况并不少见，这些工作显然需要用到各种技术能力。这项服务不太可能是高强度或高复杂度的，我们只需要指定一个服务负责人，让他主动找出那些能够交付技术功能的工具和平台，以此对厂商管理提供帮助。他的工作对于企业来说非常重要，尤其有利于 IT 部门最终向快速 IT 的转型。

要想运营一个端到端服务组织，需要所有厂商都具有“服务感知”的意识，并且在服务交付工作中发挥支持作用。如果没有从根本上改变这些关系，则对于由厂商提供支持的服务，服务负责人在尝试优化 IT 服务的成本和性能时，可能无法掌握所有信息且有重大盲点，同时也无法解决与外包相关的历史问题。通过把厂商集成到服务交付战略和 ITaaSO 文化中，同时创建一项服务来提供厂商评分和管理所需的技术功能，IT 部门就可以真正实现降低运营成本，并提升服务性能指标类别中的各要素（如速度），最终获得更高水平的服务价值。

2. 为外部 IT 客户提供服务

在本书的每一章中，我们都强调要把 ITaaS 框架当作 IT 服务设计和交付的优先考量因素，只有这样我们才能为客户提供支持。我们一直把这些客户定位为企业中的员工，这些人需要使用 IT 服务提供的技术功能来提高工作效率或者执行业务流程。但实际上，如今有很多 IT 部门也为企业外部的客户提供服务交付工作，因此也要求服务交付框架中能够包含这些客户，并为他们提供迅捷的服务，我们需要找到一种能够与之匹配的服务交付方式，并让客户满意度达到与内部客户一致的高水平。

这些外部客户需要的技术能力可能比较特殊，他们需要与内部客户相同的技术能力；或者需要的技术能力虽然与内部客户相同，但对于服务交付或服务性能的规范标准不太相同。无论是哪一种情况，只要服务交付团队坚持遵守一些最佳实践的建议，就可以利用 ITaaS 框架对这些客户提供有效的支持。

在这些最佳实践中最重要的是，我们不能因为客户是外部人员，就认为他们需要一项新的服务（专属服务）。所有的设计原则都要保持不变。如果客户要求的一组技术功能与当前的服务所能够提供的功能不同，并且这组功能可以与 TCO 模型和服务性能策略进行关联，我们就应该为此专门指定一项服务，并使用服务性能策略对其进行评估。但需要注意的是，我们创建服务的各种动机与外部客户并没有直接关系，一旦创建了这项服务，内部客户就可以直接使用这些相同的功能。

如果外部客户的功能要求与内部客户相同，我们就可以使用相同的服务对内部和外部客户提供支持。如果需要对这些功能的交付进行区分，则服务负责人可以创建对应的服务产品。我们可以使用不同的安全门户或连接来提供这些功能，但这些功能原本就存在，核心功能并没有任何差异。

未来的 IT 部门可以同时支持内部和外部客户。ITaaS 框架能够为所有这些客户提供价值。我们要确保框架中的功能不要背离核心服务设计和交付的原则。

3. 为 ITaaSO 和快速 IT 准备云战略

每当服务转型项目即将完成时，IT 部门应该意识到自己底层的云战略的重要性，云战略应该要快速成熟和发展起来，才能满足新建立的 IT 服务及其交付团队提出的新要求。在实际工作中这经常被描述为在支持业务成果过程中的瓶颈，这类瓶颈以前通常只与 IT 部门自身相关，但现在已经转移到了整个企业的 IT 云战略。

我相信这是服务转型项目带来的一个自然而然的结果，我们会把关注的重点转移到 IT 服务所提供的功能上，并且建立一个框架，这个框架在整个 IT 部门不断驱动提升服务价值的需求。虽然 IT 服务蓝图中有一部分可以容纳这些新出现的需求，并且几乎没有什么限制，但服务的数量取决于企业的 IT 云战略，因为它常常会创建出大量与单一 IT 战略相结合的需求。

除了让 IT 部门对于会发生的事情有所预见之外，也建议 IT 负责人和服务交付团队能够主动制定计划，来快速推动服务性能策略中的影响力和速度这两个部分，毕竟他们负责对服务进行管理，并通过云（这里指的是应用或数据托管服务）来交付相应功能。

4. 接受并使用自助部署

当 IT 部门完成了最初的服务转型计划并开始转向快速 IT 时，所有服务必须都能够发现并抓住机会为各自的客户提供一系列自助服务、自助帮助和自助部署选项，让客户能够使用这些选项来访问和使用技术功能。第 12 章中深入探讨了快速 IT 和它希望塑造的客户文化，这种文化主要围绕着自助服务展开，但我们不能等技术功能转型完成后，再让客户接受自助服务选项。

要记住的是，在服务交付工作中的任何一个方面使用提高运营效率的做法，都是在提升服务交付工作的价值。如果在工作中结合使用自动化平台，让客户群能够为其自身提供服务，同时服务负责人还能够获得他们所需的可见性，那么这种做法不仅能够让服务带来更多价值，还会让其他服务也采用这种方式，并且获得更高水平的客户满意度。

5. 接受影子 IT

第 1 章中介绍了影子 IT 的概念，并且描述了它为 IT 部门和企业带来的挑战和机遇。在同一章中，我们也强调影子 IT 并不是 IT 负责人积极挖掘的事物，而是通过 ITaaS 框架来将其作为达到快速 IT 状态的策略之一。

服务负责人应该立即开始尝试明确他们的客户群在哪里使用影子 IT，尤其要了解的是“为什么”。“为什么”这个问题中应该包含影子 IT 所要瞄准的目标功能，以及可以预见的价值。我想要强调的是，作为服务负责人不要一上来就停掉影子 IT，而是要理解影子 IT 之所以存在的各种原因，并为这个外部 IT 利益相关方团队提供必要的指导或支持，以减少 IT 的重复建设，尤其是要避免为企业带来风险。一个需要优先考虑的目标是要清晰地表达和主动沟通，把工作转到思考通过使用新框架来交付服务能有哪些好处。通过建立 ITaaS 框架，客户所需功能能够从对服务性能的全面考虑中获得，尤其是速度、风险和规模等服务指标类别，而这些好处都是 BU 团队所无法自己实现的。

虽然使用影子 IT 的想法可能会引起一些 IT 负责人的担忧，但我们应该考虑服务转型后的 IT 和业务之间的关系状态，并预测它们之间的关系会对影子 IT 带来什么影响。在实际工作中，情况是这样的：随着 IT 部门向 ITaaSO 转型工作的展开，IT 和企业业务之间的关系会发生变化，客户群开始把他们的服务负责人当作可以信赖的顾问，也会把 IT 部门当作受欢迎的服务提供方。随着时间的推移，客户群可能会把功能转移到 IT 部门，同时针对新功能的需求和机会，与服务交付团队紧密合作。

即使从整体上看，业务使用影子 IT 的情况会逐步让位于与 IT 服务交付团队不断增加接触并一起进行规划，但业务仍然可能启动影子 IT。如果在新的 IT 和业务关系中出现这种情况，一般来讲应当有很好的理由在支持这么做，服务负责人应当去了解这个理由。具体的理由多种多样，可能是 IT 部门的限制，这些限制阻止过早部署，而要利用市场机会寻找合适的时间；可能是缺乏早期部署所需的专业知识；在某些情况下，也可能是刚刚开始的一个业务中的创新想法，但被认为还处于概念验证阶段，不适宜引入广泛的 IT 部门。这些因素中的任何一个都会让我们回到之前对服务负责人的建议，即主动地了解所有工作、在需要的时候提供相应的支持，以及准备在客户群希望调整规模并确保性能时把相关功能带回到 ITaaS 框架中。

我们还要考虑的一个重要因素是，采用影子 IT 的策略实际上是构建快速 IT 部门的一个重要组成部分。第 12 章中深入讨论了将影子 IT 转型为客户发起的 IT（Customer-Initiated IT）的概念。

完整的服务交付框架的考量因素

我们已经进入漫长且复杂的服务转型项目的尾声了。IT 转型团队已经设计出了一套完全能够支持业务成果的端到端 IT 服务，并开发出了一系列策略、流程和工具来管理和理解服务交付为业务带来的价值。我们已经讨论了随着时间的推移，应该如何发展服务组合和用来沟通服务价值的策略，但 IT 负责人和服务交付团队现在应该开始考虑一些其他的重要因素。

- 如何使用基于 ITaaS 的服务交付框架来持续产生价值。

- 如何长期保护服务交付框架的完整性和价值。

对于团队来说，这时重要的是后退一步，谨慎审视已经实施完成的 IT 服务交付框架，并把 IT 部门和企业业务当作一个整体，来考虑 IT 服务交付框架的功能和机遇。这个团队与花了一整年时间打造一辆高性能赛车的工程团队并无不同。团队成员一开始关注的是整体的用途、目标和规格，他们已经花费了过去几个月的时间，把关注的重点在空气动力学、转向和悬架，以及引擎的设计之间转移。他们已经完成了汽车的设计并把它制造了出来，现在的重点是要把整个项目当作一个整体进行考虑，要了解所有的组件是如何相互补充的，并且考虑如何操作这辆汽车，才能使它发挥出设计的性能。在 ITaaS 框架中，我们已经有了能够交付 IT 服务的高性能跑车。

要想最大化地利用新跑车来交付 IT 服务，可以考虑以下这些专业建议。

- 不要忘记，在为企业提供 IT 服务交付时也是面临着竞争的，要使用 ITaaS 框架中的每个功能来展示 IT 服务的价值，并以此与其他提供技术功能的选项竞争。
- 单独查看每个服务性能的分类、它们之间的相互关系，以及它们与成本之间的关系。不要忘记，成本只是整体服务价值中的一个方面。
- 不要忘记把不同服务层级中的 IT 服务汇聚起来，找出成本的趋势、性能的变化，或者新功能的常见驱动因素。
- 为 IT 服务交付角色提供支持社区，鼓励他们分享经验教训、最佳实践和工具的使用建议，来帮助不同的角色在整个服务蓝图中取得成功。
- 做好准备在能够支持服务交付功能（尤其是报告功能和流程的自动化功能）的平台上进行投资，比如 IT 服务成本计算平台，以及可能会为 IT 部门和整个企业提供其他功能和优势的平台。这是 IT 运营模型中的主要功能，务必为这部分内容进行投资。

如今的企业业务和 IT 部门都非常复杂，每个 IT 转型团队都会遇到独特且具有挑战性的情景。当我们遇到这些问题时，一定要理解并利用框架中提供的诸多功能和机制以及更广泛的 IT 运营模型，来针对这些挑战制定出具有创造性的解决方案。不要牺牲指导框架设计和开发的原则。很多 IT 部门在刚发现具有挑战性的场景出现时，就对服务交付的指导原则做出妥协，而这些指导原则是他们在启动和全力投入服务转型之前就已经同意的。这些妥协行为在一开始看起来并不要紧，但后期带来的影响会快速显现。别忘了，服务交付框架是快速 IT 的基础，我们最不希望发生的事情就是釜底抽薪。

11.5 总结

Cisco 服务转型项目的最终阶段是一项重要的工作。如果不能透彻地认识这些活动，就会限制这个新采用的服务交付框架所创造的潜在价值，甚至使其最终完全瘫痪，并且即使完成也对企业没多大价值。

把 ITaaS 框架与现有的 IT 运营流程和工具集成在一起的做法非常重要，比如资产数据库、应用组合和配置管理数据库（CMDB）。IT 运营模型中的所有这些组件都应该具有服务感知能力，并且需要开发出一个自上而下的视图，来了解这些工具和流程是如何相互连接并相互依赖的，这是促进服务交付工作和报告工作的关键之处。

ITaaS 框架为 IT 服务目录的设计带来了不同的方法，该方法支持未来客户请求门户的任何扩展和变化，同时还能把所有潜在的 IT 目录请求映射回相关的 IT 服务。这个三层面方法如下所示。

- **IT 服务组合**：记录所有 IT 服务，包括建立完整 IT 服务蓝图的战略性概述所需的信息。
- **IT 服务目录**：提供了一个集中文档，记录了所有独特的和可复用的“IT 目录请求”，这些内容被定义为客户对 IT 技术功能或支持发出的请求，它源自于特定的服务和服务产品，并且与其他信息相关联，让请求、与之相关的工作流和报告需求，都能够托管在一个或多个客户门户上。
- **IT 客户门户**：托管了一部分 IT 目录请求，这些请求来自于服务目录，IT 客户能够搜索、审核和提交技术功能请求。

IT 部门需要评估服务交付工作的各种最佳实践和策略，并且需要考虑新采用的服务交付框架如何应对厂商、外部客户和影子 IT 产生的影响。最后，IT 负责人应该退后一步，把服务交付模型作为一个整体来考虑，思考如何持续获得价值，并在下一步向快速 IT 发展的过程中保持框架的完整性。

第 12 章

快速 IT——企业 IT 部门的既定未来

在本书开头，我们已经确定了当今 IT 部门必须把它们的运营模式转型为快速 IT，这样它们不仅能够维护服务之间的相关性，还能为自己奠定企业业务变革推动者的地位。迈向快速 IT 的第一步是转变 IT 部门的服务设计、服务交付，以及沟通 IT 服务价值的方式，这样做的结果是能够解决长期存在的挑战，并让 IT 部门成为企业业务能够信赖的顾问。服务转型的成功对于当今的 IT 部门来说是一项壮举，它也能为 IT 部门和企业业务创造无法估量的价值，但这只是企业快速 IT 之旅的开始。

在众多文档中都讨论过快速 IT 这个“概念”，那它在实践中的表现如何呢？在现实世界的 IT 部门日常运营中，快速 IT 是什么样子呢？不厌其烦地再次说一句，Cisco 的全球 IT 部门在这方面积累了丰富的实际经验。但本章旨在简要介绍快速 IT 的概念，以及与实践相关的原则，比如持续交付和客户发起的 IT（Customer-initiated IT），在这个过程中，我们会说明为什么变革是快速 IT 的基础，也就是把 IT 部门变革为以架构为主导的端到端服务组织。

12.1 快速 IT 的目标

第 1 章中介绍了对当今 IT 部门向快速 IT 部门转型带来影响的驱动因素；同时我们确认了转型并不仅仅是一次获得价值提升的机会，也是让企业能够胜任未来高度数字化业务的必要条件。在不久的将来，快速且高效的 IT 部门会成为一个企业是否能够成为市场领军者的主要因素，因为企业需要依赖于 IT 部门提供的服务来完成自己的业务。

紧随这些驱动因素之后的是一系列挑战，包括已有的挑战和新兴的挑战，我们必须首先解决 IT 部门面临的这些挑战，因为它们会阻止 IT 部门向快速 IT 部门的转型。我们可以通过采用 Cisco ITaaS 框架并转型到端到端服务组织（或者称为 ITaaSO）来解决这些挑战，在这个过程中可以让 IT 部门成为业务可以信赖的顾问。

快速 IT 要在采用新的 IT 运营策略的同时发展已有的 IT 运营策略，它的目标是让 IT 部门从一个能够信赖的顾问升级为企业业务变革的推动者，因为它能够通过运营反应速度和卓越的能力，来拥抱数字化和驾驭数字革命的各个场景，同时也加速了变革业务能力的发展。采纳快速 IT 的原则是，企业业务在应对未来市场中的革命或者充当革命者时采取的不同做法。

12.1.1 快速 IT 的概念

让快速IT成为企业IT部门既定未来的理念是什么？这对IT意味着什么？它能够为企业做些什么？也许最重要的问题是，在企业业务的实际应用中，快速 IT 的实际表现是什么样子的？

快速 IT 可以说几乎涵盖了 IT 运营的方方面面。它带来的转变主要包括 IT 部门承载的诸多功能，它能够加速提供这些功能，并以此反映出 IT 的新角色：让业务能够跟得上快速变化的数字化市场。与此同时，IT 正在提升自己的运营速度，同时保持高效的运营模式；效率和业务价值的整体贡献永远不会为了速度而牺牲。它还会要求 IT 部门采用一些新的策略，比如持续交付和 DevSecOps 等。

我们可以通过定期且快速的创新工作，来证明快速 IT 的实际运营效果。但仅仅使用单一的计划是不够的，我们还需要按照它们各自的步调，积极推动多条并行的创新线，这样才能实现新的业务模式、抓住市场机会，并推进新的战略。整个 IT 运营的方式要能够促进多条业务线的发展，每条业务线都有自己的目标、优先级和时间线。

想象一下快速 IT 部门的日常功能，就能看出使用以架构为主导的端到端服务组织作为重要基础的必要性。端到端服务能够让 IT 部门专注于它应该提供支持的每条业务线，并为客户群提供相应的价值，它还允许实现与个体服务机遇相一致的创新发展。这个架构提供了总体的路线图，以此确保投资和活动始终与核心的业务战略保持一致；架构还为服务运营建立了保护环境。这个基础还提供了一种运营模式，其中 IT 会与企业业务中的每一部分保持相同的步调，而不是让业务等待 IT 部门启动运营。

与服务转型类似的是，IT 部门要想获得快速 IT 所提供的全部优势，在所需的那些新的且不断发展的运营流程背后，还有与文化相关的因素。然而与 ITaaS 框架不同的是，快速 IT 的文化不仅局限于 IT 部门内部，它还包含企业业务本身的文化转变。如果企业业务本身成为了瓶颈，那么快速 IT 部门就会面临真正的风险。快速 IT 也需要快速的业务。除了考虑 IT 部门的文化，我们还需要审视从快速 IT 部门的存在中获益的企业的整体文化。一旦了解了业务和 IT 未来的文化，我们就可以回过头来了解 IT 为达成这些业务成果而使用的策略。

快速 IT 所鼓励的企业文化中是包含变革，甚至寻求变革的。企业中的人员会意识到他们是在流动的市场中运营的，因而会受到数字革命的影响，并且他们需要做好准备来适应这些变化，同时还要积极锻炼自己的变革能力来引领市场变革。这些 IT 团队和业务团队中的人员要真正理解业务运营中引入的新功能，并且很可能会见证或者参与到这些新功能的开发和引入工作中。IT 部门和业务部门相结合能够积极地调研市场和技术前景、提出对新功能的想法，并且留意最早出现的可能具有颠覆性的功能。当然，这些功能都会由 IT 服务提供，由于采用了 ITaaS 框架，因此 IT 部门和业务部门都会清楚地了解这些服务所带来的业务价值和未来的服务需求。

要想在市场中取得成功，企业要接受变革的驱动力，并对其有一定的预期，这种做法也突出了快速 IT 部门文化带来的另一个重要方面，那就是企业必须在面对市场机会时，自信地应对相应的风险。这并不是说企业在面对风险时，不需要像往常一样对风险和机遇进行谨慎的权衡。相反，快速 IT 为 IT 部门和业务部门提供了一系列框架和策略，来有效地管理现阶段的风险，并为 IT 和业务团队建立外围保护，使他们能够在内部自由运营。换句话说，快速 IT 文化是一种能够承受风险，而非惧怕风险的文化。

在快速 IT 文化中，组织边界的概念对于企业中的人员来说变得弱化了。以前，每个人的工作时间基本上都花在与本地团队和本地部门的协作中，只有少数情况才会让其他的团队参与自己的项目，现在他们的日常工作已经转向了与虚拟团队的协作，这个虚拟团队由不同职能团队和部门的人员组成。这种动态的、自组织的跨部门团队能够支持、优化，甚至转换业务成果，从而真实地反映出 ITaaS 框架的实践模式，在该框架中，服务交付团队与职能团队跨部门密切协作，来交付业务成果并提升服务价值。

快速 IT 文化也是一项为客户赋予权力，让他们能够实现自我服务的文化。在 IT 服务得到广泛支持后，企业文化中的这一方面将会得到发展，IT 客户可以请求并使用这些 IT 服务，这个过程中几乎不需要 IT 人员的正式参与。最明显的例子是智能手机和平板电脑上的移动应用程序商店，客户可以在短短几分钟之内任意搜索、安装和测试他们想要使用的应用程序。虽然并不是所有技术功能都可以通过类似应用商店的客户入口来提供，但融入了这种自助配置的服务会为客户带来更深的掌控感。实际上，这也鼓励了客户根据自己的需要来尝试不同的 IT 服务，甚至他们会对最初用来执行其他操作的功能进行评估，并最终激发新的想法和创意，这些过程都无须 IT 部门直接提供支持。

我们可以通过以下特征，对使用快速 IT 进行驱动的企业文化做出一个最终的定义：它是 IT 和业务部门对于 IT 运营速度的期望，让他们能够尽快对变革机遇或数字革命中的事件做出响应。企业中的每个人都认为 IT 服务是保障业务正常运营，并使其能够在市场中取得成功的核心，也是让 IT 部门能够高效运营的必需品。这种预期会反过来推动持续进行的服务改进工作。现在嵌入业务线的 IT 服务交付团队可以主动提升效率，并在客户提出要求时，做出相应的改进。无论是哪种情况，基于 Cisco ITaaS 框架的 IT 服务交付功能都会为实现这些提升提供一些方法。服务转型工作已经为企业建立了坚实的 IT 服务基础，提供了服务价值，并且这个框架会随着时间的推移来不断发展这些服务。与此同时，ITaaS 框架能够解决历史问题和新兴挑战，其中包括阻碍 IT 转型的问题以及如何把 IT 部门建立为业务可信顾问的问题。它还会从根本上转变 IT 部门的文化，使企业能够完成最后一步跨越，完成快速 IT 的企业文化转型。然而，在那些没有执行 IT 服务转型的企业中，IT 部门的文化没有改变，IT 部门和业务部门之间的问题和隔阂依然存在，并且没有一个有效的桥梁能够把它们联系在一起；当它们的竞争者把自己的 IT 部门发展成为变革推动者时，两方将会面临分崩离析。

12.1.2 从影子 IT 转为由客户发起的 IT

在前面的章节中，我们对影子 IT 进行了定义，展示了相关的示例，并且阐明在很多案例中，企业之所以开始转型到影子 IT，是因为他们认为 IT 部门“没有做好他们的工作”，让业务团队不得不自己开发和管理他们所需的功能。在本书中，我们一直反复强调当 IT 部门与客户群没有对优先级、目标和关注点达成一致时，他们就无法即时、高效地提供业务所需的支持，这会让企业对于影子 IT 的渴望越来越强烈。在某些情况下，把影子 IT 和公有云服务相结合，能够让一些部门与企业的 IT 部门完全脱离关系。虽然影子 IT 会为企业带来一些已知和未知的风险，但我们想要强调的是，在大多数情况下，使用影子 IT 和使用 Cisco ITaaS 框架创造价值的机会是相同的，Cisco ITaaS 框架的目标并不是消除影子 IT 存在的必要性。在采用了 ITaaS 框架后，客户开发的功能已经足够成熟，能够承担企业运营中面临的风险，因而这些功能很可能已经转换到 IT 部门的服务交付框架中，而新功能将主要是与服务交付团队合作进行开发。

然而即使在这种状态下，我们仍然要遵从并且支持由客户发起的功能开发工作。这几乎就是企业运营的未来，因为企业要在不断变化的市场中解决数字化和数字革命带来的改变。无论服务交付团队的工作是否成功，企业的业务线总是要与行业的运营和趋势捆绑在一起；在尽全力与 IT 部门展开合作之前，业务部门将会明确地找出变革机会，然后在概念验证阶段对这些机会做出响应。要是让 IT 服务交付团队参与到每个提案中，速度会过于缓慢，其中的很多提案甚至无法度过最初的概念验证阶段。

我们要把由客户发起的 IT 服务看作是客户的创意工厂，将其当作集思广益的一种方式，并且能够把之前的提案和创新结合起来重新进行评估；我们还可以把它当作一个沙盒，对这些提案进行早期的孵化和测试，以便在 IT 团队和业务团队进行更广泛的合作之前，衡量新提案的可行性。在实践中，由客户发起的 IT 服务将会被启动，然后以不同的方式进行孕育，在很多情况下，这个过程仍会涉及动态组建团队的 IT 人员。这种做法的重要之处在于 IT 部门在使用这个沙盒时不会过于严苛，并且在开发的每个阶段中，IT 部门都会与业务团队制定密切合作的策略。

12.2 揭示快速 IT

接下来我们会介绍一些用来支持快速 IT 运营的组件。与任意模型一样，构建模块总是最重要的一项任务，对于快速 IT 来说，这意味着我们要发展第 2 章中介绍的 IT 部门中常见的主要功能。一旦这些核心功能能够完全支持快速 IT 的操作，IT 部门就可以开始引入新策略并实现它们的价值（如持续交付功能），它可以进一步提高速度和效率。

12.2.1 构建快速 IT 的模块

第 2 章中介绍了所有 IT 运营模型中的 3 个核心功能，这 3 个通用的功能就是快速 IT 运营模型的模块，但我们需要对它们进行升级，以便使其能够支持快速 IT 运营的速度。

- IT 技术运营。
- IT 服务交付。
- 企业架构（EA）。

技术运营功能已经开始能够支持服务转型工作了。IT 技术运营团队如今正在积极地处理由服务交付团队提出的需求，并且也会把反馈信息传递给服务交付团队，以这种方式来对服务性能策略表示支持。这与当今许多 IT 部门的技术运营大不相同，这些组织只会完全专注于技术平台的运营，它们追求 SLA 和 IT 行业中通行的最佳实践，而不关心这些流程对于业务的影响。快速 IT 推动了进一步的需求，这主要是为了提升服务的速度（解决方案的开发和采用时间）和影响力（快速扩展），此目标必须得到技术运营部门的支持，否则这个功能就会成为瓶颈。在实践中，这意味着要对很多变更控制流程进行进一步发展，同时利用分段技术来隔离风险。

企业的架构也需要得到进一步的发展。服务转型工作不要求对 EA（企业架构）进行根本上的改变，而是要利用端到端服务来建立第二层的架构，这个第二层架构可以使用与总体企业路线图不同的速度发展，但要与总体路线图保持一致。尽管如此，EA 必须在完全成熟后，才能支持快速 IT 的操作。如果没有成熟的企业架构来提供所需的速度，启动快速 IT 只会加速破坏流程并且一味地重复架构。

实际上，当今流行的大多数企业架构标准和方法可能过于烦琐和笨重，无法支持快速 IT 所需的变更速度。我们需要轻量级的方法及其相关流程，我将其称为“快速架构”（Fast Architecture）。快速架构让不同部门能够以不同的速度在不同的层级上进行发展，其中最重要的是，它是一种迅捷的实践方式，能够支持而不是限制快速 IT 及其相关的“快速业务”。也就是说，我们可以使用简单的方法，同时仍然能够成功地把技术架构与业务运营所需的功能连接到一起，并利用这些信息来支持快速发展的业务战略规划。虽然 Cisco IT 部门没有特别将其称为快速架构，但它们的基本特征是相同的。它们能够反映出轻量级和迅捷的功能，建立符合业务战略的架构路线图，同时不会因这种做法而限制 IT 和业务的运营。

IT 部门的服务交付框架也必须完全成熟并得到优化。快速 IT 需要服务交付团队充分利用

ITaaS 框架中的每个功能和策略来快速实现业务成果。如果在服务交付的战略、流程和工具还处于成熟的过程中时，就要求这些团队推进快速 IT 战略和需求，会导致更广泛的 IT 转型工作的失利。

12.2.2 快速 IT 的机制

在 IT 部门中的每个核心功能都已经得到优化并能够提供快速 IT 后，下一个重点是真正启用快速 IT 运营的具体策略。在某些情况下，这一部分涉及指定策略的转型，比如当今大多数 IT 部门中都在使用的策略——与云和 IoT 相关的策略。在其他情况下，这一部分涉及新策略的开发，新策略要能够加速 IT 运营中的重要工作，比如引入持续交付的策略。

要想实现快速 IT，我们必须考虑以下主要的企业 IT 策略。

- 持续交付，包括 DevSecOps。
- 云。
- 大数据。
- 安全。
- 物联网（IoT）。

接下来我们会简单介绍持续交付和 DevSecOps，而在未来，Cisco 会对如何发展其他策略来支持快速 IT 提供更多的内容。

12.2.3 持续交付

引入持续交付策略是 IT 服务交付工作发展的下一个重要步骤。需要注意的是，持续交付策略通常与那些通过软件工程和 DevOps 开发的新功能相关（我们接下来也会讨论这些内容），但 Cisco IT 部门把这些原则从软件开发工作中抽离出来，并将其应用到端到端服务交付中。Cisco IT 部门持续交付策略的目的是让 IT 部门与其业务客户进行合作，从最早的功能概念制定到功能交付，再到最终的生命周期结束。在这个过程中，IT 部门会格外强调（为指定服务开发的）新功能运营的开发和变更。持续交付已经被视为一个广泛的战略，它能够通过 IT 服务持续创造业务价值。

Cisco 把以下原则与持续交付策略相关联，可以把它们视为服务交付团队需要始终遵从的另一套指导原则。

- 构建正确的事物。
- 以正确的方式构建事物。
- 快速构建事物。

“事物”指的是我们通过 IT 服务所提供的技术能力。虽然我在开发新功能时通常会强调业务运营服务，但事实上，持续交付策略适用于所有类型的 IT 服务。比如，使用可编程架构和分段实践意味着很多技术基础服务都需要主动部署基础架构，以支持来自众多其他 IT 服务的并行请求。持续交付原则适用于所有服务。

执行持续交付策略有以下 3 个特征。

- 持续参与。
- 自发组织的动态团队，且它具有半自治权。
- 强大的协作能力。

持续参与是指负责提供服务的团队要参与到客户群和重要的利益相关方的工作中。这时，服务负责人、服务执行主管和更广泛的服务交付团队之间应该已经建立了紧密的关系，并且与客户群确立了定期沟通的工作模式。持续参与强调的是在整个新功能开发的过程中，服务交付团队要与客户群进行持续的互动。这种方法与以前开发新功能的做法形成对比，在以前的实践中，IT 部门通常会收集客户的初始需求，然后独立工作一段时间，来建立并测试他们所提出的解决方案。只有在完成了解决方案和新功能的开发后，IT 部门才会向客户展示他们的工作成果。这种做法面临的问题是，我们对需求会产生误解，或者由于多种原因而使得需求发生了变化，需求的变化很可能来自于行业中快速发展的数字化和数字革命。即使采用了 ITaaS 框架，并建立了能够信赖的顾问身份和关系，也无法避免很多服务交付团队继续使用过去那种孤立的功能开发方法。

持续参与做法解决这一问题的方法是，鼓励利益相关方不断参与功能的开发过程。IT 部门不希望去规避客户对于需求的更改，反而期望甚至欢迎客户的参与，这样做能够让他们的工作成果创造出应有的价值。这个概念反映出快速 IT 在企业文化中塑造的一个特征——在这种情况下，IT 部门接受甚至推动变革。

持续交付战略的成功依赖于跨职能团队和部门中的每个人，他们自主组成动态团队，并拥有半自治运营能力。我们已经证实了，在快速 IT 的文化中，跨职能和组织边界的参与意愿是很重要的一部分，通过采用 ITaaS 框架来进行服务交付，IT 部门中的人员已经习惯于跨越职能边界，为业务客户提供 IT 服务的支持。一个团队中的 IT 人员可能会发现自己同时在两个或多个跨职能团队中工作，并且为不同的 IT 服务成果而努力。

随着时间的推移，向端到端服务组织的过渡和最终转向快速 IT 的做法，可以颠覆 IT 团队和业务团队在企业中的工作方式。传统上，IT 专家可能有 80%的时间是在他们自己的职能团队中进行工作，只有 20%的时间在团队之外工作，这时的工作通常是比较正式的大型项目。随着 ITaaS 框架的实施，这个百分比会开始发生变化，一旦企业真正实现了快速 IT，这个百分比可能会完全反过来，IT 专家将会有 80%的时间对各种虚拟团队提供支持，剩下的 20%时间用来支持他们自己的职能团队。

持续交付的做法能够识别并支持团队的自组织结构。虽然我们也可以正式分配团队和人员结构，但在快速 IT 文化中，几乎不需要这样做。服务负责人对于他们的服务拥有总经理级别的所有权和责任，与服务负责人类似的是，IT 专家（甚至是客户利益相关方）也会把变革看作是为企业创造价值的机会，并且他们也会有积极性。小型敏捷的团队自身需要集成各种能力，并且这种集成通常是自发的。多次查看这些团队的一般结构后就会发现事情果然如此，这种做法在很大程度上仅限于把服务负责人当作“产品负责人”，他会负责吸引相应的利益相关方，并按需设置功能开发的预期。这种做法的关键在于，在整个企业中培养出正确的思维模式后，找出能够创造价值的机会这件事是每个人自发完成的，他们不会关心部门的边界，跨职能的团队会根据需要有机地结合在一起并提供相应的功能。

在业务和 IT 负责人能够为这个自发组织的团队所提供的支持中，一个重要的元素就是，赋予其更高的自主权。在需要进行大规模投资和建设的环境中，执行全面的审查和批准程序是正确的做法，但在小规模创新型环境中，这会使我们失去寻求创新的动力。我们应该承认的是，这些工作中的一部分，有时甚至是一大部分，会在取得成果之前被发起这项工作的同一个团队“自然终结”。这些团队有可能会在证实了他们的想法无法实现预期价值时随时停止继续开发，尤其是那些与服务负责人和利益相关方持续保持联系的团队。然而，这些努力总是能够带来价值，无论是新的工作关系，还是高价值的知识资本，这些积累都有可能为将来的另一个创新工作所利用。我曾目睹了一个 IoT 解决方案在 3 个不同的场合被采纳和放弃，每次都会经历微小的演变，然后它成为了现在公认的、经过了验证的行业变革解决方案。因此我们要为这些自发组织的团队赋予一定程度的自主权，让他们能够在自主权中进行创新，虽然有时也会失败，但他们会知道自己正在为企业持续创造价值。

一个强大的协作平台有助于把这些团队集合在一起并对其提供支持。这些团队应该快速建立一个集中式平台用来存储和分享信息，并通过它与服务负责人和客户利益相关方进行合作。如果没有为整个企业中的人员提供一个可靠的协作平台，则当这些自组织的团队尝试通过推动功能创新转型来实现整体的监督和管理时，可能会遇到阻碍。

12.3 IT 部门之外的服务

Cisco ITaaS 框架改变了当今 IT 部门的设计和服务交付方式，并且引入了一种策略来衡量这些服务为企业带来的价值。为什么要把这个框架仅限于 IT 服务？

运营即服务（Operation as a Service，OaaS）是一个变革性的业务运营框架，它采用了思科 ITaaS 框架开创的 IT 服务交付模式，用于其他重要的企业业务部门，比如供应链。整个企业的各个业务单元都对服务有潜在的需求。这些业务组织和 IT 部门一样，都需要对支持业务成果和高效运营的企业业务承担责任，并且可以利用同一个服务交付基本框架，让客户认为他是可以信赖的顾问。

虽然在其他领域中也有使用 ITaaS 框架的价值机会，但人们常常会忽视其中的一个方面。人们往往会把过多的注意力放在快速 IT 上，行业领导者会忘记考虑当业务本身无法跟上 IT 部门的步伐时会发生什么。虽然这种变化对于很多 IT 领导者来说是好事，但事实上，企业业务自身也必须在实践中不断发展演进，才能从数字化和数字革命中获益。

与快速 IT 类似，要想实现快速业务，第一个重要步骤是转变业务提供服务的方式，并且衡量这些服务为客户带来的价值。

12.4 总结

通过采用 Cisco ITaaS 框架对服务进行转型，为 IT 部门转型到快速 IT 打下了至关重要的基础。快速 IT 中包含了大量的内容，本章只是对快速 IT 及其重要的元素做了简单介绍。

快速 IT 的目标是让 IT 部门通过促进企业对数字化和数字革命的响应能力，从值得信赖的顾问变为企业业务改革的推动者，同时加速变革业务功能的开发和交付。

能够获益于快速 IT 部门的企业文化如下所述。

- 接受变革，并将其当作创造价值的机会。
- 能够忍受风险，而不是谈风险色变。
- 全面扩散自助服务的理念。
- 把由客户发起的 IT 作为影子 IT 的演变。
- 对所有活动和运营都要求速度和敏捷性。

快速 IT 依赖于基本 IT 功能的成熟和发展，其中包括技术运营、企业架构和服务交付。有了这些核心模块后，我们必须同时发展其他几个 IT 战略，并引入能够支持快速 IT 的新战略，包括以下几种。

- 持续交付，包括 DevSecOps。
- 云计算。

- 大数据。
- 安全。
- 物联网（IoT）。

服务交付所依赖的ITaaS框架并不仅限于IT服务来使用。运营即服务（OaaS）是一个还在发展的框架，它的目标是采用类似的服务交付和服务价值衡量策略的框架，为企业中的其他业务部门服务。

一位ITaaS顾问的日记摘要

到目前为止，您很可能已经意识到本章还没有出现任何日记摘要，虽然我非常希望在文中穿插一些，但这些日记摘要的重点是要通过我的咨询职业生涯（指导Cisco客户实现他们自己的服务转型）分享Cisco的实际经验。事实上，在撰写本书时，我的经验都是集中在服务转型工作上，对于快速IT的实践只是刚刚开始。因此，我希望通过最终的这部分内容来感谢您选择本书，并为您的服务转型工作给出最后的建议和鼓励。

从IT转型到快速IT，对于当今的IT部门来说是必不可少的过程，而服务转型是企业迈出的第一步。它不仅是一项重大而复杂的工作，而且它提出的一些核心概念会引起很多IT专家的极大关注，尤其是IT转型所需的文化转型。我曾经目睹过在服务转型的过程中，有些人尽全力反对服务转型的方方面面。正如我在前面的章节中介绍的，当今并非所有IT专家都愿意去适应由服务主导的新IT部门文化，但我们应该采取一切可能的措施，来为他们打开转型的大门。这就是为什么我希望说明这一点：IT转型不仅对于整个IT部门来说是非常难得的机遇，对于个人IT专家来说也是如此。

请想象一下，作为能被视为企业业务可信顾问的IT部门中的贡献成员是什么感觉。在这个未来的IT部门中，自我激励、创新以及跨组织边界工作以实现公司价值的能力将得到培养和奖励。您所在的组织被认为是企业在市场上取得成功不可或缺的一部分，因此，您的贡献将更具意义。

您当前组织中的服务转型工作是漫长的，有时也是艰难的，但对于有些团队而言，服务转型也会带来很多乐趣。您的企业业务中充满了意想不到的机会，以及等待与您合作的创新人才。您会因挑战而以新的方式进行思考，但同时您也会遇到一些非常棒的人，这一路上肯定会有很多乐趣。您要相信我的话：永远不要因为事情看起来太难，而低估了一群优秀的人对于一个人的积极影响。

我从来不相信运气。但我笃信有才华、有能力的人会取得令人难以置信的成就，尤其是当他们的领导和工作环境都对他们表示支持的情况下。带着这个想法去工作吧。享受转型的过程！

Justin Mann

附录

Cisco ITaaS 框架的参考服务组合

表 1 中提供了 ITaaS 框架的参考服务组合。这个作为基线的服务组合旨在帮助 Cisco 服务咨询团队快速实现客户的 IT 服务和组合设计工作，并根据实际示例来评估其提议的服务设计。为此，Cisco 咨询团队确定了通用服务，这些服务源于不同行业服务设计的最佳实践。

对于 IT 转型团队而言，为了有效利用这个工具需要考虑许多因素。最重要的是，这个参考服务组合旨在作为 IT 转型团队的指南和示例。在任何情况下，附录中提供的信息都不能取代正确的服务设计实践。

我们还要强调的是，根据第 6 章中的建议，即使利用这个参考资料，也仍然需要审查和确认准备提交的服务组合。如果不这样做，可能会为转型团队带来重大的挑战，并限制价值成果。

这个服务组合的开发与行业无关，虽然很多支持供应链、销售，以及一些其他常见企业功能的服务，早已被纳入业务运营类服务的样板服务，但这个参考服务组合仍主要集中在大多数企业的技术基础类型服务和企业终端客户类型服务设计。这些服务按照第 6 章中的建议和命名惯例被分类到“服务类别”和“战略服务组”中。这个服务组合中包含 70 多项服务，大型企业的转型团队可以定义额外的 20~30 项业务运营服务来支持整个企业的业务流程。也可以添加一些额外的企业终端客户服务和技术基础服务，使总服务数量控制在第 6 章建议的范围内。需要注意的是，规模较小的企业应该让他们的服务更自然地映射到这个服务组合的服务类别中去。在任何情况下，转型团队都可以简单地删除任何不适用的服务。

表 1　参考服务组合

战略服务组	服务类别	服务	服务产品
业务实现服务	供应链管理	产品供应及运输	
业务实现服务	供应链管理	供应链的运营	
业务实现服务	供应链管理	供应计划	
业务实现服务	供应链管理	订购服务	
业务实现服务	销售管理	收入结算	

续表

战略服务组	服务类别	服务	服务产品
业务实现服务	销售管理	销售队伍技术	
业务实现服务	销售管理	定价和报价服务	
业务实现服务	销售管理	客户数据管理	
业务实现服务	销售管理	合作伙伴计划管理	
公司职能服务	健康、安全和环境	健康和安全	
公司职能服务	健康、安全和环境	环境管理	
公司职能服务	健康、安全和环境	事件响应和风险管理	
公司职能服务	健康、安全和环境	合规性和审计认证	
公司职能服务	企业管理	法务	
公司职能服务	企业管理	政策、政府和公共事物	
公司职能服务	企业管理	全球安全	
公司职能服务	企业管理	物业、土地和租赁管理	
公司职能服务	财务	应收账款	
公司职能服务	财务	公司会计	
公司职能服务	财务	需求预测	
公司职能服务	财务	财务计划和预算	
公司职能服务	财务	固定资产管理	
公司职能服务	财务	税	
公司职能服务	财务	内部控制和审计	
公司职能服务	财务	投资者关系	
公司职能服务	采购	订单管理	
公司职能服务	采购	应付账款和费用	
公司职能服务	采购	采购服务	
公司职能服务	采购	逆向物流	
公司职能服务	采购	全球库存管理	
公司职能服务	采购	合约签订	
公司职能服务	人力资源	劳动力管理	
公司职能服务	人力资源	案件管理	
公司职能服务	人力资源	薪酬与福利管理	
公司职能服务	人力资源	员工金融服务	
企业生产力和协作服务	企业生产力	企业电子商城和客户界面门户	
企业生产力和协作服务	企业生产力	笔记本电脑和台式机	
企业生产力和协作服务	企业生产力	桌面软件	
企业生产力和协作服务	企业生产力	智能手机和平板电脑	
企业生产力和协作服务	企业生产力	企业打印	

续表

战略服务组	服务类别	服务	服务产品
企业生产力和协作服务	企业生产力	合作伙伴培训和发展	
企业生产力和协作服务	企业生产力	员工培训和发展	
企业生产力和协作服务	企业协作	电子邮件和日历	
企业生产力和协作服务	企业协作	核心协作技术（语音、语音邮箱等）	
企业生产力和协作服务	企业协作	会议	
企业生产力和协作服务	企业协作	社交协作工具	
企业生产力和协作服务	企业协作	视频流和组播	
企业生产力和协作服务	企业协作	消息	
企业生产力和协作服务	企业能力	企业规划、服务组合和项目管理系统	
企业生产力和协作服务	企业能力	企业规划、服务组合和项目管理系统	企业项目管理
企业生产力和协作服务	企业能力	企业规划、服务组合和项目管理系统	企业服务组合管理
企业生产力和协作服务	企业能力	企业供应商管理	本地供应商管理
企业生产力和协作服务	企业能力	企业供应商管理	国际供应商管理
企业生产力和协作服务	企业能力	企业运营和流程管理	企业变更管理
企业生产力和协作服务	企业能力	企业运营和流程管理	业务流程管理
企业生产力和协作服务	企业能力	企业运营和流程管理	业务智能
企业生产力和协作服务	企业能力	企业 Web 网站	xyz.com（互联网）
企业生产力和协作服务	企业能力	企业 Web 网站	内联网
企业生产力和协作服务	企业能力	企业 Web 网站	外联网
基础架构服务	平台和开发服务	应用和 Web 服务	
基础架构服务	平台和开发服务	ERP 平台托管	
基础架构服务	平台和开发服务	数据库和中间件托管	
基础架构服务	平台和开发服务	移动应用平台和开发	
基础架构服务	平台和开发服务	应用开发、测试和集成	
基础架构服务	平台和开发服务	数据库报告和开发	
基础架构服务	数字化安全	数据保护和安全	
基础架构服务	数字化安全	网络安全	
基础架构服务	数字化安全	平台安全	
基础架构服务	数字化安全	应用安全	
基础架构服务	数字化安全	应用安全	应用扫描
基础架构服务	数字化安全	应用安全	应用测试
基础架构服务	数字化安全	身份访问和管理	目录服务
基础架构服务	数字化安全	身份访问和管理	认证和授权

续表

战略服务组	服务类别	服务	服务产品
基础架构服务	数字化安全	身份访问和管理	身份服务
基础架构服务	云服务	云管理平台	
基础架构服务	云服务	数据中心网络	本地服务器负载均衡
基础架构服务	云服务	数据中心网络	全局服务器负载均衡
基础架构服务	云服务	数据中心网络	SSL 卸载
基础架构服务	云服务	云应用托管	公有云托管
基础架构服务	云服务	云应用托管	私有云托管
基础架构服务	云服务	云存储和备份	私有云存储
基础架构服务	云服务	云存储和备份	公有云存储
基础架构服务	云服务	云存储和备份	传统的本地和异地备份解决方案
基础架构服务	网络和连通性服务	企业网络	企业无线
基础架构服务	网络和连通性服务	企业网络	核心网络服务
基础架构服务	网络和连通性服务	企业网络	企业广域网
基础架构服务	网络和连通性服务	企业网络	访客网络
基础架构服务	网络和连通性服务	合作伙伴连接（外联网）	
基础架构服务	网络和连通性服务	家庭和远程访问	软件 VPN
基础架构服务	网络和连通性服务	家庭和远程访问	家庭办公
IT 即业务服务（IT as a Business Service，ITaaBS）	IT 运营服务	企业架构（EA）的运营和管理	架构建模技术
IT 即业务服务	IT 运营服务	企业架构的运营和管理	架构方法论和治理
IT 即业务服务	IT 运营服务	企业架构的运营和管理	架构设计和交付
IT 即业务服务	IT 运营服务	IT 服务管理	服务规划
IT 即业务服务	IT 运营服务	IT 服务管理	服务组合规划和管理
IT 即业务服务	IT 运营服务	IT 服务管理	IT 服务成本核算（仪表板和工具）
IT 即业务服务	IT 运营服务	IT 服务管理	IT 服务评估
IT 即业务服务	IT 运营服务	IT 服务运营	服务性能分析
IT 即业务服务	IT 运营服务	IT 服务运营	技术支持平台
IT 即业务服务	IT 运营服务	IT 服务运营	监控和管理平台
IT 即业务服务	IT 运营服务	IT 服务运营	现场支持工具
IT 即业务服务	IT 运营服务	IT 服务运营	工作自动化